本书系安徽省高等教育振兴计划重大教学改革研究项目《学术生态危机对工商管理学科研究生学术创新能力的影响研究：以省属本科院校为例》（项目编号：2014ZDJY052）阶段性成果

知行统一路：
大学生创业案例与创新创业教育研究
（2015~2016）

陈忠卫 / 主　编
李宏贵　夏光兰　杜运周 / 副主编

ROAD TO INTERGRATION OF KNOWLEDGE AND ACTION:
CASE STUDY OF UNDERGRADUATE ENTREPRENEURSHIP AND
ENTREPRENEURIAL EDUCATION IN CHINA (2015~2016)

经济管理出版社
ECONOMY & MANAGEMENT PUBLISHING HOUSE

图书在版编目（CIP）数据

知行统一路：大学生创业案例与创新创业教育研究（2015~2016）/陈忠卫主编. —北京：经济管理出版社，2016.11
ISBN 978-7-5096-4208-5

Ⅰ.①知… Ⅱ.①陈… Ⅲ.①大学生—创业教育—案例 ②大学生—职业选择—案例
Ⅳ.①G640 ②G647.38

中国版本图书馆 CIP 数据核字（2015）第 307431 号

组稿编辑：申桂萍
责任编辑：梁植睿
责任印制：黄章平
责任校对：超　凡

出版发行：经济管理出版社
　　　　　（北京市海淀区北蜂窝 8 号中雅大厦 A 座 11 层　100038）
网　　址：www.E-mp.com.cn
电　　话：（010）51915602
印　　刷：三河市延风印装有限公司
经　　销：新华书店
开　　本：720mm×1000mm/16
印　　张：18.25
字　　数：307 千字
版　　次：2016 年 11 月第 1 版　2016 年 11 月第 1 次印刷
书　　号：ISBN 978-7-5096-4208-5
定　　价：78.00 元

·版权所有　翻印必究·

凡购本社图书，如有印装错误，由本社读者服务部负责调换。
联系地址：北京阜外月坛北小街 2 号
电话：（010）68022974　　邮编：100836

序言

20世纪80年代以来,伴随社会经济结构转型以及新技术快速发展,特别是互联网的普及应用,直接引发了新一轮的创业热潮。创业活动日趋活跃,创新创业精神正在成为经济发展和社会进步的重要推动力量。正如彼得·德鲁克(Peter Drucker)所言,人类历史已走到一个重要转折点——创业型社会。客观上说,当今世界已进入一个崭新的创业竞争时代,国与国之间的竞争聚焦在创业与创新水平上。创业是否活跃,已经成为衡量区域经济是否发达的一个重要参考标准。

最新的全球调查表明,中国创业活动相比世界上其他大部分地区都来得更为活跃。不过,如果用创业是否成功作为衡量标准,中国大部分创业企业存活率还有相当大的差距。我们正在激发那些具备专业技能知识与训练的大学生,成为未来创业活动的主力军。但是,我国大学生创业成功率仅有1%,然而,西方发达国家则高达20%~30%。为什么会出现这种状况呢?这当然与外部创业环境等因素有关,可能也与大学生创业者自身创业素质、国内高校创业教育模式等因素有关。

2014年9月,李克强总理提出"大众创业,万众创新",之后,国务院出台了《国务院关于大力推进大众创业万众创新若干政策措施的意见》。安徽省也已出台《关于进一步扶持高层次人才创新创业的若干意见》，推出 10 条新政策（即创新创业"安十条"），重点从财税金融、科研资助、保障服务、政策激励等方面对高层次人才在皖创新创业加以扶持。"安十条"旨在充分发挥高层次人才创新创业的示范带动作用，激发社会创新活力和创业激情。此次出台的举措注重引入风投、信贷、保险、担保等金融扶持，给予适度的财税减免政策，帮助创新型企业度过创业风险期。目前在全国 960 万平方公里的土地上，正在掀起"大众创业"、"草根创业"的新浪潮，它具有区别于过去那种简单地鼓励"全民创业"的新特征。

2015 年 3 月，国务院出台《关于深化高等学校创新创业教育改革的实施意见》（下称《实施意见》），旨在解决"大众创业，万众创新"的人才资源瓶颈。教育部部长袁贵仁在深化高等学校创新创业教育改革视频会议上指出，深化高校创新创业教育改革是当前和今后一个时期推进高等教育综合改革的重要内容。早在 2009 年，安徽财经大学在全校范围开设创业学课程，属于国内首创，并出台一系列鼓励大学生参加创新创业大赛的政策，成立了创新创业与企业成长研究中心。2014 年，还批准设立"创新创业与企业成长"学科特区，创建创业学院。为了进一步贯彻落实《实施意见》，积极推进创新创业教育探索，由校团委牵头设立安徽财经大学大学生创业孵化基地，得到了团省委、省教育厅、蚌埠市人社局等部门的关怀，学校还在完善人才培养质量标准、创新人才培养模式、健全创新创业教育课程体系、改革教学方法和考核方式、强化创新创业实践、改革教学和学籍管理制度、加强教师创新创业教育教学能力建设、改进学生创业指导服务、完善创新创业资金支持和政策保障体系等方面进行了系统性制度设计。

为了进一步探寻大学生创业规律，致力于将高校创新创业教育、创业实践、创业研究与创业辅导工作实现深度结合，安徽财经大学创新创业与企业成长研究中心和共青团安徽财经大学委员会联合，专门针对 2013 年度入驻校创业孵化基地大学生创业企业开展了专题大学生创业案例研究。此项工作得到了"创新创业与企业成长"学科特区全体研究人员的支持，案例研究采取"1+1+1"的模式，即 1 位创业实践者、1 位在读硕士研究生、1 位学科特区成员配对联合开展研究。为做好此次研究性案例论文的撰写工作，学校专门成立了由陈忠卫、张庆亮担任组长，部分国内高校创业研究专家参加的案例研究评审委员会，学科特区负责人陈忠卫教授专门对参与研究的"1+1+1"成员进行案例研究方法的辅导，校团委夏光兰副书记全程联络，大力支持并共同参与了与大学生创业者的直接访谈、数据收集和创业研究指导。

首届大学生创业案例暨创新创业教育研讨会于2015年10月17~18日在安徽省蚌埠市召开。由共青团安徽省委员会、安徽财经大学、安徽科技学院主办，安徽省大学生创新创业促进会、安徽财经大学创新创业与企业成长研究中心、共青团安徽财经大学委员会联合承办，来自包括中国科技大学、南开大学、山东大学、首都经济贸易大学等12所高校的近百名专家学者参加了会议，包括首都经济贸易大学高闯教授、中国科学技术大学方世建教授、中南财经政法大学熊胜绪教授、南京理工大学周小虎教授等国内知名专家在研讨会上为大家奉献了极其精彩的专家学术报告，既开阔了大学生的创业理论视野，又激发起我们进行创业教学、创业研究与创业实践的持续动力。

收录此书的内容分为三大部分：一是专家学术报告的观点摘录。二是创业案例论文及导师点评。所有创业案例论文由在校硕士研究生撰写完成，经由研讨会分享交流并获奖，同时，研究生论文指导教师还做出了富有启发性的点评。三是安徽财经大学和安徽科技学院创新创业教育的成果总结报告。创业本身就是一种不拘泥于当前资源条件的限制、从机会的追寻出发、整合内外部的不同资源、形成新价值等创造性活动。根据主编的意图，安徽财经大学将在全国率先组织召开以"干中学"与"学中思"相结合为主要特征的创业案例暨创新创业教育研讨会，并将年复一年地持续下去。我衷心地期待他们能够以研讨会为载体，不断创新高校创新创业人才培养模式，并以此助推"大众创业、万众创新"的生力军。

通过阅读此书所收录论文的案例，我多次被论文研究的案例企业所打动，尽管他们的创业实践活动略显稚嫩，但无不充满着新一代大学生的创业精神，他们代表着实现中国梦的真正脊梁。收录进本书的论文具有素材原汁原味、观点深度发现的特点，为社会各界进一步推进高校创新创业教育提供了理论指导，也希望对高校深化大学生教学改革能够有所启示。

丁忠明

2016年9月

目录

第一篇 专家观点

创业时代和创业教育之想象 ………… 中国科技大学 方世建（003）
风险偏好、企业家精神与创新创业精神
　………………………………………… 首都经济贸易大学 高 闯（009）
国外应用型高校教育实践与启示 ……… 中南财经政法大学 熊胜绪（011）
创业认知的形成 …………………………… 南京理工大学 周小虎（016）
创业企业的关键成功要素——基于权力配置的视角
　………………………………………………… 山东大学 谢永珍（020）
当代大学生的必然选择 …………………… 安徽工业大学 李致平（028）
大学生创业：从模拟、模仿到创造 ……… 南京审计大学 李乾文（030）
基于实践的创业教育 ……………………… 南开大学 薛红志（033）

第二篇 大学生创业案例研究与点评

社会网络中信任关系对闹闹音乐成长栈的动态影响 ………… 张 琦（039）
　【导师点评】创业前的必修课：和谁一起去创业 ……… 陈忠卫（065）
在校大学生互联网创业能力研究——基于百问百答与
　百度知道的比较 ………………………………… 王 佳 谢 蕊（067）

【导师点评】互联网创业成功与否的决定性因素：创业能力
………………………………………………………… 李宏贵　夏光兰（084）

永诚财税创业企业合法性及其获取策略研究 ………… 王小伟（086）

【导师点评】合法性——新创企业的"门槛" ………… 杜运周（102）

乐享从动漫形象到衍生产品的开发机制 ………………… 金　孙（104）

【导师点评】匠心支撑创意 ……………………………… 陈忠卫（119）

新风向快递传媒竞争优势的形成与维持 ………………… 赵青云（121）

【导师点评】新创企业竞争优势的形成与维持：
　一项艰难的挑战 ………………………………………… 汪金龙（137）

尚艺文化纪念品工作室创业模式分析 …………………… 潘　燕（139）

【导师点评】创业意味着行动实践 ……………………… 王成军（151）

互联网思维下年年家玻璃小铺创业机会的识别与开发 …… 舒　清（153）

【导师点评】互联网思维的核心：用户导向 …………… 杜运周（167）

安财心缘社会创业动机初探 ……………………………… 余晓芳（169）

【导师点评】社会创业：梦想的价值 …………………… 王成军（182）

荔枝传媒创业团队领导产生影响因素探索性案例研究 …… 陈飞羽（184）

【导师点评】创业团队：创业成功的关键 …… 王晶晶　杜晶晶（194）

木子里顾客满意的个性化定制三阶段研究 ……………… 黄翠翠（196）

【导师点评】个性化定制：新创企业打开市场之门的良方
………………………………………………………………… 汪金龙（209）

"手机 SPA"的商业模式创新研究 ……………………… 徐　蓓（211）

【导师点评】缝隙创新：大学生创业者的务实选择 …… 梁　中（220）

乐活家居创业创意不确定性分析及其克服 ……………… 文　艺（221）

【导师点评】创意：创业的前奏 ………………… 刘福成　肖仁桥（233）

天利运动创业者机会发现与市场创新 …………………… 李佩莹（235）

【导师点评】创业过程：激情与恒心的融合 …………… 胡登峰（247）

大学生创业能力的内涵与结构分析——以璐芳美美妆创业为例
………………………………………………………………… 徐如群（248）

【导师点评】大学生创意能力教育的挑战性
………………………………………………………… 王晶晶　杜晶晶（260）

第三篇 高校创新创业教育

注重顶层设计 全面推进创新创业教育 ………… 张庆亮（265）

大力培养应用型创新创业人才 ………… 郭 亮（270）

干中学 学中思——高校创新创业教育的关键性课题 ……… 陈忠卫（274）

后 记 ………… （279）

第一篇

专家观点

创业时代和创业教育之想象

方世建

首先，感谢安徽财经大学、安徽科技学院和团省委举办此次研讨会，使我能够有这样的机会和大家交流。今天，我报告的题目是《创业时代和创业教育之想象》。目前这是一个很热门的题目，不仅是在我们中国，在世界上也是这样。

一、创业时代之由来

我想以孙中山先生的一句话开头。"世界潮流浩浩荡荡，顺之者昌，逆之者亡。"这是中山先生在一百多年前，为了中国的兴亡和复兴说的一句话。

一千年前，在中国的北宋初年，我们的国家非常发达，各方面都领先。但是，今天西方国家的现代化却走在我们前面。现代化实际上包括两部分，一个是工业化，一个是城市化。人口是判断城市化程度的重要指标。一千年前，西方城市中的文盲很多，一万人以上的大城市，整个欧洲也就只有两座。那么我们中国有多少呢？我们中国当时有好几座十万人以上的大城市。在这里以画（清明上河图）为证，我想说明的是，我们曾经非常发达。

接下来，我要简单地说明"李约瑟悖论"。李约瑟是英国的一位著名学者。他对中国科技史的研究很透，著作内容非常丰富，足以证明和宣传中华民族在历史上曾起到非常好的作用。他在科技史研究中反映了一个基本思想，即"李约瑟悖论"。为什么西方在近代以后发展更快，而中国这样一个古老的东方国家，在1500年前，在世界上各个方面都处于领先，但是在这之后，它却会落后了呢？英国后来发生工业革命，是英国人的运气好，还是有什么其他原因？究竟是历史的偶然，还是历史的必然，李约瑟对此提出了一些看法。今天我们就不在这里将这些看法展开了。只是想借用"李约瑟悖论"，其目的是引出西方世界近代以来现代化所经历的历程。

西方近代的发展,起点是文艺复兴。文艺复兴主要是以艺术的形式,复兴了古希腊的很多思想,特别是亚里士多德的哲学。文艺复兴之后,西方经过了宗教改革,(包括)路德教和加尔文教的改革,这场改革在人的观念上起到了很大的作用,改变了人们的很多思维方式。西方不再完全依靠上帝,开始有了一场伟大的运动,这场运动就是启蒙运动。启蒙运动有两个口号:理性、自由。理性的含义是我们不再相信上帝为我们安排了一切,我们可以凭着自己,按照自己的意愿,来探索和想象自己的未来,并且理性地创造,所以产生了像牛顿这样一大批著名的科学家。也就是说,从这时开始,人类的创新和创业有了最基本的思想基础。然后,在此基础上,英国1688年的光荣革命奠定了一种新的制度——君主立宪制。这种制度为后来工业革命的发生起到重大的推动作用。工业革命有两大推动力:在物质上的推动力是瓦特,在精神上的推动力是经济学家亚当·斯密。工业革命使英国成为世界第一。后来,整个西方世界资本主义发展很快,成为世界潮流。

到了1911年,有一位生长在奥地利的德国人,叫熊彼特。他在当时大经济学家庞巴维克的指导下,完成自己的博士论文。他做的是法学研究。1912年,他出版了非常著名的《经济发展理论》一书。在这本书里,他提出了第一个理论。我们今天称之为"熊彼特Ⅰ"。熊彼特想做的事和其他学者不一样,他想探究资本主义为什么在短短的一百年期间,产生了如此之强大的生产力和社会发展推动力。以此为研究目标,他研究的成果是:最根本的社会发展推动力是精神。具有企业家精神的企业家用五种形式的创新组合(新产品、新市场、新组织、新生产方式和新材料),以创造性破坏的方式推动经济社会的发展。这就是我们今天所讲的创新的最基本思想。后来,熊彼特来到美国,到哈佛大学教学,他发现,美国的发展跟他所研究的对象——19世纪的资本主义发展情况不一样。美国的发展是大工业发展,大企业有自己的研究所。所以后来,他改变了自己的创新理论,产生了熊彼特Ⅱ。我们如今在网络条件下,又有了熊彼特Ⅲ。这是我们今天创新研究的最基本内容。

按理说,我们在探讨资本主义发展的动力以及现代化的推动力时,仅列出熊彼特即可。但是有一个人跟他关系极大,这就是另一位著名经济学家凯恩斯。凯恩斯与熊彼特都诞生于1883年,同年马克思去世。世界失去了一位伟大的经济学家、社会学家和思想家，但是同年诞生了两位著名学者。他们是20世纪"经济学两雄"。当时凯恩斯比熊彼特要出名得多。为什么呢？因为他们的理论取向不一样。凯恩斯做的是短期的解决现实问题的经济学研究，所以他的理论直接用于大危机，他带来了欧洲后来"二战"后的复兴。熊彼特的研究则关注长期趋势的发展，目的是寻找经济社会发展的原动力究竟是什么。他们做的研究截然不同，得到的结论也不同，受到的欢迎度更不同。凯恩斯由于能够立即解决当时大危机之后的问题、"二战"以后欧洲的复兴以及美国的发展等问题，所以，凯恩斯在这段时间里特别受欢迎。因此，我将熊彼特喻为"生长在凯恩斯的阴影之下"。但是，历史向我们证明了熊彼特是一样的伟大。

熊彼特基于他的熊彼特Ⅰ的思想，做了一些试验。1946~1947年，他在哈佛大学举办了两期讨论班。严格地说，这应该是创业教育的雏形。但是，这个讨论班由于生长在凯恩斯时代，大家更关心凯恩斯的理论，不太信服他的理论，所以这个班最后不了了之。未成功的原因何在？我的理解是缺少社会需求。在那个时代，社会还不需要熊彼特的思想，或者说，需求不够强烈。但是，有一位学者对熊彼特非常欣赏，非常佩服。那就是世界管理学一代宗师彼得·德鲁克。彼得·德鲁克非常崇拜熊彼特，他写了很多文章，认为熊彼特比凯恩斯要伟大得多。所以，在20世纪60年代，他又重新开展创业教育。但是，60年代同样不合时宜。哪怕他是再伟大的学者，不合时宜的事都是没有结果的。所以他的试验也没有成功。

随着时间的推移，在中东石油危机以后，西方世界经历了十年滞胀。到了1985年，西方世界在第三次工业革命浪潮的推动下，出现了一种新的景象。这一景象被德鲁克表述为"资本主义的管理型经济正在被创业型经济取代"。这一景象的标志是比尔·盖茨和乔布斯的出现，这样一批的创业家和创新家开始在美国社会涌现，大大地推动了美国经济的发展。

奥巴马曾经说，美国有三位推动经济社会发展的时代英雄。这三位创业英雄分别是爱迪生、亨利·福特和乔布斯。爱迪生不仅是发明家，更是企业家。他在19世纪末，引领了美国的电气革命，使美国在1890年GDP第一次超过英国。所以爱迪生是美国企业发展史上和经济社会发展史上的民族英雄。第二位是亨利·福特。福特在20世纪初创造了大规模流水线的生产方式，这种生产方式在20世纪持续了将近80年。一种生产方式能引领80年，是很难很难的。美国在这种生产方式下，保持了领先。接着，到了20世纪70年代末，美国出现了另一股潮流。这股潮流就是乔布斯等推动的创新浪潮和创业浪潮。这股潮流到今天为止仍在延续，它保持着美国的强大，保持着美国经济的活力。世界潮流浩浩荡荡，我们看到最发达的国家——美国，涌现出一批英雄，这些英雄在创新创业路上做了很多，这些东西正是推动美国社会快速发展的基本动力。

二、创业教育之想象

我们今天讨论的主题是创业教育，所以我就有一些想象。对于当代创业教育，我想有这么几个问题需要回答：第一，创业教育教什么。教什么牵扯到目的、内容、教谁和怎么教。第二，创业教育谁来教。在开展创业教育时，学生可以向老师提出一个最基本的问题，"老师您是否创过业？"学生提出这个问题，对老师来说是比较麻烦的。因为学校里大部分进行创业教育的老师都没有创业经历。今天的经济是虚拟经济和实体经济的共同结合，没有虚拟经济的推动，实体经济的增长会放缓。但是，课堂上的创业教育总不能来虚的吧？所以这是一个问题。第三，创业教育的成果是什么。我们现在办了很多创业学院，有一个问题需要引起我们的注意。学生在创业学院毕业以后，我们如果发创业学或创业的专业人才毕业证书，那么学生到单位找工作，可能遇到困难。为什么呢？因为用人单位会问这样一个问题，"你是搞创业的，跑到我这里来干什么？"这是一个重大问题。

其他国家走在前面，它们有一些好模式可以参考吗？我看了一下，美国有如下几种模式：第一是百森商学院模式。百森商学院的创业教育，十几年来在美国居于第一位。它的教育比较吸引人。百森商学院大概是这样一种模式，它是一所工商管理学院，主要以创业为导向，注重设计和关注工程，把这三者结合起来，在创业导向之下，来进行创业教育。第二是斯坦福模式。斯坦福大学的模式在美国乃至全世界非常流行。它是很多小企业或创业企业围绕着一所著名的大学或研究所，形成产业集群。在这里大家一起进行创业。这是我们今天的硅谷模式。我们国家和世界各地都建立了很多产业园，这实际上都是对硅谷模式或斯坦福和硅谷模式的模仿。第三就是麻省理工（MIT）模式。麻省理工学院是一所工科院校，它的专利非常多。麻省理工的商学院办得很好，它的创业是产学研结合在一起，并且结合得很好。它有着长期的经验，有几个办公室专门做这件事。它的很多专利能够很快地运用到现实中去。

上述这三种模式，目前在世界上比较流行，也是大家所公认的三种比较著名的创业教育模式。我们要做创业教育，可能应当要参考或者挖掘它们背后的一些重要东西。

三、创业背景之探讨

我们这个时代，有三句话或者说三个词最流行，一个是"大众创业"，一个是"万众创新"，还有一个是"互联网+"。我们今天要谈的创业，实际上是在这样一个背景下展开的。这个背景，也就是我们的素材、资源和平台。

我们今天的创业与过去并不一样。今天的社会经济发展，是实体经济和虚拟经济共同在发展。如果仅有实体经济，社会发展不会太快。如果虚拟经济过度膨胀，那会带来风险。所以正确处理好实体经济和虚拟经济的关系，对当前的经济社会是一件非常重要的事。在考虑这三个时髦的名词时，我们必然要去考虑怎么结合虚拟经济和实体经济。我在做我们学校学生创业项目的评审时，发现前几年有一些项目比较好。比如，我们有学生搞新疆的滴灌技术，并很快拉到了风险投资。再如，有学生把老师做的一种实验室材料进行了商业化。但是近两年来，我感觉有的时候有一种偏向可能不太好。特别是2014年下半年和2015年，我看了一下，几乎全是网上项目，比较单一。如果全是做虚拟经济，那么意义也不会太大。

最后，我想解释两个名词。第一个名词是"crowd"。我们对"crowd"这个词，可能要有更深刻的理解，否则，有可能会走偏。我为什么这样说呢？因为我看了一下，世界上各个国家在提及它时，有些微妙的差别，甚至有些地方和我们目前讲的可能还有一点不同。一个基本点是，从理论上来说，一个社会大家不能都去创新创业。因为熊彼特理论指出，创新创业是创造性的破坏，它是破坏社会秩序的。如果人人都在创业，这个社会就没有秩序。一个没有秩序的国家，它的发展肯定会受到极大的影响，速度不会很快，而且风险极大。所以，我们要给"大众创业"和"万众创新"一个合理的、准确的理解和解释。我查了一下"crowd"这个词，在词典上确实有"大众"的意思。但是，外国人在用这个词时，有一个前提。比如讲斯坦福模式的时候，"crowd"用得挺多，它是指将大众聚集在小区，实际上是小众。我们直接翻译过来，由于文化和语言的差异，可能就把它翻成"大众创业"了。所以，在理解和解释的时候，这一点也值得关注。否则，我们最后执行起来可能会很困难，可能同很多方面会产生矛盾。

第二个名词是"entrepreneurship"。我们一开始将其理解为"企业家精神"。熊彼特第一次使用时，指的就是"企业家精神"。然后，经济学家威廉·鲍尔默1968年在《美国经济评论》上写了一篇文章，指出经济学理论不讨论企业家，就像莎士比亚戏剧里没有哈姆雷特王子，缺乏主角。主角没有了，那还讨论什么呢？所以，1968年这篇文章，引起了很大的反响。后来他不断地撰写文章，也担任过美国经济学会会长。一直到1993年，他在文章中只用了"精神"来解释"entrepreneurship"。但是在1993年以后，他发现应该用"创业"来解释"entrepreneurship"。"创业"是精神指导下的行动。1992年，奥地利学派的当代旗手、2014年诺贝尔经济学奖得奖的热门人物科斯拉，在他的文章里提出这一观点。我们国家在2003年之前，全国召开会议，为了这个词到底是"精神"还是"创业"，争论不休。直到2006年，我们才准确地在会议上将其翻译为"创业"。但是，到今天为止，还有很多人将这个词译为"精神"。

（作者系中国科技大学教授）

风险偏好、企业家精神与创新创业精神

高 闯

上午听了各位老师对创新创业这一课题做出的报告,感触很深刻,它们引起了我对风险偏好、企业家精神与创新创业精神之间联系的深入思考。

一、风险偏好

下面我们先来做个实验:这个实验有两个选项,请在座的同学们来回答一下这个问题:

实验一:A、B 两种选择

A:确定赢 1000 元　　　　　　B:赢 3000 元、赢 0 元,各 50%的概率

实验二:A、B 两种选择

A:亏损 1000 元　　　　　　　B:亏损 3000 元、亏损 0 元,各 50%的概率

(第一个女生选择 A、A;第二个男生选择 B、B;第三个男生选择 B、A;第四个女生选择 A、B。)

四个人答案都不同,可以看出不同的人对输和赢的态度选择是明显不同的,性别的不同对风险的选择也是不同的。人们对风险的态度是不一样的,有些人喜欢刺激,有些人比较喜欢求稳。那么为什么会是这样呢?你自己是属于哪种风险偏好?你自己为什么会有这种风险偏好?

卡尼曼实验本身是考察两点:第一,人们对收益的态度;第二,人们对损失的态度。随后发现这样一个心理模式,叫做"损失厌恶"模式。从统计学这个角度,大部分人是服从这样的规律的,如第一个女生的答案,就是厌恶损失。但第二个男生的回答却不符合这种模式,那么卡尼曼为什么不对第二个此类的男生做研究呢?他们属于风险偏好哪一类?他们与企业家有什么联系?

二、企业家精神

通过这样一个实验，很自然地引出了风险与不确定性的概念，但风险和不确定性不是同一回事。著名学者奈特区分了风险与不确定性，通俗来讲，风险是可以事先预测和评估的，是可以度量的不确定性，但不确定性是不可度量的风险，并举出了忠旺集团老总刘忠田与京东商城 CEO 刘强东的例子说明风险与不确定性之间的区别，使我们对两者之间的区别理解更加深刻。上述的两位企业家，他们对待风险与不确定的态度和常人有着非常不同的态度，他们更加去追求不确定性收益，属于风险爱好者，不符合卡尼曼实验的理论。企业家能够化不确定收益为确定性收益，那么企业家通过什么手段使这种转化成功的呢？这个答案是创新与创业。企业家是成功的创业者，同时也是成功的创新者，创新与创业之间既有联系，又有区别。但是成功的创业者，不一定是企业家，因为可能没有创新精神。我对创新创业的个人理解是"创业是丰富已知的世界，创新是探索未知世界"。

三、创新创业精神

企业家是高等院校培养的吗？其实很多企业家不是高校培养出来的，很多同学可能提出疑问，既然高等院校对培养企业家没有作用，那为什么还要高等院校？企业家所需要的知识、素质和能力很多都是在高等院校中熏陶的，甚至受其影响。但如果某一个学校在校 60 周年庆典上说，我们学校培养了 51 名企业家，这种说法是不严谨的，只能说这些企业家在我们学校接受了教育。教育也不是无能为力的，高等院校培养的是企业家精神，如 MBA 教育培养职业经理人，职业经理人是企业家的后备，但不是所有的职业经理人都能成为企业家。

企业家先天造就，还是后天培养？我的理解是企业家受到下列三个因素影响：第一，先天具有的人格特征，荷尔蒙水平高，风险爱好者；第二，教育（不仅指校园教育）和经历；第三，接受教育的社会背景和环境。

(作者系首都经济贸易大学教授)

国外应用型高校教育实践与启示

熊胜绪

非常感谢安徽财经大学、安徽省团委给我们提供这个交流的机会,因为今天来的都是研究创业创新的大家,相对而言,我可能还算个学生吧。今天借这个机会跟大家交流些信息、谈一下感受和体会,说得不对的地方请大家批评指正。

一、国外对创业教育的两种不同的看法

在历史上有很多成功的创业者,他们的学历很低,有的甚至没有受过什么正规的教育,例如中国台湾道客巴巴的王永信。很多成功的创业者并没有受过很好的教育,但是也有受过很多教育的人创业不成功,如凯恩斯,他大学毕业后直接创业,但创业是失败的,后来他研究经济学,成为了一个跨时代的经济学家。大量的例子给我们提出一个有争议的问题:创业人才能不能通过高校培养?学术界有两种不同的看法。第一种观点认为创业者是天生的,不需要后天培养的。2013年,有位学生的研究发现,创业者是天生的,他们与生俱来的特征促使他们去创业。第二种观点认为创业者是可以通过学校培养的。凯瑟提出,任何人只要给他提供一定的资源都可以成为创业者,其中一个重要的资源就是创业教育。1985年,德古特提出创业不是魔术也不是秘密,它与基因无关,和其他学科一样,是可以被学习的。戴维森指出,成功的创业者是非常特殊的人,他们的成功之处各有不同,共同的人格特征并不存在。后来人们进一步研究发现,创业者确实具有某些与生俱来的人格特征,这些人格特征跟每个人的基因是有关系的。拉宾提出这样的观点:有一种创业才能或者技能,也就是人们对待风险和不确定性的态度与先天相联系的,也就是说人们体内的荷尔蒙水平与创业行为有直接关系,对创业有直接影响。人们研究得出,体内的荷尔蒙水平跟创业行为是正相关的,对荷

尔蒙水平高的人来说，即使环境相同，他看到的更多的是机会，荷尔蒙水平低的人看到的更多的是风险。而且荷尔蒙水平高的人喜欢追求控制的地位，这些追求对创业行为是有影响的。荷尔蒙水平高的人来说，他们感知和抓住机会的能力更强，他们的行动能力也更强。这是支撑创业行为的一个生理学的因素。但是人们的研究也发现，生理学的因素不是影响创业行为的全部因素，社会因素同样影响创业行为，而且是很重要的影响因素。社会因素里一个最主要的因素就是教育。实践表明，创业教育不仅可以培养人们的创业技能，而且影响人们对待风险和不确定性的态度和创业行为。安伯格等研究国外某商学院的伯格创业计划，结果有些滑稽：第一，参与伯格创业计划的人是没有参与这些计划人数的三倍，拥有自己企业的人数比没有参加这个计划的人数要高出11%；第二，参与这些创业计划的人数并拥有自己企业的人数比没有参加这些创业计划但拥有自己企业的人数的五倍，这些企业支付的报酬比那些没有参加创业计划的平均报酬每年要高出23500美元；第三，参与创业项目计划的人对新产品的开发比没有参与创业计划的人更敏感，研发新产品的概率平均要高9%。在这些自谋职业的人里面，创建高科技企业的人数占了23%，而没有参与这些创业计划的人还不到15%。由此可以看出，接受创业教育和没有接受创业教育的人对待创业的态度和创业的行为是不一样的；同时也表明，在大学期间受过创业教育的人和没受过创业教育的人，他们的未来经营行为会有很大的不同。研究表明，在实践中受过创业教育的人更懂得授权，知道如何抓管理中的重点和关键问题。比如，米歇尔等的研究发现，接受创业教育的人在实践中更加注重企业的战略计划、经营计划和市场研究，而对财务管理这类知识型的活动往往不太关注，他们会授权下面的人去做。没有接受创业教育的人往往不太善于发现，他们局限于企业的管理，不懂得授权。

二、国外应用型高校创业教育的几种做法

创业教育到底如何开展、学生创业能力如何培养，国外流行的观点是让学生进行体验式学习。国外应用型大学创新教育的方式方法都是体验式的学习。各个学校的方法不一样，但是大同小异。以下介绍几所大学的教育方法。

（一）新加坡南亚技术创新中心的技术创业与创新计划

（1）要求学生制定完整的创业计划；

（2）计划要有 4 个月的课程学习时间；

（3）强调把学生放在创业人才里面学习；

（4）强调由成功的创业者和企业家来衔接，带学生参观一些创业企业。

这种教学方法效果很好，学校的统计表明毕业于创业计划的学生自己创建企业的人数占比达到 40%。这种创业计划的特点是把学生放在创业生态里面去学习，主要强调课程学习和创业计划书的编撰，发挥创业者在实践中的作用。

（二）塔斯马尼亚大学的创业心理技能开发

（1）开放学生的创业心理；

（2）认知商机、商业化、面对风险时的资源的处理方法；

（3）教授学生创业过程。

这种方法的特点是强调学生创业心理的培养，学生的自主学习。课程学习是以传统的课程为基础的。

（三）Laurea 应用科技大学的企业发展计划

（1）给学生提供创业学习环境；

（2）多达 85 个学分的创业主题课程；

（3）国际创业夏令营；

（4）"开放式学习"的教学方法。

这种方法要求学生对商业条件所产生的深层条件进行剖析，并且和相关点建立活动关系，要求学生在学术教学和成功创业者的配合下提出一些经营企业、创办企业的方案。商业计划书的撰写要以学生的兴趣为基础，并接受专家的点评。这种方法的特点是根据学生的兴趣来提出企业的创办和经营方案，给学生相应的权利，让学生自主学习，培养学生创业的自信心。

（四）Haaga-Helia 大学的创业学习环境

（1）建立一个创业学习环境，培养学生进入新企业的业余爱好；

（2）让学生建立自己的创业路径并从创业体验中学习。

这种教学方法的特点是开放学生的兴趣和研究爱好，提供一个创业学习环境，让学生在这样的环境里培养自己的爱好，并最终转化成自己的创业项目，强调学生要有梦想。

三、国外应用型高校创业教育的启示

（一）创业教育的核心是提升学生的心理能力和社交能力

创业需要的技能很多，不同的行业对技能的要求会有差异，但是需要的核心能力是一样的。创业的核心能力是心理能力和社交能力。心理能力包括三种：感知商业能力、承担风险与不确定性的能力、承受失败的心理能力。感知商业的能力是一种重要的创业能力，因为机会是产生于市场的变化之中的，在变化的环境中，人们的感知是不一样的。有的人感知到的是机会，有的人感知到的却是威胁。为什么人们的感知不同？是因为人们的知识结构、所受的教育是不同的，但是感知商业的能力和过去的成长经历、性格特征也有一定的关系。过去的经历会给人心理上产生一些影响，不知不觉中会形成一种心智模式。创业教育不仅教会学生用各种信息来分析产业环境的变化、从产业变化里识别商机，而且要教会学生形成一种良好的心智模式。让学生能够用一种良好的心智和积极的心态来看待环境的变化并感知商机。承担风险与不确定性的能力是指面对风险时敢于挑战，谁能承担风险谁就能抓住机遇。在喷气式发动机出现的时候，有着应用到航空的一个机遇，这对每个人来说是一样的，波音、道格拉斯等都有可能成为产业第一，这就要看谁能够大规模地投资。最后的结果表明，波音敢于面对不确定性，所以它成为了行业第一。承受失败的心理能力，失败以后要能够从失败中总结经验，从失败中学习。

（二）有效的创业教育理念应该是实用主义的

传统的现实主义是说，企业把社会看成一个确定性的对象，教学的任务就是教学生如何去认识这个对象。但是在实际中，创业是在一个未知的环境里寻找商机，并且把它变成一个商业理念。所以，在决策的时候是一个不确定的事项，未来技术如何变革、会不会出现自然灾害，创业者是无法知道的。所以，传统的现实主义教育方法很难培养出我们所需要的创业者。所以有效的创业教育理念应该是实用主义的。实用主义的目标就不应该是寻求教授学生企业的蓝图。实用主义关注的是现实情境，现实情境常常是"模糊的或凌乱的"，并且很多信息是不完整的，或是内部不符合逻辑的，所以，学生要在实践中处理这些不确定问题，最好的方式就是把学生放在真实的环境中去学习。所以，实用主义的创业教育理念是把学生放在真实的环境中，在真实的环境中更能培养学生的技能。

三种类型的创业学习环境：

（1）以一个虚拟公司为基础；

（2）建立一个学生合作组织，并利用这一合作组织服务于真实的顾客；

（3）以合作的方式，为实际的顾客做实际的项目，即做承接外包或咨询工作。

研究发现，以上三种方式中第三种是最好的。因为这种方式要求学生做实际的咨询或实际的项目，学生接触的是实际的创业环境、真实的顾客、真实的竞争对手。而且做管理咨询的时候，学生要考虑所有的细节，现实生活中更多的变数、解决问题的不同方案都可以让学生有所学习。所以，学生不仅要通过成功去学习，失败也是一种学习。现实中，大量的成功者都有失败的经历。所以学生要能够从失败中学习。最后，整体的学习方法是创业者较好的学习方法。因为开设的相关经济管理类课程都是创业所需要的，如组织管理、营销管理、战略管理、财务管理等。传统的教育方法是把知识体系分成小部分，再细分为不同的学科。但对创业来说，成功的关键并不是掌握单个的技能，而是各个技能之间的联系，掌握好它们之间的衔接与配合。学习要把整个创业知识作为一个整体。

（作者系中南财经政法大学教授）

创业认知的形成

周小虎

一、问题提出

大家都知道,对于创业者来说,他/她的行动实际上会受到他/她的创业认知的影响,做什么和想什么实际上是联系在一起的。那么,创业认知的内在规律到底是什么?能不能揭示开来呢?所谓创业认知是创业者对商机、风险资金和企业成长等关键的创业问题进行评估、判断与决策的知识结构。这种认知形成于个体对创业信息(包括市场信息、机会信息、社会信息、政治信息和经济变动等)的知觉和解释,最终形成了对创业机会的发现与开发。毫无疑问,创业认知是创业研究中很重要的研究领域之一。

Mitchell 在 1994 年指出,创业认知是企业家拥有的关于如何识别创业机会、获取创业资源、发掘创业模式的认知资源,并将这些认知资源概括为三个维度,分别是创业意愿剧本、创业安排剧本和创业能力剧本。其中,创业意愿剧本是企业家拥有的关于风险和回报的知识结构;创业安排剧本是关于获得创业所需必要资源的知识结构,决定了企业家创业的外在资源;创业能力剧本是企业家如何发展市场能力、技术能力和学习能力的知识结构。

可是,认知是如何产生的呢?一般来说,认知都是一个信息处理的过程,所以,它主要是由获取信息和处理信息过程来决定的。一般将这个过程主要归纳为两种模式:启发式加工和分析式加工。其中,启发式加工又称经验性加工,是一种无意识的、不需要付出努力的、感性的、认知资源占用较少的加工方式,从而进行简单快速决策;分析式加工又称为冗繁加工,是一种有意识的、需要付出努力的、理性的、认知资源占用较多的加工方式,是一种慢思维。启发式加工和分析式加工是认知形成的基本途径,这两种认知加工都会影响创业认知,而且这两种派别一直在争论。一些学者认为,创业者通常是依靠基于直觉的启发式进行决策,但也有一些学者则认为创业者更多依赖数据导向的分析式进行决策。然而,个体究竟是如何加工创业信息形成创业认知的呢?

二、研究方法

为了探讨以上问题,以高新技术行业为研究背景,采用多案例研究的方法,同时,考虑到数据的可获得性和方便性,以南京徐庄软件园为总体,以最近三年创业的企业为筛选原则,调研了其中的 4 家企业。案例企业描述性统计如表 1 所示。

表 1 案例企业描述性统计

序号	公司名称	创业者	创业年度	所属行业	核心产品	创业者职业背景
1	南京 BT 公司	韩某	2012	软件科技	玻璃排版服务	信息工程学院副教授
2	南京 GL 公司	钟某	2012	物联网科技	智能家居	摩托罗拉工程师
3	南京 ZJL 公司	向某	2013	教育科技	脑智力	博士研究生
4	南京 ZD 公司	沈某	2012	通信技术	集群通信	深圳协同通信集团 CEO

(一)数据收集

数据收集过程如下:①研究小组访谈每个企业的 CEO,每次访谈持续时间为 60~120 分钟。该访谈小组主要由一位博导、三位博士研究生、两位硕士研究生组成。②在访谈之前,小组进行讨论,制定出开放性访谈的问卷内容。在收集数据过程中,围绕这些方面进行了询问,并根据涌现的信息,再进行深入询问。前后一共进行了 12 次初次访谈。③在访谈结束之后,及时将笔记等整理成档案,同时将录音资料转换为文字,形成文稿 142 页。④在访谈数据的整理分析中,通过对数据的不断挖掘,以及案例间数据相同点和不同点的比对,产生对数据的新需求,为了完善分析所需的数据,通过发送电子邮件,增加必要的访谈。

(二)变量测量

变量是怎样测量的呢?根据国外的研究,主要采用剧本情景化的方法来测量不同的剧本。比如,以创业者识别创业机会的过程作为创业意愿剧本的构建场景

(如何产生创业想法?);以创业者资源获取认知的横向发展过程作为创业安排剧本的构建场景(在发现创业机会后,您当时思考了哪些方面的问题?后来思考了哪些方面的问题?);以创业者在创业中资源获取认知的纵向发展过程作为创业能力剧本的构建场景(筹资/团队/选址等内容如何构建)。

同时,启发式、分析式的判断遵循如下的原则:当创业者的描述可以被归纳为"快速"、"情感"、"非理性"时,认为创业者使用了启发式;当创业者描述了大量其他考虑的信息时,包括环境信息、风险信息、市场信息等内容时,并对数据或者资料进行了有意识的讨论、鉴别、思考、比较等过程,认为创业者使用了分析式。

(三)数据分析

1. 步骤1:案例内分析

该阶段包含以下步骤:①发展编码类别:详细阅读每个段落的内容,根据启发式和分析式的判断原则,不断地深入分析,将文本进一步划分为更小的单位。②指出相关主题:对资料进行重组与归类,不断寻找资料间的关系,关注资料和主题的契合与矛盾。③形成初步的理论构架:提出初步假设,并将假设与资料进行对话,在这个过程中,讨论者们借助物质工具(草图、框架图、笔记),将不断涌现的思考记录下来,并不断讨论,根据涌现的相同点和不同点进行反复迭代,直到形成的框架能够解释所有的问题。

2. 步骤2:跨案例分析

通过对单案例的分析,获得了充分的理解之后开始跨案例分析。通过复制逻辑不断简化,并反复比较数据。在此阶段,通过跨案例比较关注案例间的差异比较。由于了解双系统、创业认知等文献,所以本研究在案例中探讨这些概念的数据,但同时,保持开放性的思维,寻找令人意想不到的知识发现。

三、研究发现

人是有限理性的,面对海量的信息资料,创业意愿剧本更加需要依靠一些节俭的启发式来触发,节俭的启发式通过缩小信息范围,帮助企业家快速地发现创业机会。创业意愿剧本一方面来源于创业者分析式加工系统的处理结果,创业者通过对政治、经济、社会和技术环境的分析，判断机会、威胁、优势与劣势，另一方面它会受到情感启发式的影响。当他们判断创业活动为"喜欢"时，他们倾向判断该活动为高收益低风险；当创业者判断创业活动为"不喜欢"时，他们倾向判断活动为低收益高风险。根据该启发式，当创业者对创业活动表现出"喜欢"的情感时，其能够更快建立因果联系，扩大对细节风险的容忍度，更容易形成创业活动高收益低风险的知识结构。也就是说，情感启发式在创业意愿剧本的形成中起到决定性作用。因此，第一个命题：创业者使用启发式和分析式的加工方式来构建创业意愿剧本，其中情感启发式在创业意愿剧本的构建中起主要作用。

企业家创业能力剧本和创业安排剧本无法通过瞬间习得，而必须在长期的发展中通过学习来逐渐积累。通过创业安排剧本，企业家能够认识到获取互补的知识资源和市场信息的重要性，以及与利益相关者建立合作关系的必要性，但它们更多表现为程序性知识，只能依靠企业家在实践中通过学习来获得，而学习需要企业家的长期积累来完成。创业能力知识是在双环学习下，企业家对认知规则和认知惯例的反思，需要长期的磨炼与思考。显然，创业的能力剧本和安排剧本难以通过启发式加工获得。如果简单地使用启发式反而会造成可得性偏差。因此，第二个命题：在安排和能力剧本的构建中，创业者通过先启发后分析的加工模式，推动剧本的构建。其中可得性启发式对于触发剧本的构建起到关键作用，而分析式则为启发式带来的偏差起到纠偏作用。在此阶段，分析式加工起主要作用。

机会驱动创业和经验驱动创业在定义、表现等方面有很大差异，正是因为这些差异，创业认知剧本的构建顺序不同，产生的创业活动类型也不同。机会驱动型看到机会就想付诸行动，在创业领域中没有工作经验积累；经验驱动型直到认为条件成熟才付诸行动，在创业领域中有一定的工作经验积累。先构建创业意愿剧本的人属于机会驱动创业，而先构建创业安排剧本和能力剧本的人是经验驱动创业。但是，有机会的人未必就能创业成功，因为他/她不仅需要连续创业，还需要长期的资源和能力的积累。同样，有经验的人胆子小，不敢冒风险，还需要思维能力的转换。因此，第三个命题：创业认知剧本的不同构建顺序产生两种创业活动类型，一种是机会驱动创业，另一种是经验驱动创业，而且创业认知的完备性决定了创业行为的成功与否。

（作者系南京理工大学教授）

创业企业的关键成功要素
——基于权力配置的视角

谢永珍

本文从权力配置的视角，探讨创业企业如何实现可持续发展。我们主要谈两个方面：一是创业企业的关键成功要素，二是创业企业的权力配置。

一、创业企业关键成功要素模型——CGMT

创业企业基业长青主要取决于四个关键要素，分别是文化（culture）、治理（governance）、管理（management）与技术（technology）。

在 CGMT 模型中，处在第一位的是文化。文化是创业企业可持续发展的理念支持，也是统领治理、管理和技术的核心理念。组织文化是创业企业的重要软实力，通过其约束、激励与凝聚等功能，形成组织独特的竞争优势，是企业基业长青的理念保障。文化即是"文而化之"，"文"是指创始人与高层管理者对企业存在的目的等本质问题的思考而形成的核心价值理念；"化"具有教化之意，在创始人与高层明确企业核心价值理念之后，需要通过相关的激励与约束等制度文化使每一位员工都知晓，从而使企业理念内化于心，外显于行。通过"文而化之"使组织所有成员明确企业存在的意义，并激励员工围绕着组织的统一目标而努力；同时，企业文化中的核心价值理念还具有约束作用，它使创业企业的员工知晓组织支持的行为与限制的行为。成立于 1911 年的 IBM 公司秉承着"尊重个人、服务顾客、追求优异"的价值理念，走过百年，成为业务遍及 160 多个国家与地区的全球最大的信息技术与服务解决方案的跨国公司；成立于 1668 年的德国默克集团，坚持"兼容并包、长期发展、高科技、责任、客户、信任"六大核心价值理念，以技术为驱动力，坚持为患者和客户创造价值，成为拥有 300 多年历史的大型跨国医药业集团。《华为基本法》特别强调有形资源终会枯竭，而唯有文化生生不息。华为坚持以产业报国为己任，通过不断的创新，以可靠的质量与优质的服务满足客户的需求。与此同时，华为还将员工视为组织最重要的财富，在为员工提供良好的工作环境的同时，特别关注员工的培训与成长。为了确保创业企业的凝聚力，企业在初创时就需要创始人树立超越利润之上的理念，重视客户以及企业的价值创造。确立核心价值理念之后，通过创始人的率先垂范与员工培训制度强化员工对企业文化的认知，在此基础上通过激励与约束制度增强员工对企业文化的认同与践行，使初创企业的文化由理念转化为行动。

CGMT模型中的第二个关键要素是治理，即公司层面的制度安排，是创业企业可持续发展的制度保障。新制度经济学的代表诺思和托马斯（1973）明确指出：技术创新、规模经济和资本积累并非经济增长的根本原因，而是经济制度提供刺激的结果。因此，良好的制度设计是决定经济增长的根本动力。早在1992年Cadbury的报告就指出"国家的经济依赖于公司的动力和效率，董事会的效率决定一国的竞争地位"。经济合作与发展组织（OECD）的经济学家耶伦认为"一个好的董事会对于公司而言，正是达尔文理论中的那个决定一个物种超出其竞争对手的决定性因素"。创业企业的制度安排涉及股权结构、股东大会、董事会以及监事会等治理结构以及由此而形成的决策机制、激励机制与约束机制。良好的治理结构与治理机制，能够为投资者带来更高的溢价。根据麦肯锡公司对机构股东的调查，机构投资者不仅关注拟投资对象的财务状况，他们更加关注其公司治理质量。决策与制衡是公司治理的基本职能，公司治理的核心是科学决策，制衡只是为了保障决策的有效执行。对于创业企业而言，良好的治理有助于确保公司拥有合理的权力配置、规范的股东会、高效的董事会与监事会以及有效的CEO选聘与激励制度。综观那些失败的企业如安然、帕玛拉特、雅虎等，公司治理结构不合理、机制不健全是导致其失败的重要原因；相反，那些成功的企业如Google、Facebook以及阿里巴巴等都是通过良好的制度设计，确保了公司始终在正确的轨道上实现高效率的运营。

CGMT模型中的第三个关键要素是管理，它是创业企业可持续发展的执行保障，主要是用来落实董事会确定的商业模式和发展战略等，进而保证三位"上帝"的满意。这三位"上帝"分别是：资本市场上的"上帝"，主要是一些投资者，包括创业企业的创始人、风投和机构股东等；产品市场上的"上帝"，主要是产品和服务的接受者；产品和服务的提供者，也就是企业的员工，提高员工的满意度主要是为了带来员工的高度士气感。为了保证经理层对董事会战略决策的有效执行，CEO必须进入董事会，参与战略决策的制定，从而实现治理与管理的匹配。创业企业的管理除了要关注设备与材料、技术等传统的管理之外，还要特别强化人力资源管理与知识管理。通过人力资源管理，不仅要使合适的人从事合适的工作，并且要通过激励制度的设计，激发员工的积极性与创造性，为员工提供成长与发展的机会，还要关注员工培训，提升其素质与能力。知识管理中，要通过制度与信息技术，利用客户知识与竞争对手知识创造价值，以快速满足客户的个性化需求，赢得竞争优势。除此之外，还应强化员工的知识分享，加快隐性知识显性化的速度，增强组织知识，从而加快知识转化为财富的速度。

CGMT模型中的第四个关键要素是技术，不仅涵盖产业技术，也包括了普遍采用的信息技术。前者包括与企业产品和服务有关的产业技术，它对创业企业的发展起到了深远的影响，是创业企业可持续发展的技术支撑。产业技术对于企业的发展至关重要，尤其是颠覆性的技术对创业企业的可持续发展影响巨大。颠覆性技术在初始往往不被重视，只是少数具有前瞻性意识的客户采用，当其被普遍采用时，对既有生态系统将产生颠覆性的变革，企业必须实现破坏创新才有可能可持续发展。例如曾经处于手机行业霸主地位的诺基亚，由于错失智能手机市场，以至于在市场上销声匿迹；又如相机胶卷行业的柯达，数码技术的冲击使得它也无法持续发展下去。如今混合动力等新能源汽车技术、物联网技术、3D打印技术等颠覆性技术普遍采用，可能对现有产业技术带来巨大冲击。颠覆性技术在引发产业技术变革的同时将带来商业模式的巨大改变。如智能手机技术的普遍采用，改变了人们的工作方式与生活方式，从而对现有商业生态系统的盈利模式产生巨大影响。创业企业必须明确所在行业的产业技术现状与发展趋势，尤其是颠覆性技术对企业的影响，以规避产业技术危机。后者，如互联网技术与信息技术改变了人们的工作与生活方式，对企业的生态环境与盈利模式也带来了巨大影响。互联网技术的普遍采用，中小股东们无须亲临股东大会现场就可以通过智能手机的客户端进行投票，大大降低了中小股东的参会治理成本，挑战了传统的中小股东的普遍"搭便车"行为，股东大会被大股东控制的局面得以改善。信息技术的普遍采用，使得企业可以借助于大数据进行决策，在降低决策信息搜寻成本的同时，也增加了竞争的强度与组织的不确定性。

二、创业企业的权力配置风险

创业企业可持续发展的关键是创业人能够有效控制公司。在进行创业企业的权力配置时，要特别关注创始人被逼宫以及董事会过度动荡而导致的治理风险。

（一）创始人被逼宫风险

创始人被迫离开企业已经是个很常见的现象，如雷士照明的吴长江、新浪的王东志、乐百氏的何伯权、上海家化的葛文耀、俏江南的张兰、红孩子的李阳、苹果公司的乔布斯等。上述创始人被逼宫的原因可以分为两类：一是创始人与机构股东的利益冲突，二是创始人之间的理念冲突。在企业发展过程中由于创始人资金的限制，通常需要引入风投或机构投资者股东，从而导致创始人股权被稀释。若创始人股东与机构股东发展理念不一，极易导致创始人被逼宫。若出现创始人帝王意识、不尊重董事会、利用其控制性地位侵占其他股东的利益、"能力天花板"等现象，创始人被机构股东驱逐的风险更大。

雷士照明的吴长江被逼宫既有创始人之间的理念冲突，也有创始人与机构股东的利益冲突。雷士照明三位创始人——吴长江、杜刚、胡永宏的股权比例由45%、27.5%、27.5%变为各占33.3%，从而出现三权鼎立的局面。之后，三位创始人因理念冲突，导致两位创始人退出，进而引进了机构股东赛富亚洲，因与基金合伙人阎焱闹翻，吴长江被迫辞职。凭借经销商的支持，吴长江得以重返公司，并于2013年引入新的投资方德豪润达，一年之后，吴长江和德豪润达董事长王冬雷又发生内斗，经销商的大规模"倒戈"，使得王冬雷夺得董事长兼CEO之位，创始人之一吴长江被迫离开并入狱。初始的股权结构安排不合理与创始人的帝王意识导致了吴长江被逼宫。

与雷士照明不同的是，红孩子创始人李阳的被逼宫是因为创始人之间的理念不一所致。李阳与三位合伙人以3∶3∶2∶2的持股比例于2004年共同创立了红孩子公司，主营母婴产品零售业务，前两位持股比例较高的李阳和杨涛参与公司运营，持股比例较低的另两位徐沛欣及郭涛则扮演着"财务投资人"的角色。2006年，红孩子完成第二轮融资，机构股东的引入，使李阳和杨涛失去公司控制权，徐沛欣被邀担任公司CEO，李阳和杨涛则任执行总经理。李阳与徐沛欣在公司战略理念方面发生了冲突，李阳主张做强母婴业务，徐沛欣则坚持多元化发展战略，将公司战略定位于母婴、物流、传媒、金融四大非相关多元化的领域。因创始人之间的理念冲突，李阳不得不于 2008 年离开了红孩子。2010 年第三季度在红孩子经历一系列不太成功的尝试后，重新聚焦于互联网的母婴产品零售。高管团队更换频繁，导致了公司的执行力较差，2011 年初，曾经默许徐沛欣驱逐李阳的红孩子执行总经理杨涛，亦以"长期休假"的方式离开红孩子，四位创始人中，只剩下徐沛欣一人。曾经与京东、当当营收规模相当的红孩子，因为控制权的争夺以及错误的战略决策，错失良机，最终于 2012 年红孩子被苏宁以 6600 万美元收购。

（二）董事会过度动荡风险

创业企业的权力配置风险除了创始人被逼宫外，权力配置不当而导致的董事会过度动荡给公司带来的影响也是致命的。

雅虎最初的股权设计与同行业的谷歌的股权设计相比差异较大，Google 在企业初创时，三位联合创始人通过双层股权设计，Google 一直由创始人控制。公司两位共同创始人担任董事长与 CEO 关键角色，另一位 Google 联合创始人则专注于战略项目和新产品研发。雅虎股东则没有针对创始人股东的特别股权设计，公司上市之后，创始人股东失去公司控制权，激进的机构股东控制了公司。追求短期利益的机构股东过度干预公司内部治理、不断地要求改选董事会，四年三次更换董事长与 CEO，使雅虎处于高度动荡中。董事会的治理能力弱，在公司战略选择、CEO 选聘与激励、与 Google 建立战略联盟等一系列重大决策失误，使雅虎的股东回报远远低于同行业的谷歌。以至于在 2016 年 7 月这家市值曾超过 1250 亿美元，以"内容免费，广告收费"的创新商业模式，被视为世界最成功的互联网企业，被美国电信巨头 Verizon 以约 48 亿美元的价格收购了核心业务。

三、创业企业权力配置策略

创业企业的长期成功取决于对现有能力的开发与全新能力探索之间的权衡。组织在运营中必须注意当前和未来两个方面，既要对现有业务进行有效管理又必须满足未来环境变化，也就是要在探索和开发双元战略间做出恰当的抉择。探索与搜寻、改变、风险承担、实验、竞争、弹性、发现、创新等行为相关，关注长期发展；开发与改进、选择、生产、效率、挑选、实施、执行等行为相关，关注于对现有业务的维持。在资源有限的条件下，探索和开发是相互矛盾的两种活动类型，单纯从事二者中的某一项都会导致组织经营无效，因此，在探索与开发之间维持适当平衡是组织繁荣发展的必要条件。

与机构股东及外部其他股东相比，创始人股东基于创业情感的激励，更加关注公司的长期发展，他们将会在公司短期现金流与长期发展即探索与开发间做出合理的选择。其他股东则可能更加关注短期回报，有可能忽视长期发展所需要的创新、人员培训等方面的投资。一旦创业企业被外部股东控制，则可能因过度追求短期利益而使公司失去长期可持续发展的竞争优势。

创业企业的股东，包括创始人股东、风投、机构股东和其他小股东，他们通过参加股东大会来选举他们各自的利益代表进入董事会，由董事会来选举 CEO 来执行董事会的战略决策，监事会履行对董事会和经理的监督职能。在创业企业中，最核心的机构是董事会，创业企业的权力争夺的核心也就是董事会席位的安排。在创业企业权力配置的过程中，通常要考虑外部环境、持股比例、不同类型股东讨价还价的实力以及不同类型股东尤其是创始人的个人影响力等因素的影响。股东的入股资本主要包括物质资本、人力资本、专利与专有技术、商标权等。所以，创业者可以以其拥有的异质型人力资本或无形资产作价入股。创业企业的治理结构如图 1 所示。

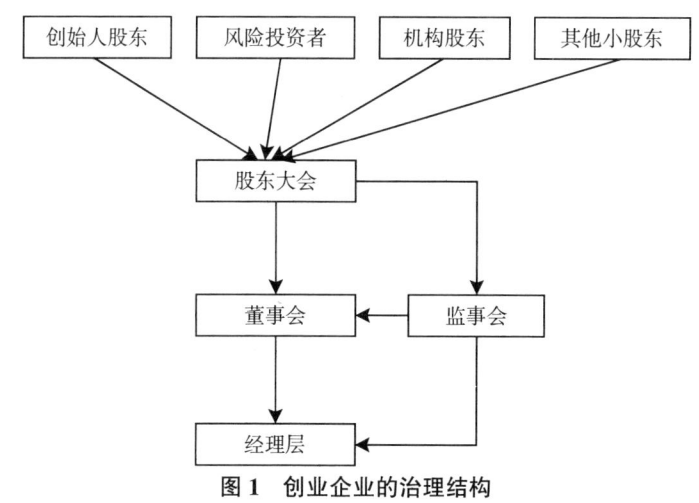

图 1　创业企业的治理结构

创始人因资金实力所限，公司发展壮大或者上市，引入新的投资者后创始人股权被稀释，从而增大被逼宫风险并进一步为公司的发展带来很大不确定性。因此，为了确保企业的可持续发展，需要通过特别权力设计，尽可能保证公司不发生严重的控制权争夺，并使公司处于创始人控制之下。为此，可以参考以下做法：

（1）权变对待股权制衡。由于资金实力所限，"几足鼎立"式股权结构成为创始人股东的首选。既缓解了资金问题，又均衡了各方实力。看似制衡型的股权结构有助于权力制衡，但因大股东不和而导致的控制权争夺可能会使公司陷入更加艰难的境地，并出现更加严重的治理风险。根据对上市公司的大数据观察，控制型公司较制衡型公司具有更低的代理费用与违规发生率。相反，那些制衡型的公司，绩效财务越差，违规发生率与代理成本越高。尤其是各占50%的双头股权结构的治理风险更大。

（2）不上市的有限责任公司，可以在公司章程中明确创始人的特别权力，可借鉴百度、谷歌、Facebook的双层股权结构做法，也可以采纳阿里巴巴的合伙人制度。Facebook将股票分为A、B两类，这两类股票投票权的比例是10∶1，即A股的股东一股拥有十个投票权，而B股只有一个投票权。马云及其联合创始人在阿里巴巴的持股比例远远低于软银、雅虎等大股东。为了实现对企业的控制，马云要求创始人必须拥有董事会席位的简单多数决定权，从而通过制度设计确保创始人对公司具有充分的控制权。

（3）对于上市的创业企业而言，上市后创始人的股权被稀释，机构股东或其他股东很容易通过股权优势取得控制权。阿里巴巴在美国上市公司，美国有特别的制度保护创始人的利益，但中国上市公司一律执行一股一权的股东大会投票制度。因此，上述双层股权结构以及合伙人制度均不能采用。为了避免公司上市后创始人失去控制权有可能对企业可持续发展带来的不确定性，可以在公司章程中设置"毒丸计划"以及董事更换的约束条件，也可以通过公司章程将董事提名、董事长选举、对外投资等重大事项列为董事会特别决议内容，要求有2/3以上董事的同意，以增加恶意收购的成本以及短期内控制董事会的难度。

（4）谨慎机构股东的参与治理。与创始人股东相比，机构股东更关注短期回报。机构股东过度干预治理，有可能使公司战略转向短期回报比较高的业务领域，如西藏药业的机构股东控制董事会后意图改变公司既有的战略，在大股东的干预下才未能得逞。在企业发展困难，需要机构股东的支持时，尽可能避免与投资方签订条件苛刻的协议，以免为以后的合作带来不利的影响。

总之，对创业企业来讲，要想做到基业长青，要重点做好以下几点：

第一，要在明确企业存在的目的的基础上，树立价值创造的治理和管理文化，以客户、员工与股东作为企业的上帝，并为他们创造价值。以员工的成长，满足客户的需要，并实现股东的满意与企业的发展。

第二，谨慎引入机构股东，尽可能使创始人控制公司。因为创始人对公司更多的是基于创业情感的激励，会比其他的风投股东或机构股东更加关注公司的长期发展。

第三，董事会不是权力争夺的场所，而是价值创造的决策团队，这点非常重要。董事会的核心职能是对公司的经营战略以及CEO选聘等重大事项进行决策，以确保公司在正确的轨道上运营。

第四，组建有效的董事会。应考虑董事会的多样性和能力，使董事会具有充分的治理能力，同时还要建立董事会专业委员会，实行专业化治理。

第五，创始人应通过不断学习，提升专业能力，并尊重董事会的决议，避免帝王意识而导致的错误决策。

第六，董事长与总经理要匹配。董事长与总经理两职合一，有助于快速决策，但不利于制衡；若两职分设，需要考虑到二者在能力、认知、决策风格、风险意识、性别等方面的匹配，以产生更高的效率。

第七，创业企业要重视知识管理，尤其是要构建利用客户知识创造价值的平台，同时还需关注相关的制度建设，以激励员工分享知识。

第八，创业企业要关注信息技术以及行业技术的现状与发展趋势，以便有效利用提高治理与管理的效率与效果。

(作者系山东大学教授)

当代大学生的必然选择

李致平

我们这代人创造了当代世界的奇迹，把我国从一个贫穷落后的国家发展成一个中等收入国家。同时，也成为了世界上最大的制造业强国。我们的经济总量超过日本成为世界第二，仅次于美国。但同下一代人相比，我们这代人的创业精神是不一样的。当时，我们国家发展产业、进行工业化，提出引进、消化和进口替代。因为国外的技术好，我们这代人要去学习、去拼搏。我们这代人的拼搏精神是可以为之自豪的。因为，我们有饥饿的感觉，温饱梦或者是小康梦是激励我们这代人奋斗终生的原动力，我们也基本实现了我们的梦。但是，未来的路，我们这代人是难以为继的，比如说，我国的钢产量在20世纪80年代（我们毕业）的时候在全世界排在几十位，只有几千万吨。2014年，我国的钢材生产能力是10.5亿吨，而全世界的钢产量是16.6亿吨。可以说，我们做大了，但我们还没有做强。即使世界上一半以上的钢材在我国生产，但每年我国还要大量进口国外的钢材，即一些高技术、高强度的钢材，这是为什么？因为我们这代人创新技术不足，我们是跟进、消化、吸收。但无论如何，我们实现了我们的中等收入国家的小康梦。可是，我们现在的这种方式已经难以为继，怎么办？而下一个国家目标，正好是这一代大学生的奋斗目标，就是我们提出的中华复兴之梦，也是中华崛起之梦。对于这个梦，我们唯一的对手就是美国，要在2050年左右全面超越美国。我们这代人有自己的优势也有自己的劣势，这个梦我们这代人是无法承担的。但以我对这一代大学生的了解，他们有更多的优势，他们自信，他们更敢于冒风险，他们思维更加开放，因此，和我们这代人相比，他们更能够符合未来发展的需要。从数量上说，20年内，我们经济总量一定会超过美国，但我们是否能成为强国，这仍然是一个疑问。我们知道，美国维持了世界强国100多年，靠的就是创新创业，没有人不认同美国是世界上最大的创新创业者。所以，未来三十几年这一代大学生的奋斗就要实现中华复兴梦，一定要实现，也一定会实现，老路子走不通，就要走创业创新的新路子。相信我们下一代大学生，一定能够从我们手中接过接力棒，通过创新创业实现中华民族复兴之梦。

（作者系安徽工业大学教授）

大学生创业:从模拟、模仿到创造

李乾文

很荣幸受邀参加这次的研讨会,安徽财经大学在大学生创业这一模块给予南京审计学院(下称"南审")很大的启发和帮助,这一次的研讨会对我们来说是一个非常好的机会,可以和各位专家一起探讨大学生的创新创业问题。

我的报告主要是通过南审在大学生创业这一方面的实践,提出我个人的一些观点。

一、南审大学生创业教育的模拟阶段

在模拟阶段,南审通过开展一系列的重大活动来启动创业教育,"以赛促学,以赛督学,以赛代考",比如2009年带学生参加的国内外比赛,获得了一些奖项,取得了比较好的成绩。但是这些学生的比赛只是模拟,并没有成为实践。这里我介绍另外一个学生的故事,她是从模拟到创业。她一开始在南审上学的时候和南京电视台合作了一个项目叫"创意未来",后来她到英国留学,学习金融,但是发现对金融不感兴趣,对创意很有想法。其实她在南审做了两个项目:第一个是"活色生香",这是一个新型书店;第二个是给准备出国的学生做一个出国培训。这两个创意都非常好,但仍然只是一个创意,是对创业的模拟。最后,她就根据"活色生香"这个创意付诸实践,开办了"活色生香书店",这是一家颇具小资情调的书店,开在离市中心不远的地段,周遭环绕南京几大高校,本身就是中国城市古典气韵与现代社会时尚感的结合,别具一格的是,这家店的书籍分类方式打破了传统的按内容分类的模式,采用按照封面颜色进行渐变色系排放,分为四种风格的阅读室:复古式(棕色)、开放式(暖色系)、现代式(黑白灰)、天然式(蓝绿)。我非常欣赏这位同学的创意,就是这种独具一格的风格,为读者提供了与喜好、心灵契合的阅读环境和读书体验。

南审经过几年的探索努力，出了两本书，一本是《大学生就业与创业通论》，因为大学生大多数对未来比较迷茫，就业后可能创业或出国，可能从事金融也可能是进入管理岗位等，这本书就大学生毕业后的创业就业问题做出了一些诠释。还有一本是《大学生"三创"案例策划与评述》，该书把南审学生的案例整理出来，然后让专家来点评，这个工作做出来之后发现取得了良好的效果，形成了一种良好的创业氛围，特别是财经类院校，书里的案例都是在校大学生的师兄师姐，他们的经历让大学生觉得没那么有距离感，很亲切；另外，这些真实的案例对于学校来讲也是一个贡献。

二、大学生创业的模仿特征

前面我给大家讲到了模拟，但是我们需要思考的是，只是模拟还不够，我们的大学生在创业的过程中取得了成功，往往是来自于模仿，我们要去学。我有一个学生，一开始是在南京创业，后来他发现互联网创业和地域没有关系，于是就回到他的老家晋江去创业，从广东进货，然后包装各种各样的礼品，卖给我们的学生，一年赚了大概50万元。现在他又有一个好的想法，他就思考将要销售的产品变成有自己商标的产品，他之前注册了一个公司叫"阿里叨叨"，这就是模仿阿里巴巴。后来他就想怎么去注册一个自己的商标，创立属于自己的品牌，他的女朋友就想到了赫尔米娜，她非常喜欢这个德国的王妃，而且这是一个丑小鸭变成白天鹅的故事，背景也很有吸引力，但是她设计出的商标和广东的一个厂商类似所以就不能用，最后只能放弃了。这是一个模仿的例子。另外一个同学是连续创业，他创办了两个公司，一开始创办了优逸礼品贸易公司，他主要是意识到别的学校都有明信片，南审的校园非常美，而且他的女朋友是非常喜欢画画，他就想把南审校园的风光画出来做成一个手工明信片，但是他又遇到一个问题那就是没有很好的生产销售渠道，于是他又创办极客传媒公司。

所以，我就在想，这两个同学创业的例子是不是有什么规律？如果有，那又有什么规律呢？所以我就申请了一个项目，就是中央支持地方院校建设"三创教育实验与实训基地"，首期投入了200多万元，在基地里购置了一些开发软件，政府受到启发推出了一个"千人创业计划"，但是这还不够，像一般的财经类院校有两万多人，这样一比，一千人还是太少了，这是一个非常大的工程，需要一个逐步递进的过程。有些东西可以激发学生创业，有些东西可以把学生的想法固化下来作为传统。很多学生的一些好想法都让我很惊讶、赞赏，但是并不是每一个好的想法最终都会创办成一个企业，也可能最终是形成一个产品。有一个学生去珠江发现有很多手工艺品，她就问我应该选择什么，然后我就推荐她选择了"种子画"，正好审计部长到我们学校访问的时候，她就做了一幅"种子画"送给审计长，审计长非常喜欢，挂在了他办公室。所以说，创业不一定是要成立一个公司，也可以是一个产品、展览。

三、实战与创造阶段

有些同学有一些很新奇古怪的想法，比如可伸缩的高跟鞋，这个以前讲过。还有一个同学是学工商管理的，他的家族企业一开始是赔钱的，但是经过他的努力，把企业从赔钱到一年赚3000万元，后来他又去国外学习了两三年，在实践中探索创造，现在他又回到南京创办企业，进驻了南审的大学生孵化基地——慧谷。在慧谷，还有一些发展得比较好的企业已经入驻，比如说"爱好贝"，我支持他去进一步地学习，他发现了有人能在美国能够融资到3个亿，很受振奋。他就问我是创业还是就业，我就回答他说，如果你都不能创业那在南审就没有人能够创业了。他就受到鼓舞，鼓起勇气做了"爱好贝"，现在发展状况良好，而且还在进一步摸索扩大业务中。

（作者系南京审计大学教授）

基于实践的创业教育

薛红志

一般情况下,不论在课程教学中,还是在论文写作时,我从不敢奢谈创业教育,更多的谈论是创业教学。创业教育从生态系统的角度来说,是一个庞大的体系,至少涵盖三个层面的内容:一是创业研究,二是基于创业研究的创业教学,三是基于创业教学基础上的创业实践活动。下面结合我多年的创业课程教学的经验,主要有以下几点心得体会:第一,在这个社会,有着许多适合创业的机会,五年前MBA班级到毕业时基层创业者的比例为0%,可以说几乎没有,到现在为止,一个MBA班级毕业时基本会有20%辞去工作继而走向创业,学校从不呼吁或鼓励他们去创业,这都是他们的自然选择,发现了一个好的创业机会。第二,创业其实也是一种新的职业选择,这种选择是时代发展的一个阶段。第三,大部分学者专家在进行创业研究时,会出现这样一个问题,大家因为谈的不是一个问题而出现争执,如有的是谈创业教学,有的是谈在学校如何搞孵化器,有的针对已经创业的人怎么做创业教育,有的针对不会创业的大学生怎么进行创业教育,可以这样说,由于不在同一个视角或者同一个层面上,不可避免地会产生一些疑惑与争执。

一、创业教育不是关于商业基础的教育

许多学校进行的创业教育,其实是关于商业基础的教育,如营销、人力资源管理、招聘、市场调研以及关于企业基础等方面的知识。对于本科生而言,教育可以分为通识教育和专业教育,专业教育更多则是指学生的专业课,通识教育现在在各学校越来越被重视,比如说,一些学校在改革,商学院会把心理学和社会学作为基础课(必修课)来学习,就是说,这些课程可以加强人们的求知欲、推

理能力和通用知识等，可以促进人们的求知欲，继而激发人们各方面的激情。创业教育主要是机会教学，学会如何去识别与开发机会，以及评判机会，继而是强调行动导向，即发现机会之后，如何迅速地开展行动，行动胜于一切，已经成为创业活动中更为重要的一个部分。不提倡简单的创业计划，由于创业过程最大的特点是具有不确定性，不确定性只有通过行动方式来避免，而不是通过商业计划，因为创业计划不能事先了解到不确定性带来的问题。接下来的就是关于创业教育的专业技能，如何进行市场测试，创业教育不能谈市场调查，只能谈市场测试，做调查是没有意义的。在这些基础上，才会讲创业思维，创业思维更多的是谈论关于企业职能以及商业基础等方面。现在的一些学校更多地将商业基础作为创业教育和创业管理的主要内容，这是有一定问题的，只有通过通识教育带来的激情和创业教育所形成的创业思维的两者结合，才能够更好更有效地产生社会和个人财富。

二、基于不同类型大学生的创业教育定位

学校里的创业教育应该是针对不同类型的学生，进行不同层面的教学，针对大学生这个创业群体，有的人是天生的创业者，这个是肯定的，对于这些人，只需要营造环境，让他们的天赋得以发挥，不要给他们的天赋发挥施加一些障碍，他们就能为社会做出贡献，不过这类人可能不到1%，比例很低。针对第二种人，也就是大部分大学生，这些人可能占学生群体的95%，就是在某种条件下可能成为创业者，而在其他条件下可能不会成为创业者就是不会去选择创业这条路径，这类群体是我们进行创业教育面向的主体对象，希望能够降低他们创业的障碍，提供创业的机会，帮助他们了解创业的知识以及掌握创业的技能。还有一种则是天生的非创业者，你怎么教他也不会去创业，就是要在大公司大企业工作，但是这部分人可以教他们做事的方式，比如说如何驾驭不确定性，因为大企业有很多不确定性，用创业的方式去驾驭不确定性，强化创业精神，创造性地开展他们目前的工作，这是针对这部分人所采取的创业教育的内容。最后从教学的角度来看，创业本身并不完全是创立一个新企业，按照 Jeffry Timmons 的一句话来说："创业是一种思考、推理和行动的方法，它不仅要关注机会，还要求创业者有完整缜密的实施方法和讲求高度平衡技巧的领导艺术。"

三、理论—实践的组合矩阵

在进行创业教育的时候，对教师来讲，对创业教育推崇的理念一定会决定你的教学方法和在日常工作中如何去辅导学生，比如说有的学校就把创业看成做生意一样，因此也就会看到有些学校学生的创业活动就是办一个小商店，如在淘宝上开一个网店或者在现实生活中开一个实体店等一类，这是因为学校在进行创业教育引导学生创业的理念就是做生意、开店。有的学校的创业教育更多的是培养创新型人才，这类学校开设的创业课选课最多的不在商学院，而是在设计学院，包括清华和北大。关于现在创业教育该教什么，有必要进行深入的思考，按照 Heidi Neck 所说的，创业教育就是给学生提供一个空间，这个空间是一个学生可以实践、识别、评估和发现机会的一个场所，同时这个场所可以是课堂内，也可以是课堂外，但是一定要给他们提供更多去做的实践活动，在这个空间里，学生可以采取真实的行动，可以从行动结果中学习，可以变想法为实际产品。这是一个严格的顺序，先从行动开始，再到学习和出产品，所以创业计划也存在着一个问题，它只会让学生去想，产生很多的 idea，然后将 idea 变成商业计划书，最终谁也不付诸行动，这是没有意义的。创业最主要的就是行动，在行动的过程中，让学生来学习，来展望创业理念。

在进行创业教育时的师资大体分为四大类：第一类，学校里最多的则是图 1 右下角的学术型师资，这一种主要是告诉学生怎么去做推理，怎么去评判创业机会，评判机会的几大维度与标准以及评判机会的好坏，从分析的角度去进行撰写商业计划，这就是所谓的分析瘫痪。第二类是图 1 左下角的"创世纪"，指学校请一些实践的创业者给学生讲解创业，就是讲授成功创业者的创业故事，无法系统化，用创业领域内一句经典的话来说："你一直学马云，你永远不可能成为马云。"第三类是图 1 左上角的培训或者学徒制，就是一个创业导师辅导相关创业学徒来进行创业，这种培训实践要求高点，对理论要求低点。第四类是图 1 右上角的合成型，即可以将理论付诸实践，教授一些付诸实施的理论。学校进行创业教育时应该发挥学校的特长，现在很多老师提倡要与实践联系更加密切，这点毋庸置疑，但是，并不能过多地讲一些创业成功者的故事给学生来听，你讲得再多，学生也会认为还不如去听马云讲，我们采取的所有创业教育的教学方法就和创业是一样的，所有的创业决策都是在未来理想和现实中妥协的一个过程，学校老师有着自身理论的优势，应该与实践结合起来，这种结合更多的是从可以付诸行动的理论出发。

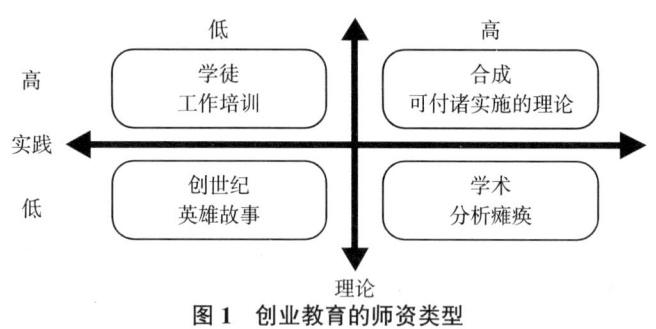

图 1 创业教育的师资类型

四、创业教育的五种实践

现在社会上搞教育培训比学校更先进，学校应该从自身优势的角度，从实践的角度进行创业教育。学校培养学生的创业能力主要有五种：第一，实验。学生应该如何做实验，在多次实验过程中得出结论，不怕失败，任何自然科学实验都没有一次性成功的，关于创业教育，如何教会学生做商业实验很重要。第二，创造。即从一个空洞杜撰的想法到实际落地的过程，作为教师，对学生创业想法的指导不是去评判，而是如何指导创业计划的实现。第三，移情。如何站在他人的角度去思考自身的创业想法，创业计划毕竟是要交给投资人去看，交给顾客去看，你怎么站在别人的角度来看待你的想法，就是要换位思考，学会换位思考是大学生创业者在进行创业教育必须学会的一门方法。第四，反思。这是创业者一个重要的基本要求，在创业过程中，难免会遇到各种问题、挫折与失败，从中吸取失败的经验，为以后的成长提供一些指导。第五，玩耍。上课要有意思，就必须要在玩的过程中体验课程，这种玩就是平时所说的严肃的游戏（serious game），而不是纯粹的玩，任何游戏都是有规则的，在这个过程中（寻求）体验，按照 Heidi 讲的话，如果学生在上课的时候急着盼着下课，那么这门课就是失败的。

（作者系南开大学副教授）

第二篇
大学生创业案例研究与点评

社会网络中信任关系对闹闹音乐成长栈的动态影响[①]

张　琦

大学生是大众创业、万众创新的生力军。为了做好经济新常态下大学生创业工作，教育部和国务院先后出台了《关于做好 2015 年全国普通高等学校毕业生就业创业工作的通知》和《关于深化高等学校创新创业教育改革的实施意见》等文件，并提出到 2017 年形成科学先进、广泛认同、具有中国特色的创新创业教育理念，形成一批可复制可推广的制度成果的总体目标。部分高校通过设置合理的创业教育课程、组织培养优秀的创业教育师资（木志荣，2007）、建设大学生创业孵化基地（代君和张丽芬，2014）等多种方式，提高大学生创业能力，鼓励大学生开展校园创业实践。校园逐渐成为孕育新生创业者的重要摇篮，以及培育新企业（nascent venture）的重要载体。但是，校园新企业和一般新企业成长规律有所不同。大多在校大学生属于"从校园到校园"的发展路径，缺乏社会经验等创业所需的关键资源。以在校大学生为创业主体的新企业普遍面临这样的困惑：尽管充满创业激情，可是由于资金、经验等资源条件约束，它们天然地存在着新进入者缺陷，缺乏合法性（Shane & Cable，2002；杜运周等，2008）。那么，在校大学生在初始创业时应该采取什么样的措施，才能让新企业既能"活下来"，又能"活得久"呢？

社会网络是当今社会最重要的概念之一，能够发挥资源机制、规范机制和社会认同机制的作用（周小虎和孙俊华，2014），给新企业带来资源、信任和认同，帮助它们获得合法性，度过成长危机（Zimmerman & Zeitz，2002）。越来越多的

[①] 标题系编者所加。本文曾刊载于《管理案例研究与评论》2015 年第 5 期，原题为《社会网络中信任关系对大学生创业的动态影响：以闹闹音乐栈为例》。

大学生创业者注重通过构建社会网络，来推动新企业成长。如以马化腾、张志东、许晨晔等为代表的"腾讯五虎将"，以俞敏洪、徐小平、王强为代表的"新东方三驾马车"，以及季琦、沈南鹏、范敏和梁建章为代表的"携程四君子"均属于校友创业邦。在学术界，关于社会网络及其与创业关系的研究焦点是：第一，社会网络结构特征。重点分析网络规模、网络中心度和联系强度等。第二，社会网络演化规律。侧重于比较不同阶段社会网络的差异性特征（Uzzi, 1997; 周小虎, 2005）。第三，社会网络影响因素。包括创业者特征、国家文化、成员间信任等。第四，社会网络作用机制。突出强调社会网络对机会识别、资源获取、企业绩效和企业成长等方面的重要作用（Davidsson & Honig, 2003; Liao & Welsch, 2003）。第五，创业型企业的社会网络治理。Kale 等（2002）学者指出了构建社会网络，需要发挥协调、技巧、认知和交流四种能力的作用。韩炜等（2014）发现了不同情境下创业网络治理机制的权变选择。从总体上看，多数研究仍限于社会网络的静态视角（Schutjens & Stam, 2003），对社会网络动态演化的研究正在兴起。但是，究竟是什么样的力量推动着创业者（或者创业团队）迅速构建起有利于创业成功的社会网络，学术界的研究相对匮乏，尤其是以校园新企业为研究对象的成果更是凤毛麟角。

信任关系与社会网络密不可分。沟通、交流和信息互动能够增强凝聚力和归属感，从而形成信任关系（Smith & Lohrke, 2008; Bian, 1997），并且，信任关系能够促进信息流动，推动企业创新，促进企业成长（Liang et al., 2013）。马可一和王重鸣（2004）还曾对创业背景下中西方信任进行比较后发现，信任与不同社会历史背景、创业环境和文化价值系统密切相关。客观上说，信任关系的范围限定了社会网络的有效半径，信任关系的质量则决定了社会网络的持久性。在新企业成长过程中，创业团队成员结构会发生变化，信任的要素也在不断变化，能否在创业团队内部乃至更大范围形成制度信任，是决定新企业发展到成熟阶段的关键因素（秦志华等, 2014）。本文所关注的问题是：校园新企业的社会网络形成并发展，存在着怎样的规律性？社会网络中的信任关系，何以成为促进校园新企业成长的内在动力？在新企业不同的成长阶段，社会网络中的信任关系有哪些差异性？在校园创业这一独特背景下，引导在校大学生快速构建起基于信任关系的社会网络体系时应注意哪些问题？

安徽财经大学于 2013 年 5 月建立起大学生创业孵化基地，并把它作为引导大学生创新创业教育的重要载体。本文采用案例研究法，以落户于创业孵化基地中的闹闹音乐栈为研究对象。本文结构安排是：除引言外，第一部分是在文献回顾的基础上进行理论推演；第二部分是阐明案例选取与研究过程；第三部分是案例分析；第四部分是结果讨论；第五部分是启示与局限性。

一、文献回顾与理论推演

社会网络是指行动者因各种类型的关系而形成的网络连结（Adler & Kwon, 2002），其结构可以用网络范围、网络密度、网络联系强度等指标衡量。网络范围反映了社会网络的边界大小。网络密度是指衡量网络内部成员发生相互联系的密集程度。网络联系强度是指社会网络成员间情感密切或频繁互动的程度，判断联系强度的标准包括联系频率和感情方面的接近程度（杨玉兵和潘安成，2009）。20世纪80年代以来，创业研究视角从创业者的社会心理特征逐步转移到创业行为所嵌入的制度环境（Schutjens & Stam, 2003），开始关注社会网络在创业过程中扮演的重要角色。社会网络促进新企业成长的关键在于网络上各个不同主体之间能否形成信任关系。当新企业获得来自社会网络上各个不同主体的信任时，将更容易获得信息、资金等重要资源，最终推动其成长壮大（Batjargal, 2013）。

（一）社会网络的动态性本质

社会网络是动态发展的（周小虎等，2014；Trau, 2015）。Lechner和Dowling（2003）通过对IT产业高成长公司进行研究后发现，企业刚建立时，社会网络以创业者或团队的个人社会网络为主；随着企业成长，竞合网络和营销网络重要性上升；企业进入成熟期后，竞争与工艺合作创新网络成为核心网络；最后企业进入网络重构阶段，需要同时管理商业网络与社会网络。也就是说，企业在发展过程中，需要对社会网络进行调整，削减那些潜力发挥殆尽甚至成为成长瓶颈的网络关系，重新搭建一些新的网络关系。陈忠卫、杜运周（2007）根据网络密度和异质性，将创业团队社会网络按顺序分为研讨会型、家族型、理想型和交响乐型四种类型。此后，罗家德等（2014）对中国一家多元化企业集团20年的发展进行案例分析后发现，社会网络经过密网构筑、外部关系网络滚动式扩张、内部核心网络汇聚式发展和新机会凝聚的发展轨迹，由最初的亲缘网络演化为依附网络，进而演化成企业间网络。上述研究揭示了社会网络的动态性本质以及演化规律，说明了伴随企业成长，社会网络在不断变化，会表现出阶段性特征。

（二）新企业社会网络的演化过程

社会网络演化与企业生命周期密切相关。Butler 和 Hansen（1991）在研究新企业社会网络的演化时，将企业生命周期划分为创建、起步和持续发展三个阶段。随后，Lechner 和 Dowling（2003）将这一演化过程进一步延伸，将企业成长过程分为新创期、成长期、成熟期和转化期。王益民等（2014）则考虑了从创业概念形成到企业创建这一重要过程，结合社会网络特征，提出国际新企业发展的三阶段：动机产生与创业准备、企业创建与起步和持续发展。它们的共同特点是综合考虑到从小规模企业发展到大公司的全过程，一定程度上是一种粗线条式的勾勒；并且认为，社会网络的无限扩张是促进企业成长的重要力量。

根据 GEM（Global Entrepreneurship Monitor）的标准，作为新企业，应该具有三个特征：新生创业者的年龄在 18~64 岁，在过去的一年里为创建新企业已经采取了一些行动；新生创业者能够拥有新企业一定份额；新企业未能向新生创业者支付超过三个月的薪水（Singer，2014）。考虑到新企业的特点，本文认为应主要考虑创业准备和企业发展早期社会网络的演化状况，因此，结合社会网络特征，提出了新企业生命周期的三个阶段：涌现、初生和起步，并依据这三个阶段来分析新企业社会网络的动态发展过程。

（1）涌现：包括创意产生、创业团队形成以及新企业刚成立三个时期。此时的社会网络往往由家族成员、朋友、同学等组成（Schutjens & Stam，2003），网络范围比较狭窄，规模较小，但是网络成员间关系很强，网络密度很高。其典型特征是：小范围、密网、强联系为主。

（2）初生：由于原先小范围、密网、强联系为主的社会网络能够为新企业提供的资源有限，新企业需要对社会网络进行调整，部分原有网络成员不断离开，一些新网络成员开始加入（罗家德等，2014），网络范围开始扩大，网络密度开始降低，一些新联结开始出现。其典型特征是：大范围、疏网、弱联系增多。

（3）起步：网络范围已经突破涌现阶段的地理界限，与初生阶段相当，甚至继续扩张。新成员继续加入，单位面积内联结数量增多，网络密度上升。原有社会网络成员间交往越发频繁，关系逐步加深，甚至发展成朋友关系，此时原有的弱联系将逐步转化为强联系，同时新成员加入后，新的弱联系开始建立，此时强弱联系并存。其典型特征是：大范围、密网、强弱联系并存。

（三）社会网络中的信任关系

社会网络中的信任关系是指网络成员关于其他成员行为的一种自信的正面预期，认为其他成员值得信赖的一种心理状态。信任关系并不是一成不变的。在不同成长阶段，社会网络中的信任关系既有相似性，也具有不同特征。首先，由于新企业社会网络中成员间的互动在多数情况下涉及经济利益交换，因此在各成长阶段，新企业与社会网络成员间的信任关系均应包含计算型信任（calculus-based trust）的成分。计算型信任是指对维系这种信任所带来的收益及信任被中断所带来的威胁的心理判定（Shapiro，1992）。计算型信任是基于经济交易互动中的理性选择，以个人对彼此合作过程中可能的得失所做出的精确计算为基础（易朝辉，2011）。其次，在不同成长阶段，新企业与社会网络成员间的信任关系在类型和特征上也存在差异。具体地说：

（1）涌现：由于该阶段社会网络范围狭窄、网络密度高，主要由强联系构成，此时网络成员间的信任关系更多地体现为关系型信任（relation-based trust）。关系型信任是指由既有关系的存在而带来的基于情感的信任（王节祥等，2015）。关系型信任来源于反复交往之中，先前交往中被信任者的可靠性提升了信任者对被信任者意图的积极预期，双方逐渐产生了情感，形成了相互关心的关系型信任。基于关系型信任的交易更有弹性，信任的脆弱性不明显（Rousseau，1998）。

（2）初生：异质性新成员不断加入社会网络。刚进入社会网络时，新成员与新企业间的信任关系往往表现为计算型信任。此后，随着交往次数增多，社会网络成员与新企业间以自身对对方日积月累的认知和了解为基础，会开始形成知识型信任（knowledge-based trust）。知识型信任是指通过长时间交流和沟通从而对他人行为预测所做出的一种真实期望（易朝辉，2011）。知识型信任的发展过程可以比喻为"种植花木"，通过年复一年的耕种，了解到各块土地的特征，从而选择种植地点（Lewicki & Bunker，1995）。

（3）起步：部分社会网络成员间的关系逐步加深，原有弱联系逐步转化为强联系。一旦新企业与这些网络主体不但在认知态度上，而且在彼此心灵情感上都能够取得相互认同，他们之间就形成了认同型信任（identification-based trust）

（陈忠卫，2014）。认同型信任是指在集体身份、共同目标、相同价值观等因素的推动下，对他人的偏好、利益、需求、期望和目的的充分认同、内化、理解和支持（Lewicki & Bunker，1995）。

社会网络中的信任关系是社会网络成员的一种内在的预期，在本质上具有隐蔽性。一方是否真正相信另一方，可能并不被另一方所准确地感知。同时这种信任关系又具有动态性。在涌现阶段、初生阶段和起步阶段，信任关系体现出不同类型；并且每一阶段的信任关系也是一个不断发展的过程。当新企业与社会网络成员之间建立稳定的信任关系时，可能产生强大的凝聚力。这种源自信任的凝聚力能够帮助消除彼此间的戒心和投机心理，有利于彼此间的深度沟通和相互学习，促成集体行动，带来成功的合作（罗家德等，2014；Zaheer，1998）；带来更多的利他行为，增进共识，节约认知投入、决策时间和关注过程，帮助双方获得有价值的、独有的机会和资源（罗家德等，2014）；能够有效化解冲突，减少各方的机会主义行为，降低交易成本，提高彼此间的责任感；能够推动信息等资源在各主体间的流动，催生新企业开放式创新，最终促进其不断成长壮大（Liang，2013；De Jong & Elfring，2010）。所以说，社会网络中信任关系是推动新企业成长的内在动力。

但是，现实中，并不是社会网络上的所有主体都会同等程度地投入精力，都会把新企业看作自家的孩子一样关注企业成长初期的生命力。其中的关键在于新企业与部分网络成员之间没有形成信任关系。由于信任缺失，新企业与这些网络成员之间需要通过契约机制来维系彼此间的关系。但是，仅采用契约机制，没有信任关系，可能存在的问题是：双方在契约内容和合作过程中的条款修正上可能产生分歧，加之缺乏互信，故难以达成有效契约；不愿意做出超出契约范围外的贡献；难以像成熟企业那样承受完全契约机制下较高的搜寻、谈判、缔约和监督成本（韩炜等，2014）。这些问题均不利于新企业持续成长。

不同阶段信任组合的作用效果有所差异。涌现阶段信任组合的效果主要是确保新企业生存，初生阶段和起步阶段信任组合的效果则主要是推动新企业发展。在涌现阶段，新企业刚刚成立，大多消费者可能并不知道该企业的存在，其能够提供的产品和服务还不为人所熟知；即便一些消费者对其有所了解，也可能对它们的质量存在担忧，不敢轻易购买新企业的产品和服务，导致销售情况并不理想，企业面临财务危机。此时，基于计算型信任和关系型信任，尤其是关系型信任，创业者们的朋友和同学前来捧场，成为新企业的第一批顾客，为新企业带来了第一桶金，确保了企业的生存。在度过最初的成长危机之后，进入初生阶段和起步阶段，新企业的首要目标由生存变更为发展，开始在更大范围内寻找顾客和合作伙伴。此时，若新企业能够与顾客或合作伙伴建立起计算型信任、知识型信任和认同型信任，将有利于消除顾客或合作伙伴的戒心和投机心理，降低他们感知到的交易风险，使他们更愿意购买新企业的产品和服务，或者更愿意与新企业合作，分享自己拥有的关键资源。从而提高企业绩效，推动企业发展。

综上，我们可以发现：至今为止，对于新企业在成长初期，社会网络与其内部信任组合之间是如何协同，并共同推进企业度过"成长之痛"的问题仍缺乏深度研究。据此，本文提出了基于社会网络中信任关系的新企业成长初步模型（见图1）。

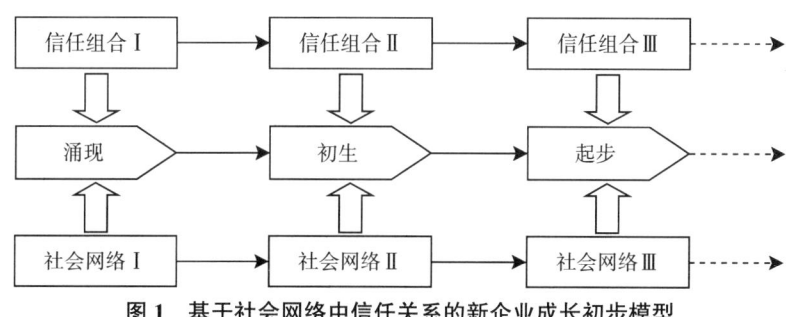

图1 基于社会网络中信任关系的新企业成长初步模型

二、案例选取与研究过程

案例研究法是社会科学研究中一种被广泛采用的研究方法，在心理学、管理学、历史学、社会学等学科中已得到了普遍的认可和应用。案例研究法是一种定性的、经验性的研究方法，着重于回答"why"和"how"的问题。由于社会网络以及社会网络中的信任关系是动态的，且难以从现实情境中分离，因此采取案例研究法将是一种行之有效的选择，能够得到通过其他研究方式难以得到的数据和经验知识，在此基础上对上述两大问题进行分析，从而对已有理论体系进行检验和发展；能够对社会网络中信任关系促进新企业成长作用机制进行厚实的描述和深入的理解，从而得到一个较为全面的观点。

(一) 案例选取

本文选择安徽财经大学创业孵化基地中的闹闹音乐栈为研究对象。这是因为：第一，闹闹音乐栈符合新企业的标准。第二，闹闹音乐栈位于校园之内、大学生身边，第一手资料容易获得，且有机会与创业者展开深度接触。第三，闹闹音乐栈完整经历了新企业成长的三个阶段，且人际信任关系的动态演化过程清晰可见，富有代表性。

闹闹音乐栈最初由安徽财经大学财政与公共管理学院大四学生陈昱阳等创立。2012年4月，陈昱阳参加共青团安徽省委员会主办的"百万MM青年创业计划大赛"，获得全省"优秀设计者"奖项，并得到大学生无息贷款资格。2013年11月，闹闹音乐栈正式成立，并进行了工商注册和税务登记。短短一年半时间，闹闹音乐栈先后经历了涌现、初生和起步三个阶段。发展过程中的重要事件如表1所示。

表1 闹闹音乐栈发展过程中的重要事件

成长阶段	重要事件
涌现 （2012年4月~ 2014年3月）	2012年4月，陈昱阳萌生创办闹闹音乐栈的想法
	2012年9月，闹闹音乐栈的创业团队开始组建
	2013年11月，闹闹音乐栈成立，并进行工商注册和税务登记
	2013年11月，入驻安徽财经大学大学生创业孵化基地
	2013年12月，成功完成文学与艺术传媒学院举办的"背景音乐诗歌朗诵大赛"中的音响设备调音工作
	2014年2月，团省委学校部部长谢海带队，对大学生创业扶持政策落实情况进行调研，闹闹音乐栈参加专题座谈会
初生 （2014年3月~ 2014年12月）	2014年3月，启动音乐培训项目
	2014年3月，获得蚌埠市人民政府颁发的蚌埠市"创业之星"称号
	2014年10月，在东校区北园食堂广场开展"感恩校园、回馈师生"展销会活动
	2014年10月，参与由校党委宣传部主办，校大学生通讯社、校广播台承办的第八届"魅力新主播"大赛
	2014年11月，参与由校团委主办、校学生会承办的"好声音、大梦想"第26届校园十大歌手比赛
	2014年11月，在一号行政楼视频会议室，参加校大学生创业案例编撰辅导会
	2014年12月，参与蚌埠市政府主办的第一届"终有一日"音乐节

续表

成长阶段	重要事件
起步 (2014年12月 至今)	2015年2月，参与创业案例撰写
	2015年4月，参与蚌埠医学院举办的"怒放青春"音乐节
	2015年4月，蚌埠市人社局局长孟祥光带队，对大学生校园创业现状进行专题调研，其间对闹闹音乐栈进行走访
	2015年4月，与万达广场、蚌埠市文化会展有限公司、蚌埠市政府及开发区政府达成协议，决定于2015年9月举办蚌埠市第二届音乐节

闹闹音乐栈的主要营业项目包括：第一，文艺活动设备租赁。闹闹音乐栈以比竞争者更优惠的价格、更方便的途径和更优质的服务，向各大学生组织租赁音响设备，如麦克风、音箱和麦架等，并有工作人员随设备全程负责调试。第二，乐器零售与培训。闹闹音乐栈采取一对一小班教学模式，开展音乐培训服务，同时以培训带销售。第三，音乐制作。闹闹音乐栈可以完成录音、伴奏制作、伴奏改调等技术工作，为校内外热爱原创音乐的同学提供建议和制作服务。

（二）研究过程

为了深度剖析社会网络所具有的动态性特点，以及在闹闹音乐栈成长的不同阶段，社会网络中信任关系表现出的不同特征和作用，本文作者采用表2中所列的阶段性研究过程与任务。主要研究方法包括：第一，内部讨论会。与安徽财经大学校团委、创业与企业成长研究所内的专家以及创业当事人进行多次内部座谈，就此次案例研究进行讨论，并得到论文初稿修改意见3份。第二，当事人访谈。通过多种途径，对案例企业创业团队成员进行一对一和一对多式的采访，收集第一手资料，并对来自同一企业不同当事人的资料进行比对。最终形成2份访谈记录。第三，利益相关者评价。对案例企业社会网络中的其他主体进行实地调研，获得其对闹闹音乐栈的评价性信息，核对基础数据的真实性。最终形成1份调研记录。第四，文档分析。收集相关文档资料，包括中英文文献116篇、账本电子版1份、国家近期出台的关于创业教育的政策建议等，并对所获得的文档资料进行整理与分析。上述方法从多角度验证了数据的真实性，保证了研究的信度和效度。

表 2　案例研究的阶段性过程与任务

案例研究过程	主要活动任务
第一阶段 （2014 年 11 月~ 2015 年 1 月）	● 参加创业案例编撰辅导会，明确文章整体行文规范、注意事项 ● 通过面对面、电话和 QQ 的方式，与"闹闹音乐栈"两位负责人联系，初步了解该企业运营状况 ● 研读国内外关于社会网络和信任关系的学术文献 ● 构建文章理论框架 ● 参加创业案例讨论会，对文章理论框架作修改与完善
第二阶段 （2015 年 1 月~ 2015 年 3 月）	● 通过面对面、电话和 QQ 的方式，与"闹闹音乐栈"两位负责人联系，就文章所要研究的问题进行深度调研 ● 进行利益相关者评价 ● 收集相关文档资料，并进行分析 ● 形成论文初稿
第三阶段 （2015 年 3 月~ 2015 年 6 月）	● 参加创业案例汇报会，听取专家们对案例论文初稿的意见 ● 采取面对面、电话和微信的方式，深度访谈"闹闹音乐栈"的两位负责人，对案例资料作进一步补充 ● 就案例资料中争议性核心事件（如启动音乐培训的时间），通过电话的方式，与创始人进行追溯性核实 ● 研读国内外相关文献，对文献综述作进一步补充 ● 完善并形成规范性案例研究类学术论文

三、案例分析

（一）闹闹音乐栈社会网络的演化

1. 社会网络 I：以小范围、密网、强联系为主为典型特征的涌现阶段

萌生创业网络的构想先于新企业创立。早在 2012 年 4 月，陈昱阳在"百万 MM 青年创业计划大赛"上获奖后，收获了信心，开始着手组建创业团队以创办闹闹音乐栈。初始创业团队成员包括来自劳动与社会保障专业的陈昱阳，以及来自金融工程专业的徐超和俞子达等人。这是一群对音乐都怀有无比热情的年轻人，而且专业互补，2013 年 11 月，他们正式注册成立了闹闹音乐栈。此后，闹闹音乐栈获得校团委许可，进入安徽财经大学创业孵化基地孵化。成立之初，闹闹音乐栈的经营项目主要为音响、话筒等音乐设备的租赁与调试、吉他等乐器以及相关零配件的零售。最初，闹闹音乐栈的社会网络成员主要包括三类：第一类为学校相关部门，主要为需要经常打交道的校团委以及在举办活动时有过合作的文传学院。第二类为安徽财经大学内的学生会和学生团体联合会，具体包括吉他

协会、音乐协会、大学生艺术团、大学生创业协会、大学生通讯社等。第三类为个体消费者,主要包括闹闹音乐栈各位创业者的同学、朋友以及互相熟悉的协会成员等。

从上述事实中可以看出,闹闹音乐栈社会网络的特征体现为小范围、密网、以强联系为主(见图 2)。第一,小范围。这一时期闹闹音乐栈的社会网络范围仅限于安徽财经大学校内,因此社会网络范围比较狭窄。第二,密网。在小范围的社会网络内,聚集了很多网络成员,网络密度较高。第三,强联系为主。闹闹音乐栈的创业者是一帮来自各学院志同道合热爱音乐的同学,他们在学校文艺活动方面十分活跃,因此,闹闹音乐栈成立之初就与学校相关文艺类社团(如吉他协会、音乐协会、大学生艺术团等)建立了良好关系;同时,闹闹音乐栈的第一批顾客主要为各位创业团队成员的同学、朋友以及吉他协会等学生团体的会员,与各位创业者已经有长时间往来,这说明闹闹音乐栈最初的社会网络中以强联系为主。

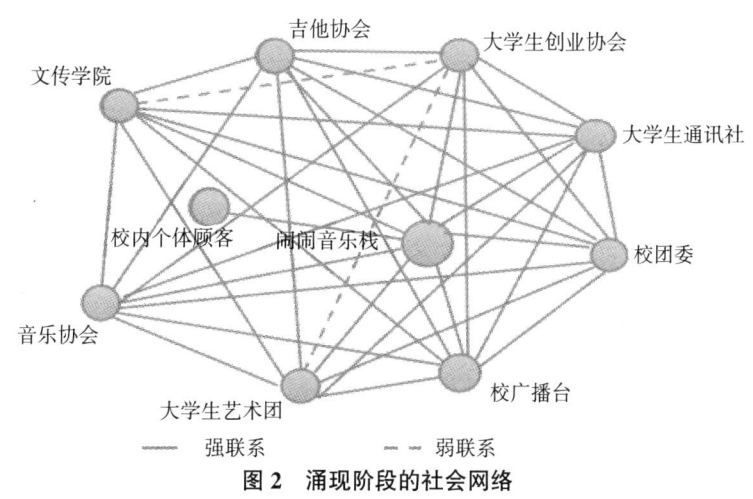

图 2　涌现阶段的社会网络

2. 社会网络Ⅱ:以大范围、疏网、弱联系增多为典型特征的初生阶段

2014 年初,闹闹音乐栈的发展受挫。其一是为了响应政府反腐倡廉的号召,校团委开始整合小型学生活动,并采购部分音响设备,使得闹闹音乐栈的音乐设备租赁服务受到了沉重打击。其二是乐器销售迟迟未获得跨越式发展。面对困境,闹闹音乐栈的创业者们发现,为了存活下去,他们必须调整商业模式,扩大

经营区域,壮大消费群体。

自 2014 年 3 月开始,闹闹音乐栈在原有业务的基础上,开始在门店内提供一对一音乐培训服务,以此来带动乐器销售。同时,闹闹音乐栈加强了营销措施:一方面,继续在学校食堂广场分发宣传单、张贴海报,设立固定咨询点,并派专业人员提供咨询服务;另一方面,也在校外部分广场、小区等人流量大和人口密度高的地区分发宣传单,并派专业人员一起前往以提供现场咨询,还在部分文娱交流场所(如文化馆、少年宫等)发放宣传材料。

从上述事实中可以看出,闹闹音乐栈社会网络的特征体现为大范围、疏网、弱联系增多(见图 3)。第一,大范围。由于采用新的商业模式和营销措施,闹闹音乐栈与更多校内外个体顾客建立了联系。此外,闹闹音乐栈还与校外一些企业(如蚌埠市文化会展有限公司)接洽,寻求合作;参与大学生创业案例的编撰,和创业与企业成长研究所建立联系,寻求企业管理知识。这些都说明闹闹音乐栈的社会网络不再仅仅局限于安徽财经大学校内,范围不断扩大。第二,疏网。随着闹闹音乐栈社会网络范围的扩展,虽然有新成员加入网络,但是数量有限,所以网络密度开始下降。第三,弱联系增多。这一阶段,闹闹音乐栈与一些新成员开始建立联系。由于刚刚认识,他们之间联系频率低,情感不够密切,此时这些联系主要是弱联系。也就是说,该阶段弱联系在增多。

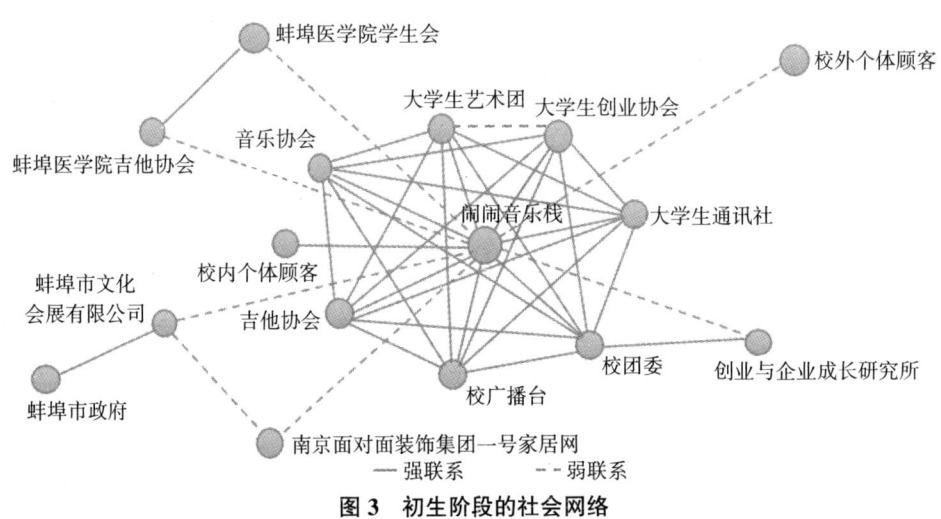

图 3 初生阶段的社会网络

3. 社会网络Ⅲ：以大范围、密网、强弱联系并存为典型特征的起步阶段

随着合作增多，闹闹音乐栈与蚌埠市政府、创业与企业成长研究所、蚌埠市文化会展有限公司、蚌埠医学院吉他协会、蚌埠医学院学生会、南京面对面装饰集团一号家居网和一些校外个体顾客等网络主体交往更加频繁，相互之间更加熟悉。在与蚌埠医学院吉他协会的多次合作中，闹闹音乐栈收获的不仅是商业利益。由于对音乐都有着强烈的热情，在共同爱好基础上，他们之间逐渐发展出深厚的友谊。2014年11月，闹闹音乐栈参加了大学生创业案例编撰辅导会，和创业与企业成长研究所建立了初步联系。此后，随着案例撰写的进行，闹闹音乐栈和创业与企业成长研究所间关系加深。2014年12月，闹闹音乐栈与蚌埠市文化会展有限公司合作举办了蚌埠市第一届"终有一日"音乐节，建立了初步联系。此后，双方关系逐步强化。2015年4月，闹闹音乐栈又与蚌埠市文化会展有限公司达成协议，决定于2015年9月举办蚌埠市第二届音乐节。此外，闹闹音乐栈还与万达广场、蚌埠学院爱乐协会等建立了新的联系。

从上述事实中可以看出，闹闹音乐栈社会网络的特征体现为大范围、密网、强弱联系并存（见图4）。第一，大范围。该阶段，闹闹音乐栈的社会网络已经扩展到安徽财经大学校外，在蚌埠市这一更大的市场上寻求发展。此时它的社会网络是大范围的。第二，密网。在大范围的社会网络内，闹闹音乐栈又与万达广场和开发区政府等新的网络主体建立了联系，单位面积内社会网络主体数增多，网络密度提高。第三，强弱联系并存。在上一阶段，闹闹音乐栈与蚌埠市政府、

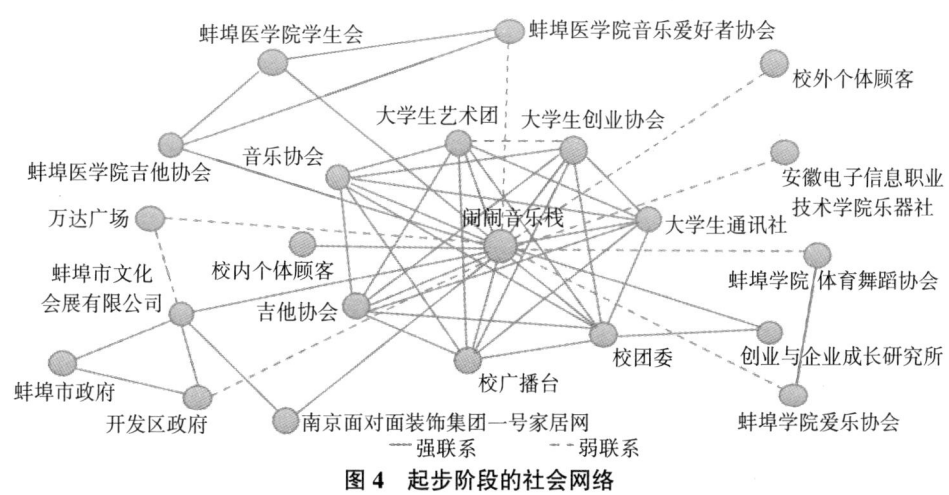

图4　起步阶段的社会网络

创业与企业成长研究所、蚌埠市文化会展有限公司和蚌埠医学院吉他协会等网络主体开始建立联系。随着合作次数增多，闹闹音乐栈与这些网络主体联系越发频繁，关系逐步加深，甚至成为朋友，先前的弱联系逐步转化为强联系。同时，闹闹音乐栈还开始与万达广场、蚌埠医学院音乐爱好者协会等新主体建立联系。所以此时强弱联系并存。

概括上述闹闹音乐栈动态社会网络，可以发现如图5所示的三阶段演化过程。具体地说：在涌现阶段，闹闹音乐栈的社会网络聚焦于安徽财经大学校园内，网络范围狭窄；成员主要为创业者的朋友、同学和兄弟协会，网络联系很强；小范围社会网络内集中了较多主体，网络密度高。随着企业成长，进入初生阶段，闹闹音乐栈开始走出校园，社会网络范围扩大；部分原有网络成员离开，一些新网络成员加入，新联结出现，弱联系增多；在大范围社会网络内，尚未存在足够的网络主体，网络密度较低。进入起步阶段，闹闹音乐栈的社会网络范围仍很大；新成员不断加入，单位面积内联结数量增多，网络密度变大；与现有成员交往次数增多，关系越发密切，弱联系转化为强联系，同时新成员加入后，又建立了一些新的弱联系，此时强弱联系并存。

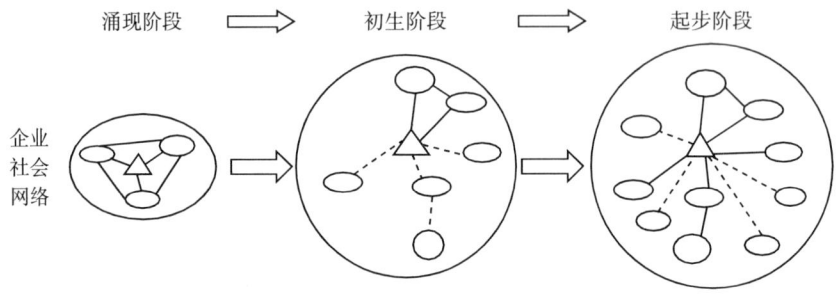

图 5　闹闹音乐栈社会网络的演化

注：外部圆圈大小代表网络范围；内部三角形代表闹闹音乐栈；内部圆圈代表网络主体；单位面积内主体的数量代表网络密度；实线代表强联系，虚线代表弱联系。

（二）社会网络中的信任组合及其对闹闹音乐栈成长的影响

1. 涌现阶段社会网络中的信任组合及其效果

在涌现阶段，社会网络成员间大多已经存在一定的社会关系，网络中很多成员甚至是创业者的朋友和同学，此时闹闹音乐栈与网络主体间的信任关系首先表现为关系型信任。例如，闹闹音乐栈成立以来，经常与校团委和大学生创业协会打交道，与它们关系良好，因此存在一定的关系型信任；闹闹音乐栈的创业者们十分热爱音乐，在学校文艺活动方面相当活跃，因此闹闹音乐栈成立之初，就与吉他协会、音乐协会和大学生艺术团等学生社团建立了良好关系，与它们间存在着一定的关系型信任；闹闹音乐栈的第一批个体顾客主要为各位创业者的同学、朋友以及吉他协会等学生团体的会员，与他们相当熟悉，也存在一定的关系型信任。

其次，我们还发现，即便社会网络成员是朋友、同学等熟人，如果感到与闹闹音乐栈的交易会严重损害自身的利益，那么也不会与其建立长远联系。此时它们之间还需要存在计算型信任。例如，相较于安徽财经大学外部的类似企业，闹闹音乐栈在音乐设备租赁、乐器及零配件销售方面价格低廉，销售的乐器及零配件质量能够得到保障，且位于安徽财经大学校内，能够更加方便快捷地为校内顾客提供服务，因此校内顾客愿意相信并购买闹闹音乐栈的产品和服务，这体现出了计算型信任。2013年底，安徽财经大学文传学院在艺术楼报告厅举办了大型文艺表演活动"背景音乐诗歌朗诵大赛"。由于闹闹音乐栈的报价十分低廉，出于对闹闹音乐栈的计算型信任，举办方将本次活动全部音响设备的调试工作交由闹闹音乐栈负责。

在这一阶段，闹闹音乐栈社会网络中的信任组合应为"关系型信任+计算型信任"。其中，由于闹闹音乐栈最初的社会网络以创业者的个人社会网络为主，因此关系型信任最为重要，是第一位的信任。这种信任组合带来的结果是确保新企业生存，具体包括：很多同学、朋友和社团前来捧场，使闹闹音乐栈获得了第一桶金。如在2013年底举办的"背景音乐诗歌朗诵大赛"中，闹闹音乐栈成功完成了文传学院委托的全部音响设备调试工作。最终闹闹音乐栈不仅赚得财富，也获得各方的赞赏与关注。截至2014年3月底，闹闹音乐栈累计服务大学校园文化活动57次，其中音乐相关营业项目深受广大师生好评。随着企业业绩提升，闹闹音乐栈的创业团队也在不断壮大。截至2014年3月末，闹闹音乐栈的团队已扩大到13人，带动12名在校大学生就业。

2. 初生阶段社会网络中的信任组合及其效果

在初生阶段，社会网络范围扩展，新成员开始加入。这些新成员愿意与闹闹音乐栈合作的原因很大程度上是由于通过理性计算，发现闹闹音乐栈能够给他们带来实惠，对闹闹音乐栈存在计算型信任。2014年3月，闹闹音乐栈开始了以培训带销售的商业模式。与大学城周边琴行相比，闹闹音乐栈提供的音乐培训价格虽为大学城市场的两倍，但是采取一对一小班教学，通过按时发放工资和将工资提升到学费60%的方式调动了授课教师的积极性，且在闹闹音乐栈内进行，环境很好。校内外音乐爱好者通过理性计算后发现，闹闹音乐栈能够给他们提供更好的环境以及更有效的培训，愿意进入闹闹音乐栈学习，这便体现出计算型信任。此外，在音乐设备租赁方面，闹闹音乐栈的费用较低。这一时期话筒租赁最低10元/个，音箱租赁最低80元/台，且提供专业人员同行免费调试。在理性计算后，蚌埠医学院吉他协会等校外社团愿意与闹闹音乐栈合作。

伴随社会网络主体间交往次数增多，在日积月累的认知和了解基础上，各网络主体与闹闹音乐栈间会形成知识型信任。音乐培训是一个长期过程。学员在闹闹音乐栈接受培训期间，对闹闹音乐栈的了解逐渐加深，会对闹闹音乐栈的能力和其提供的产品、服务的质量产生知识型信任，相信如果在闹闹音乐栈购买乐器，会一如既往地获得高质量产品，不会出现欺诈行为。另外，经过与闹闹音乐栈一段时间的互动，校大学生通讯社、校广播台对闹闹音乐栈的认知不断深入，逐渐形成知识型信任，并于2014年10月让闹闹音乐栈参与了它们承办的校第八届"魅力新主播"大赛。

在这一阶段，闹闹音乐栈社会网络中的信任组合应为"计算型信任+知识型信任"。其中，由于闹闹音乐栈开始走出校园，建立商业网络，因此计算型信任越发重要，是第一位的信任。与此同时，知识型信任也慢慢变得重要起来。这种信任组合带来的结果是推动新企业发展，具体包括：在音乐培训方面，越来越多的校内外同学前来报名参加音乐培训，截至2014年6月，闹闹音乐栈已招收吉他、尤克里里学员60余人。在乐器销售方面，闹闹音乐栈的乐器销售额大幅上升，2014年9月、10月和11月乐器销售额分别为1275元、2365元和8635元。此外，2014年3月，闹闹音乐栈又获得蚌埠市人民政府颁发的蚌埠市"创业之星"称号。2014年9月、10月、11月，闹闹音乐栈实现的营业额分别为1775元、2605元和9665元。截至2014年6月，闹闹音乐栈已为90余场文化活动提供音响技术支持。

3. 起步阶段社会网络中的信任组合及其效果

在起步阶段，闹闹音乐栈与原有社会网络成员间的关系逐步加深，在认知态度和彼此心灵情感上逐渐取得相互认可，开始形成认同型信任。2014年12月，闹闹音乐栈与蚌埠市文化会展有限公司合作，一同在蚌埠市禾泉山庄成功举办了第一届"终有一日"音乐节。由于第一次合作十分愉快且成功，蚌埠市文化会展有限公司对闹闹音乐栈十分认可，基于认同型信任，2015年4月，再次决定与闹闹音乐栈合作。此外，闹闹音乐栈在成长过程中，逐步建立起与安徽财经大学创业与企业成长研究所和校团委的联系。在进行互动的过程中，闹闹音乐栈与它们的关系逐步加深，校团委和创业与企业成长研究所对闹闹音乐栈的认同感不断强化，出现认同型信任，愿意为闹闹音乐栈的发展提供帮助，使得闹闹音乐栈能够得到来自学术界和校领导的悉心指导。

计算型信任不仅体现在闹闹音乐栈与老网络成员之间，也体现在闹闹音乐栈与新网络成员之间。例如，蚌埠市文化会展有限公司之所以会选择与闹闹音乐栈再次合作，举办蚌埠市第二届音乐节，不仅是因为对闹闹音乐栈抱有认同型信任，也是因为这家公司发现由闹闹音乐栈负责设备调整、现场编导成本很低，且闹闹音乐栈多由学生构成，在工作时非常积极、认真负责，对闹闹音乐栈存在计算型信任。2015年3月期间，闹闹音乐栈的话筒租赁价格仅为25元/个，音箱租赁价格维持在100~300元/台。蚌埠学院爱乐协会理性计算后发现，闹闹音乐栈在音乐设备租赁方面收费较低，因此决定与闹闹音乐栈开展首次合作，这里便体现出计算型信任。

由于闹闹音乐栈的商业网络不断发展，因此计算型信任更加重要，是第一位的信任类型。与此同时，随着社会网络中部分主体对闹闹音乐栈的认同感不断提升，因此认同型信任的重要性也开始上升。所以，这一阶段闹闹音乐栈社会网络中的信任组合应为"计算型信任+认同型信任"。这种信任组合带来的结果是推动新企业发展，具体包括：2015年3月，闹闹音乐栈实现营业额11960元，其中吉他等乐器以及零配件销售额达11335元，占营业额的94.8%，相较于以往有了大幅提高。闹闹音乐栈的声誉不断提升，校内外很多学生慕名前来参加闹闹音乐栈的音乐培训项目。闹闹音乐栈在校外也有了一些稳定的合作伙伴，企业的发展开始步入正轨。

根据上述分析，现对在不同成长阶段社会网络中的信任组合，以及它对闹闹音乐栈成长所产生的影响作简要概括（见表3）。

表3 在不同成长阶段闹闹音乐栈社会网络中的信任组合及其影响

成长阶段	社会网络		信任组合	社会网络中信任组合的影响
涌现	小范围	关系型信任	• 经常与校团委、大学生创业协会打交道，与它们关系良好 • 成立之初就与学校相关文艺类社团建立了良好关系 • 第一批个体顾客为创业者们的同学、朋友以及相关学生团体的会员	• 在校内快速发展 • 截至2014年3月末，创业团队已扩大到13人，带动12名在校大学生就业 • 累计服务大学校园文化活动57次，其中音乐类营业项目深受广大师生好评
	密网 +			
	强联系为主	计算型信任	• 由于产品价格低廉、质量很好，服务方便快捷，校内个体顾客愿意相信并购买闹闹音乐栈的产品和服务 • 在2013年底的"背景音乐诗歌朗诵大赛"中，文传学院将全部音响设备的调试工作交由闹闹音乐栈负责	
初生	大范围	计算型信任	• 校内外音乐爱好者相信闹闹音乐栈能够给他们提供更好的环境以及更有效的培训 • 在音乐设备租赁方面价格公道，蚌埠医学院吉他协会等校外学生团体愿意与闹闹音乐栈合作 • 由闹闹音乐栈负责设备调整、现场编导等工作很划算，蚌埠市文化会展有限公司愿意与其合作	• 开始走出校园，在蚌埠市这一更大的市场寻求商机 • 获得蚌埠市人民政府颁发的蚌埠市"创业之星"称号 • 截至2014年6月，已招收吉他、尤克里里学员60余人，为90余场校园文化活动提供音响技术支持 • 2014年9月、10月、11月营业额分别为1775元、2605元和9665元
	疏网 +			
	弱联系增多	知识型信任	• 经过一段时间的培训，学员们相信在闹闹音乐栈购买的乐器是高质量的，不会出现欺诈行为 • 校大学生通讯社和广播台对闹闹音乐栈的了解逐步加深，让其参与它们承办的校第八届"魅力新主播"大赛 • 第26届校园十大歌手比赛参赛选手刘家豪将音乐制作和音乐伴奏交由闹闹音乐栈负责	
起步	大范围	计算型信任	• 蚌埠市文化会展有限公司认为由闹闹音乐栈负责设备调整、现场编导成本很低，再次决定与之合作 • 闹闹音乐栈在音乐设备租赁方面收费较低，蚌埠学院爱乐协会和体育舞蹈协会决定与其展开合作	• 在校外有一些稳定的合作伙伴 • 2015年3月营业额为11960元，相较于以往有大幅提高 • 企业声誉不断提升
	密网 +			
	强弱联系并存	认同型信任	• 蚌埠市文化会展有限公司对闹闹音乐栈十分认可，决定再次与之合作，举办蚌埠市第二届音乐节 • 蚌埠医学院吉他协会发现与闹闹音乐栈确实志同道合，决定与其一同举办蚌埠医学院"怒放青春"音乐节 • 校团委和创业与企业成长研究所对闹闹音乐栈的认同感不断强化，愿意为它的发展提供帮助	

四、结果讨论

闹闹音乐栈作为校园新企业，虽然其生命力十分稚嫩，但是，在高校积极开展创新创业教育的实践中极具代表性。有限时间的学制安排与企业永续成长目标之间的矛盾，限制了校园内创业者对社会网络的利用，也决定着信任关系可能的半径。通过理论分析和案例研究，可以发现：第一，伴随校园新企业逐渐成长，社会网络在不断演化。在涌现阶段，社会网络以小范围、密网、以强联系为主为典型特征；在初生阶段，社会网络以大范围、疏网、弱联系增多为典型特征；在起步阶段，社会网络以大范围、密网、强弱联系并存为典型特征。第二，社会网络中的信任关系，是促进校园新企业成长的内在动力。在涌现阶段，信任组合的主要效果是确保新企业生存；在初生阶段和起步阶段，信任组合的主要效果是推动新企业发展。第三，在校园新企业成长的不同阶段，社会网络中的信任关系具有不同的组合型态。如图 6 所示，在涌现阶段，信任关系主要以关系型信任和计算型信任为主；在初生阶段，信任关系主要以计算型信任和知识型信任为主；在起步阶段，信任关系主要以计算型信任和认同型信任为主。

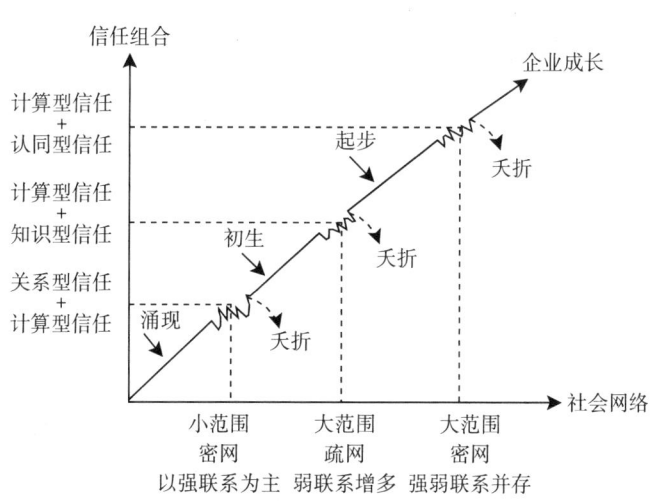

图 6 社会网络中信任与新企业成长的关系

校园新企业具有如下特点：立足于校园或大学城，规模小，社会网络范围较为狭窄；现有家庭教育和高校人才教育模式存在一些缺陷，导致在校大学生创业者在社会交往、语言沟通等方面能力不足；在校大学生创业者缺乏社会经验，更容易信任他人。结合校园创业的独特性，在上述研究结果的基础上，笔者还发现一些有趣且值得深究的问题：

第一，为什么校园新企业更需要扩大社会网络范围，吸纳异质性网络成员？通过案例研究发现，伴随校园新企业不断成长，其社会网络范围是不断扩大的。这一研究结果与我们通过理论推演提出的初步模型一致。但是，考虑到在校大学生创业的特点，我们认为，相比于一般新企业，校园新企业更需要扩大社会网络范围。在校大学生在创办新企业时，多是去做一些立足于校园或大学城的、小的、短期的创业尝试，以满足校园或大学城内学生群体的需求为主要目标，市场进入门槛往往较低，市场空间一般有限。与社会上的一般创业相比，这些校园新企业的社会网络范围较为狭窄。在大学生创业者普遍缺乏资源的情况下，这种社会网络确实可以在一定程度上帮助他们获得关键资源，克服新企业面临的新进入缺陷。但是，随着校园新企业逐渐成长，依靠小范围社会网络，会遭遇发展瓶颈。此时它们需要不断拓展社会网络范围，不断地在网络中纳入异质性成员。

随着社会网络范围扩大，网络异质性水平提高，校园新企业可接触到的关系种类和互补性资源会越多，越容易获得发展所需的战略性资源，越容易找到适合自己的合作伙伴。李正卫等（2013）通过对 148 家制造型企业的实证研究，证实了社会网络异质性对创新绩效有显著的正向作用。相反，如果社会网络仅仅纳入同质性成员，由于各主体的知识结构相同或相似，难以形成有效的知识碰撞，校园新企业很难提升它们的创新能力，很难产生新创意、开发特色产品，它们的绩效水平也会受到影响（Jehn et al.，1999）。所以，相对于社会上的新企业，随着企业成长，如闹闹音乐栈这样的校园新企业更需要不断拓宽社会网络范围，与异质性主体建立联系，帮助企业获取多样性优质资源，提升创造力。

第二，弱联系和强联系的作用有何不同？校园新企业与利益相关者建立强联系，可以传递信任感，带来情感支持，有利于建立长久合作关系，有利于隐性、复杂知识的深度转移。罗家德等（2014）就指出，强联系、密网络会带来更多的信任感、相互监督和彼此认同，能够帮助企业获得更可靠的资源。当校园新企业面对机会时，强联系能够帮助它们更好地利用机会。但是，强联系也会给这些企业带来关系维系的负担，降低它们接触新颖知识的可能性。校园新企业与利益相关者建立弱联系，有时候也可以让创业者腾出更多精力，去与更多利益相关者建立关联，这为它们提供了更多和不同背景、不同专业利益相关者的交流机会，能够帮助它们快速搜寻与定位外部知识（Tiwana，2008），降低搜寻知识的成本，提高知识转移的效率，从而扩大这些企业的知识面，带来更多的思想碰撞，产生更多的创新火花，激发企业的创造力，帮助这些新企业创造机会。

通过案例研究发现，在校园创业实践中，新企业要根据各阶段具体目标对强联系和弱联系进行调整。这一研究结果与我们前文提出的初步模型一致，提醒创业者要具备根据情况建立强联系或弱联系关系网的能力。但是，考虑到在校大学生的特点，我们认为在校大学生创业者更需要去锻炼这种能力。当前在校大学生大多为出生于20世纪八九十年代的独生子女，他们往往被父母视为"掌上明珠"。但是，在应试教育体制下，父母更加关心孩子的学习成绩，让他们花费大量的时间去完成作业、参加辅导班、参加各类考试，却往往忽视了培养其在社会交往、沟通交流等方面的能力。加之目前高校人才培育模式也倾向于知识灌输，导致在校大学生在社会交往、语言沟通等方面能力不足，从而导致创业大学生在"我是谁"、"我认识谁"、"我怎么与他打交道"这样的三个最基本问题上存在明显缺陷，然而，这些正是建立社会网络时所必须考虑的。所以，如果从事校园内创业的大学生，能够拥有更多的机会去锻炼如何建立和治理强联系或者弱联系社会关系网，必将有利于他们将今日的"校园创业"演化为"社会创业"，并且将表现得更加游刃有余。

第三，校园新企业与社会网络成员间的信任关系越强越好吗？通过案例研究发现，社会网络中信任关系是促进校园新企业成长的内在动力。这一研究结果与我们提出的初步模型一致，指出了新企业与社会网络成员间建立信任关系的重要性。但是，考虑到在校大学生的特点，我们认为，校园新企业在建立信任关系时应保持谨慎与理性。当今在校大学生多为"从学校到学校"的发展路径，涉世不深，社会经验缺乏，在社会交往、商业合作中，更容易信任他人。相对于社会上的一般创业者，大学生创业者更容易出现信任过度现象。这种高度信任，是否对校园新企业成长有利呢？其实，校园新企业与社会网络成员间出现信任过度现象，具有危害性。如果信任关系双方均存在过度信任，那么他们会因未能很好地履行对对方的监管责任，使得不良信息与行为更容易出现，对社会网络的稳定和校园新企业持续成长造成负面影响（Kramer，2002；Currall & Epstein，2003）。如果仅一方存在过度信任，那么信任双方会出现权力失衡现象，造成弱势一方更容易受到伤害、遭到背叛，使得社会网络难以维持下去，影响校园新企业进一步发展的潜力。

另外，信任与资源是相互配合、共同存在的。正是由于校园新企业与社会网络成员间存在信任，才使得具有不同社会地位的异质性网络成员聚集起来，进而提供了更多的资源来源。也正是由于社会网络能够带来更多的信息资源，使得校园新企业与网络成员之间更加了解，从而为信任的产生提供基础条件。当利益相关者的资源有限时，校园新企业花费大量的时间与精力将双方的信任水平不断提高很可能是得不偿失的，因为双方的信任水平再高，这些新企业能够从对方那里获得的资源也很有限，与其投入的时间和精力相比不成比例。在成本远远大于收益的情况下，新企业可持续成长也将受到不利影响。所以说，校园新企业与网络成员间的信任水平应该维持在合理范围内，应该与资源条件相互契合，相互匹配。

五、启示与局限性

对于校园新企业而言，构建社会网络，并与网络中不同主体建立信任关系，能够有效地克服新进入缺陷，实现可持续成长。本文首先提出了校园新企业社会网络演化的阶段性特征；然后指出了社会网络中信任关系对促进校园新企业成长的重要意义，以及不同成长阶段社会网络中的信任关系具有不同组合形态；最后又结合校园新企业的独特性，对所得结果进行更深入的讨论。本研究是对大学生创业实践的针对性剖析，是实现"到2017年形成科学先进、广泛认同、具有中国特色的创新创业教育理念，形成一批可复制可推广的制度成果"这一目标的有效尝试。

本书给予我们的最大启示是：高校在对大学生进行创业教育时，要强调构建和维护社会网络，以及与网络中不同主体建立信任关系的重要性，同时为大学生创业实践提供支持性政策，从而推动大学生创业项目的顺利孵化和茁壮成长。本文的研究结论对一般新企业来说也具有一定的适用性。

与此同时，我们也发现，本文存在着以下缺陷：一是作为新企业的闹闹音乐栈，其社会网络仅局限于安徽省蚌埠市，社会网络存在空间局限性，未来应对拥有更大范围社会网络的企业进行研究，从而进一步延伸社会网络的演化过程。二是本文仅初步探索了在校园新企业成长的不同阶段、社会网络和信任关系的特征与作用，变量间关系较为简单，未来可引入更多变量（如引入行业变量）对该问题进行更加深入的分析。三是本文简单地采用单案例研究法，缺乏在比较基础上得出更为可靠研究结论的可能性，所以，未来可采用多案例研究，进一步提高结论的典型意义。

参考文献：

[1] 陈忠卫. 产学研间的信任关系与合作模式选择——基于多案例的比较研究 [J]. 管理案例研究与评论，2014（5）：360-371.

[2] 陈忠卫，杜运周. 社会资本与创业团队绩效的改进 [J]. 经济社会体制比较，2007（3）：138-142.

[3] 代君，张丽芬. 大学生创业孵化基地的建设模式 [J]. 江西社会科学，2014（11）：248-252.

[4] 杜运周，任兵，陈忠卫，张玉利. 先动性、合法化与中小企业成长——一个中介模型及其启示 [J]. 管理世界，2008（12）：126-138.

[5] 韩炜，杨俊，张玉利. 创业网络混合治理机制选择的案例研究 [J]. 管理世界，2014（2）：118-136.

[6] 罗家德，张田，任兵. 基于"布局"理论视角的企业间社会网络结构与复杂适应 [J]. 管理学报，2014（9）：1253-1264.

[7] 李正卫，高蔡联，张祥富. 创始人前摄性个性对企业创新绩效的影响——社会网络的中介作用 [J]. 科学学研究，2013（11）：1752-1759.

[8] 马可一，王重鸣. 中国创业背景中的信任 [J]. 南开管理评论，2004（3）：41-46.

[9] 木志荣. 我国大学生创业教育模式探讨 [J]. 高等教育研究，2007（11）：79-84.

[10] 周小虎. 企业理论的社会资本逻辑 [J]. 中国工业经济，2005（3）：84-91.

[11] 周小虎，孙俊华. 社会网络的力量：资源、规范还是社会心理 [J]. 现代财经，2014（4）：3-9.

[12] 秦志华，冯云霞，蒋诚潇，郭志辉. 创业团队信任的形态结构与变化规

律研究[J]. 管理学报, 2014 (5): 712-719.

[13] 王节祥, 盛亚, 蔡宁. 合作创新中资产专用性与机会主义行为的关系[J]. 科学学研究, 2015 (8): 1251-1260.

[14] 王益民, 方宏, 余华松. 社会网络动态演化与新创企业的国际化成长——基于三家国际新创企业的跨案例研究[J]. 山东大学学报（哲学社会科学版）, 2014 (5): 109-122.

[15] 杨玉兵, 潘安成. 强联系网络、重叠知识与知识转移关系研究[J]. 科学学研究, 2009 (1): 25-29.

[16] 易朝辉. 创业者与创业投资家的信任结构实证研究[J]. 科学学研究, 2011 (6): 914-923.

[17] Adler P. S., Kwon S. W.. Social Capital: Prospects for a New Concept [J]. Academy of Management Review, 2002, 27 (1): 17-40.

[18] Batjargal B., Hitt M., Tsui A., et al.. Institutional Polycentrism, Entrepreneurs' Social Networks and New Venture Growth [J]. Academy of Management Journal, 2013, 56 (4): 1024-1049.

[19] Bian Y.. Bringing Strong Ties Back in: Indirect Ties, Network Bridges, and Job Searches in China [J]. American Sociological Review, 1997, 62 (3): 366-385.

[20] Butler J. E., Hansen G. S.. Network Evolution, Entrepreneurial Success, and Regional Development [J]. Entrepreneurship & Regional Development, 1991, 3 (1): 1-16.

[21] Currall S. C., Epstein M. J.. The Fragility of Organizational Trust: Lessons from the Rise and Fall of Enron [J]. Organizational Dynamics, 2003, 32 (2): 193-206.

[22] Davidsson P., Honig B.. The Role of Social and Human Capital among Nascent Entrepreneurs [J]. Journal of Business Venturing, 2003, 18 (3): 301-331.

[23] De Jong B. A., Elfring T.. How Does Trust Affect the Performance of Ongoing Teams? The Mediating Role of Reflexivity, Monitoring, and Effort [J]. Academy of Management Journal, 2010, 53 (3): 535-549.

[24] Jehn K. A., Northcraft G. B., Neale M. A.. Why Differences Make a

Difference: A Field Study of Diversity, Conflict and Performance in Workgroups [J]. Administrative Science Quarterly, 1999, 44 (4): 741-763.

[25] Kale P., Dyer J. H., Singh H.. Alliance Capability, Stock Market Response, and Long-term Alliance Success: The Role of the Alliance Function [J]. Strategic Management Journal, 2002, 23 (8): 747-767.

[26] Kramer R. M.. When Paranoia Makes Sense [J]. Harvard Business Review, 2002, 80 (7): 62-69.

[27] Lechner C., Dowling M.. Firm Networks: External Relationships as Sources for the Growth and Competitiveness of Entrepreneurial Firms [J]. Entrepreneurship & Regional Development, 2003, 15 (1): 1-26.

[28] Lewicki R. J., Bunker B. B.. Trust in Relationships: A Model of Trust Development and Decline [A]. Conflict, Cooperation, and Justice [C]. San Francisco: Jossey-Bass, 1995: 133-173.

[29] Liang X., Priem R., Shaffer M.. Top Management Team Trust, Behavioral Integration and the Performance of International Joint Ventures [J]. Journal of Asia Business Studies, 2013, 7 (2): 99-122.

[30] Liao J., Welsch H.. Social Capital and Entrepreneurial Growth Aspiration: A Comparison of Technology and Non-Technology-Based Nascent Entrepreneurs [J]. Journal of High Technology Management Research, 2003, 14 (1): 149-170.

[31] Rousseau D. M., Sitkin S. B., Burt R. S., et al.. Not So Different After All: A Cross-discipline View of Trust [J]. Academy of Management Review, 1998, 23 (3): 393-404.

[32] Schutjens V., Stam E.. The Evolution and Nature of Young Firm Networks: A Longitudinal Perspective [J]. Small Business Economics, 2003, 21 (2): 115-134.

[33] Shane S., Cable D.. Network Ties, Reputation, and the Financing of New Ventures [J]. Management Science, 2002, 48 (3): 364-381.

[34] Shapiro D. L., Sheppard B. H., Cheraskin L.. Business on a Handshake [J]. Negotiation Journal, 1992, 8 (4): 365-377.

[35] Singer S., Amorós J. E., Moska D.. Global Entrepreneurship Monitor 2014 Global Report [R]. Boston: Babson College, Santiago: Universidad del Desarrollo,

Kuala Lumpur: Universiti Tun Abdul Razak, Monterrey: Tecnológico de Monterrey, London: London Business School, 2014.

[36] Smith D. A., Lohrke F. T.. Entrepreneurial Network Development: Trusting in the Process [J]. Journal of Business Research, 2008, 61 (4): 315-322.

[37] Tiwana A.. Do Bridging Ties Complement Strong Ties? An Empirical Examination of Alliance Ambidexterity [J]. Strategic Management Journal, 2008, 29 (3): 251-272.

[38] Trau R. N. C.. The Impact of Discriminatory Climate Perceptions on the Composition of Intraorganizational Developmental Networks, Psychosocial Support, and Job and Career Attitudes of Employees With an Invisible Stigma [J]. Human Resource Management, 2015, 54 (2): 345-366.

[39] Uzzi B.. Social Structure and Competition in Interfirm Networks: The Paradox of Embeddedness [J]. Administrative Science Quarterly, 1997, 42 (1): 35-67.

[40] Zaheer A., McEvily B., Perrone V.. Does Trust Matter? Exploring the Effects of Interorganizational and Interpersonal Trust on Performance [J]. Organization Science, 1998, 9 (2): 141-159.

[41] Zimmerman M. A., Zeitz G. J.. Beyond Survival: Achieving New Venture Growth by Building Legitimacy [J]. Academy of Management Review, 2002, 27 (3): 414-431.

(作者系安徽财经大学2013级企业管理研究生)

【导师点评】

创业前的必修课：和谁一起去创业

与其说创业是一种理性行为，倒不如说创业是创业者非理性决策的结果。从一定程度上说，创业原理是生动的，具有情境依赖性，它并非像教科书所宣扬的知识点那样有板有眼和约定俗成。环境的不确定性和创业成败的挑战性共同决定了越来越多的新创企业，自创业之初就考虑如何组建创业团队的重大现实课题。从闹闹音乐栈的创业实践来看，在组建创业团队时，必须首先解决以下三个彼此关联的问题：

第一，我是谁。企业家不是天生的，企业家精神是可以后天培养起来的。致力于创业的年轻大学生，一定要清醒地认识到"我是谁"，也许问题的答案近乎幼稚而肤浅。但是，每位年轻大学生在其自身成长过程中，多多少少受到家庭成员、亲戚朋友、老师同学影响，历史性地积累起自己与众不同的性格特征与风险偏好，媒体报道曾经的创业故事，无论是国外企业家比尔·盖茨和乔布斯的传奇经历，还是国内企业家张瑞敏、马云的商业模式创新都会深深地影响到在校的大学生成长。所以说，关于"我有创业者的天赋吗"、"我会是创业者吗"、"我能成为成功的创业者吗"等一系列问题的答案本身就具有动态性。

第二，我认识谁。创业者利用其自身的人际社会网络，可以在更大范围内进行资源配置，提供修正和完善创业方案的机会。再优秀的创业者也不可能同时拥有创业所需的全部资金、研发技术、管理能力、营销技巧，所以，创业者要尽可能多地结识一些对创业感兴趣的朋友，结识一些能够指导创业的导师。"腾讯五虎将"、"新东方三驾马车"以及"携程四君子"的创业实践活动，是典型的校友创业邦。闹闹音乐栈的陈昱阳在创业初期，同样充分地利用了志同道合的周围同学关系，后来扩大到与周边高校和所在城市相关机构的合作机会，扩大其创业网络边界。所以说，解决好"我认识谁"的问题将有利于新创企业持续快速地成长。

第三，谁是最佳搭档。与一般意义上的群体概念不同的是，创业团队成员间可以存在人口特征变量（如性别、年龄、学历等）上的差异性，但他们必须存在目标追求上的相似性。那些"道不同"者即使凑合着聚在一起创业，但伴随新创企业成长，仍会面临分道扬镳的潜在风险。闹闹音乐栈的案例研究的最大贡献在于，从信任关系角度验证了在校园内新创企业从涌现、初生到起步阶段信任组合的变化规律，以及它对新创企业成长的促进作用。美国学者大卫·德斯迪诺曾以动物间关系作过类比，爬行类动物是冷血的，它们不会全心全意地照顾自己的孩子，甚至与自己的后代也没有形成社会纽带，所以并不足以结成联盟或友谊，而哺乳类动物则是恒温动物，它们则具有愿意从事社会交往的特点，如人类的生存靠的是婴儿对母亲的信任，情侣对另一方的信任。如果说爬行类动物间的关系有些类似于一般意义的群体成员间人际信任关系，那么，创业团队成员的信任则至少具有哺乳类动物间的友谊和情怀。由此看来，在最佳创业搭档的选配上，需要我们考虑究竟应当是以关系型信任、计算型信任、知识型信任，还是以认同型信任为出发点考虑组建创业团队，因为人际信任性质将影响到创业团队凝聚力。

总之，年青一代的大学生充满着好奇心，他们具备着探索未知世界的无限欲望，而这种欲望却是那些上了年纪的企业家们所普遍缺乏的。正是基于这种不争的事实，在这个经济新常态的背景下，社会各界才对大学生成为未来社会创业的主力军怀抱极高的希望，我们有理由相信他们代表着并将不断证明与"互联网+"、"中国制造2025"等行动方案高度相关的时代价值。

(指导教师：陈忠卫博士、教授)

在校大学生互联网创业能力研究
——基于百问百答与百度知道的比较

王 佳 谢 蕊

自 21 世纪以来，互联网行业迅猛发展，逐渐成为当代人们生活中不可或缺的一部分。根据中国互联网信息中心（CNNIC）最新统计报告，截至 2014 年 12 月底，中国网民数量高达 6.49 亿，并保持持续增长的态势；搜索引擎的用户量为 5.22 亿，使用率达 80.5%；网络视频用户数量上升至 4.33 亿，较 2013 年增长了 478 万人，网络视频的用户使用率为 66.7%。而且从 2008 年至今，网络视频行业的用户规模一直呈扩大的趋势。由此可见，互联网行业是发展迅猛、发展空间广阔的行业，具有很大的市场潜力。然而，互联网行业的创业受到创业团队的资金能力、团队结构和相应的技术能力等主客观条件上的限制，有一定的进入门槛，大大降低了竞争者的数量，因而成为很多大学生的首选创业领域。

大学生作为一个时代最具活力的群体，他们敢于创新，勇于创业。然而并不是每个大学生都适合创业，更不是创业大学生都能成功创业，创业失败的原因有很多，如大学生自身缺乏社会经验、外部环境发生变化、国家政策不够完善等。但是大学生的创业能力是创业成功与否的决定性因素。

在针对高新技术创业时，创业能力和创新方式是研究者和创业者高度关注的问题。多数学者认为创业能力是与企业家精神紧密相关的概念，表明了企业家精神指引下管理企业的方法、实践以及决策风格，是企业家精神在更为一般的管理过程的具体表现。我们认为创业能力应该是资源和能力的集成体，从资源基础观（resource based view，RBV）的角度出发演绎创业能力的概念和维度是较为合理的。

本案例研究主要以安徽财经大学创业孵化基地百问百答视频网为例，结合现有的理论，对该公司创业团队不同维度的创业能力进行分析，并与百度知道这一成功案例进行对比研究，旨从案例分析中找出大学生顾客体验式互联网创业失败的原因，从而吸取经验与教训，以期为避免大学生创业失败，引导创业成功提供理论指导。本文的结构安排如下：第一部分对案例分析的理论基础进行梳理并据此构建本文的理论框架；第二部分简要阐明研究方法与设计；第三部分主要叙述百问百答视频网和百度知道的相关创业内容；第四部分将案例与理论框架结合进行比较分析；第五部分在比较分析的基础上得出几点结论和启示。

一、文献梳理与研究框架

（一）创业能力

创业能力是企业具有的关键技能和隐性知识，其本质是企业拥有的资源和能力，也是创业者个体拥有的智力资本。它是企业成功履行职责的整体能力，包含个性、技能和知识，具有高层次的特征。

1. 基于资源基础观的创业能力

Penrose（1959）提出的"生产性资源"的集合体是资源基础观的基础，Wernerfelt（1984）正式提出资源基础观，认为企业所拥有的如品牌、技术、知识、职员、战略伙伴、设备、流程和资本等永久性资本是资源的组成部分，企业可以通过识别并获取企业所需要的关键资源来取得高额利润。Barney（1991）则认为资源是企业控制的，并且能够使它制定和执行战略，提高效率和绩效的资产、能力、组织、企业特性、信息和知识。

并不是所有的资源都是企业竞争优势的源泉，只有有价值的、稀有的、难以模仿的、难以替代的资源才可以为企业带来竞争优势。因此Barney（1995）提出VRIO框架，他将价值问题、稀缺性问题、不可模仿性问题以及组织问题放在一起，形成一个理解和利用企业任何资源相关的回报潜力的框架，通过解答这个框架来决定特定资源是否能够成为可持续竞争优势的来源。

资源基础观的资源与能力是具有战略灵活性的。Winter（2000）研究的动态能力模型认为企业竞争优势不仅只有资源，企业还需要拥有能够复制、整合和配置资源的关系网络。企业的动态能力主要指企业领先竞争对手且在不确定环境下有效运作的能力，是为适应快速变化的环境而整合、构建和重构持续竞争优势的能力。环境的动态特征是动态能力研究的出发点，环境变化的适应性调整是这些研究的共同特征（Ambrosini & Bowman，2009）。

2. 创业能力的不同维度

创业能力对企业绩效有着重要的影响（Salomo，Gemunden & Leifer，2007），能给公司带来持久的竞争优势，是企业获得超额利润的源泉。因此创业能力与资源基础观一脉相承。

Winter（2003）在资源基础观中提出了企业能力模型：生存能力、适应能力和创新能力。Wang 和 Ahmed（2007）等将动态能力分解为适应能力、吸收能力和创新能力。Teece（2007）认为动态能力能够为企业带来持续的竞争力，将动态能力分解为感知机会和感知威胁的能力、抓住机会的能力、对威胁的管理能力。刘智勇和姜彦福（2009）等综合动态能力的影响、构成和机理，提出动态能力三个维度：洞察机会、捕获机会和变革更新能力，认为企业环境动态性、创业资源、创业强度等因素影响创新企业动态能力，动态能力在对创业绩效的作用机制中也纳入了战略的调节作用、组织创新的中介作用。Cepeda 和 Vera（2007）等将资源能力分为运营能力和动态能力，运营能力是指企业赖以生存的能力，而动态能力就是改变运营能力的能力，是一种高阶的动态能力。尽管两种能力对于企业都非常重要，但是环境变化能够导致企业现有核心能力削减，因此企业投资高阶能力比低阶能力更具有竞争优势。

传统创业研究中主要用自我效能（self-efficacy）或自我评估（self-assessed）的方法来测度创业能力，根据自我效能和自我评估理论，创业能力分为机会能力和组织能力（Chandler & Hanks，1994）。机会能力包含机会识别和机会开发能力（Zahra，1932），企业会因为遇到困难或不满现状而通过自身知识来寻找新的领域，发现机会和创造机会是动态的良性循环，创造机会和发现机会相互促进。组织能力包含组织管理能力、战略能力、关系能力、承诺能力（Man，Lau & Chan，2002），分为动态能力和运营能力两个维度，其中动态能力是保持与环境变化相适应的能力，是在变化环境中寻找和获取机会的能力；运营能力是静态的能力，存在于企业的固定流程中，能够确保一定的组织绩效水平（Zahra，Sapienza & Davidsson，2006）。

(二) 研究框架

上述理论对构建创业能力概念框架提供了良好的基础和借鉴，从创业过程看，企业不仅需要具备识别机会的能力，还需要具备机会开发的必要资源，因此企业创业成功的必要条件是具备多种能力。结合上述分析，可以将创业能力分为资源能力、机会能力和运营能力。

1. 资源能力

Barney（1991）基于之前的定义，将企业资源分为物质资本、人力资本和组织资本。企业创业的基础是资源，不具备必要的资源，企业很难实现创业成功，创业活动需要资源来支持，创业期的资源可分为经济资源、人力资源和社会资源。本文认为区别企业不同创业能力的差别在于企业资源整合能力。因此本文模型的资源能力主要指创业者开发创业资源、获取资源和配置资源的能力。

2. 机会能力

Kirzner（1974）指出创业机会是不明确的市场需求或未使用的资源和能力。机会识别能力是创业能力的重要维度，Shane 等（2003）指出发现和开发创业机会是创业领域的一个关键问题。机会识别能力强的企业能够寻找更多的创新机会，从而使企业获得更强的竞争优势。机会获取能力体现在企业战略决策和执行的过程中，是指识别新的机会后，企业通过新产品或新市场将机会进行商业化的过程。企业在该过程中需要不断协调内外部资源和管理要素来应对不同变化和挑战，实现企业的可持续发展。机会获得能力强的创业企业更能创造机会，更加富有冒险和挑战精神。该模型中的机会能力主要指创业者或企业发现和开发创业机会的能力。

3. 运营能力

新创企业建立后，运营能力是决定企业能否获得持续发展的重要因素。本文模型中的运营能力主要指新创企业在外部环境的约束下，通过加强内部人力、物力等资源的组合配调，且与其他利益相关者保持良好的沟通与协作，从而确保新创企业的持续增长。根据 Man 等（2002）、贺小刚和李新春（2005）、唐靖和姜彦福（2008）等学者的研究成果，运营能力可分为组织能力、战略能力、关系能力和承诺能力。组织能力是将企业的人力、物力和财务整合并应用到组织发展过程中的能力；战略能力是制定、执行和调整企业方向的能力；关系能力是与相关部门和个人保持良好沟通的关系的能力；承诺能力是企业能够持续经营且能够对利益相关者进行承诺的能力。

本研究通过文献综述构建理论模型（见图1）。

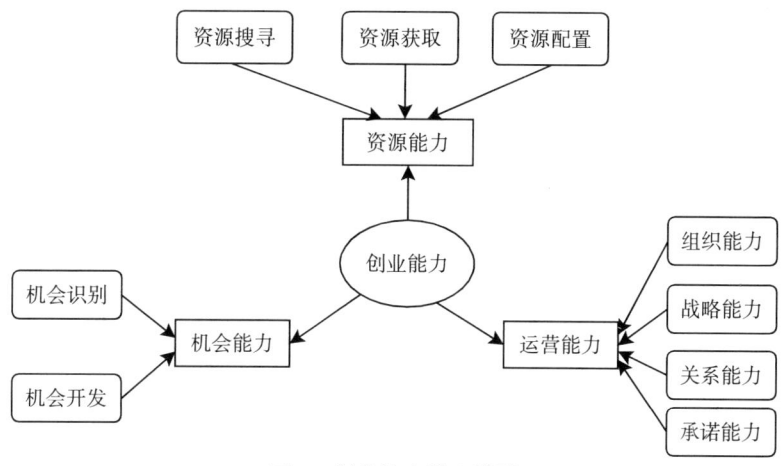

图 1　创业能力维度模型

二、研究方法与设计

本文采用的研究方法主要有文献分析法和案例研究法。文献分析法是通过查阅大量文献与学术专著，整理硕博论文集等研究成果，据此形成对研究问题新的认识。文献分析法是一种间接的研究方法，本文的主要研究问题是在校大学生互联网创业能力，因而通过对大量有关创业能力的文献进行系统的整理和分析，在理论基础上构建当前大学生互联网创业能力维度。

案例研究法是管理学研究过程中常用的一种研究方法，它主要是从客观实际出发，选取具有代表性的案例，通过深入案例，在理论基础上对案例具体内容进行不同维度的分析，进而解决实际问题的一种研究手段。由于安徽财经大学创业孵化基地百问百答视频网的创业案例不仅符合新创互联网企业这一研究标准，而且是在校大学生创建，在当今大学生互联网创业案例中具有一定的普遍意义，因此本文选取百问百答视频网为主要研究对象，并将之与百度知道进行案例比较研究，据此追踪百问百答公司创业能力的构成与缺陷，进而得出结论与启示，由此撰写完成论文。

三、案例简介

(一) 百问百答视频网

安徽财经大学创业孵化基地百问百答视频网是一家"知识类视频分享服务网站",以论坛、问答和视频相结合的创新形式为渴望获得知识的用户提供一种全新的体验。在页面的 UI 设计上采用蓝色简洁、活泼的格调。

"百问百答"其名,不仅生动体现了网站的问答属性,而且表达了网站提供平台力求做到对用户的问题"百问百答"这一理念。与百度知道或新浪爱问这类知识问答型网站不同的是,百问百答建立起了社会网络,期望以关系社区形式来帮助用户找到更好的问题和答案,同时也不同于知乎网这类社会化问答网站,该网站的内容更加平易近人并且解答是使用视频的形式呈现,更加活泼有趣。

在产品设计上,用户在社区内不仅可以提出问题或解答,还可以 Follow 三项:其他用户、问题和话题,从关注人和关注事两个不同维度来更好地发现内容。在问题答案中,用户可以用类似 Digg 的支持机制,给好的答案投票,将好的答案顶到页面靠上的位置。解答的形式以视频为主,一些补充内容可使用限制长度的音频或文字,视频解答之后提供讨论区供用户进行后续讨论。百问百答根据前期调查结果将网站内容分为四个大类,其中包括 17 个小类,尽可能地引导前期用户使用时不偏离网站主题,并且在产品上线前期有意识地引导用户帮助建立网站规则。

目前,百问百答视频网有限责任公司正在筹划当中,产品百问百答网处于前期研发阶段,公司第一轮投资拟吸引风险投资约 35 万元,占启动资金总额的 34.3%。上线后网站盈利主要来源于用户包月、单次点播收入和广告收入。网站视频内容来源主要为用户自制、专业团队制作和购买三个方面,前期用户较少的情况下,创业团队会邀请专业或知名人士对特定问题录制解答视频,并且投放一批精致视频吸引用户并引导用户使用,随着用户数量的增加,用户上传视频会成为网站上的主要内容。

(二) 百度知道

百度创立于 2000 年 1 月，是全球最大的中文搜索引擎，百度知道是百度借鉴新浪爱问和雅虎知识堂而为广大用户提供的知识搜索服务之一，是对资源利用方式的创新。从本质上来说，百度知道是百度搜索的一部分，是百度搜索在知识搜索上的优化与发展，它巧妙地利用了用户资源，将知道用户的隐性知识转化为显性知识，让用户既成为百度知道的使用者，同时也是其创造者，因而从动机上来说，百问百答与百度知道是相一致的。

百度知道以百度搜索为依托，于 2005 年 11 月正式运营，其广告标语是"百度知道，总有一个人知道你问题的答案"。在产品设计上，百度知道的用户既可以在登录后的问题输入框输入问题进行提问，也可以通过短信功能进行提问，并能够用详细的文字说明和图片对问题进行补充，再对问题进行分类，以保证问题回答的准确及时。百度知道将问题内容详细分为电脑网络、医疗健康和电子数码等 14 类，每个大类下都有相应的二级甚至三级类目，全面地覆盖了大众生活的方方面面。然后，用户通过设置悬赏分以激励其他用户积极解决问题，而这些悬赏分则需要该用户通过帮助其他用户解决问题、每天登录签到和完成其他任务等方式来获得的。悬赏分的设置利于保证问题的提出与解决过程的良性循环。这些已解决问题的答案将会作为搜索结果，帮助其他有类似问题的用户，从而实现知识共享。另外，百度知道还利用知道财富值和知道经验值的双积分制度，充分调动用户的积极性。百度知道运营至今，其用户访问量已居于中文知识分享类平台网站的用户访问量之首。

四、案例分析

(一) 机会能力

创业机会是创业活动的开端，它是创业者们在识别和开发机会的过程中应对外界环境变化的能力，因此创业者们在开发创业机会时，需要时刻关注环境的变化，通过搜集有价值的信息来识别潜在机会、评估机会并开发机会。机会能力具体可分为机会识别能力、机会评估能力和机会利用能力。具体表现为：创业者们不断学习探索、搜寻信息并时刻观察环境变化来识别创业机会；对机会进行识别后，需要对机会进行评估，选取满足市场需求和有未来发展空间的机会；最后创业者应该懂得利用创业机会，开发新产品、新服务或者进入新市场，实现创业机会价值。

在机会能力视角上，创业者或创业企业需要具备准备感知和识别消费者没被满足的需要的能力，更需要创业者或创业企业花费大量精力去探索并搜寻能够给消费者带来真正有价值的产品与服务，从而企业能够捕获更高质量的商业机会。创业者们开发机会时应该擅长开发新创意、新产品与服务、发现新的市场领域和开发新的生产、营销和管理方法。

人们在日常生活中使用百度知道这类问答型网站时，会发现面对一些稍微复杂的问题，这些网站给出的回答往往晦涩难懂或表达不明确，增加了问题解决的复杂程度，甚至有些文字上的歧义还会让人们产生误解。虽然在很多时候，这类网站需要解决的问题都得到了合适的解答，但是就问题处理的过程来说，总是有些差强人意。因此，百问百答创业团队就这一问题进行探讨，最终决定创建一个视频网站，用视频、辅以音频的方式为用户解答，优化了用户问题解决的过程。

百问百答视频网的创新之处在于：第一，将原本由文字和图片描述的问答内容用视频和音频的方式生动地展现出来，不仅在内容上相较文字和图片更易理解和生动有趣，而且使用户免于理解大段文字解说的内容，大大节省了用户解决问题的时间。第二，很多复杂的问题不便用文字和图片来解释，或者解释的结果令人费解，这时利用视频的方式就很好地解决了这一难题。第三，用户不仅可以通过它来解决问题，还可以为他人解答，参与社区讨论和投票等活动，形式丰富多样，不同于百度问题解答型网站，该网站十分重视用户的参与。

该网站主要针对在生活、学习中遇到问题希望得到解答的，以及拥有一些生活技能或知识乐于和他人分享的网友，这些网友能够在该网站上获得答案并帮助他人解决难题，网站内容相比百度知道类知识分享网站更加平易近人、更加草根。

从以上分析可见，百问百答视频网具备诸多的创新之处，善于发现机遇、把握机遇。但同为知识分享型网站，百度知道可以运行得相当出色，而百问百答却未能成功运营，这其中的缘由值得深究。

机会能力是企业制定发展战略、营销管理战略的起点，是新创企业立足的必要准备。从机会能力这一视角来看,百问百答与百度知道都能够在瞬息万变的互联网行业中,准确及时地发现创新机遇,抓住发展契机。虽然从理论上来说,机会对于每个企业来说是公开的、平等的,但是由于利用机会的企业在规模大小、资金能力等方面存在着差异,因而可以说机会具有实践的不平等性,即百问百答与百度知道在机会的利用上存在较大的能力悬殊。机会利用能力的差异,主要来源于它们在与机会相关的各方面实力的差距。由此可知,百问百答创业团队在一定程度上具备了机会识别和评估的能力,却在利用机会上具有较大的局限性,他们虽然具有很好的创意和创新的思路,但由于条件的限制,不能将想法落实于实际,无法在新领域上开发新的产品,更不必说进行营销和管理。

本文基于机会能力视角,针对百问百答与百度知道企业创业的机会识别能力和开发能力进行整体比较(见表1)。

表1 基于机会能力视角的案例比较

机会能力 \ 案例	百问百答	百度知道
机会识别能力	具备诸多创新之处,善于发现机遇、把握机遇	不断发展创新,机会识别能力较强
机会开发能力	机会利用能力尚有欠缺	由于企业实力强大,机会利用能力较强

(二) 资源能力

创业资源是新创企业在创业过程中不可或缺的特定资产,包括有形和无形资产,主要包括创业资本、创业人才、创业技术等,它是新创企业顺利运营的必要条件。创业者能否成功开发机会,并推动创业活动成功开展,首先便取决于他们是否具有获取并整合资源的能力。创业初期,很多创业者所获得和利用的资源非常匮乏,因此这阶段创业者创造性整合和运用资源的能力起到了关键性的作用。

创业初期,百问百答视频网公司的资金主要来源于国家补助、学生自筹和银行借贷。由于国家补助资金有限,大学生自身的物资资源也非常匮乏,因此公司正常运营的主要资金来源于银行借贷与风险投资。又由于现行管理体制的缺陷、认知的偏差、机构发展不规范、信贷政策不合理及利率结构不尽科学,国家和金融机构对创业企业的信贷需求往往不够重视,这些都会限制具有创业能力的企业获得债务融资。百问百答视频网公司在筹借资本的过程中还存在成本消耗过大,贷款利率过高，与银行协议规定的贷款期限结构超出公司承受能力，不合理负债规模导致的过度负债等问题。与之截然不同的是，百度知道作为全球最大的中文搜索引擎以及最大的中文网站百度公司的旗下产品之一，具有强大的资金后盾，且没有直接盈利的要求，相较而言其资金压力要比百问百答小很多，资本获取能力也更强。

百问百答是一个视频分享网站，视频来源于三个方面，即用户自制视频、邀请专业团队制作和购买视频。在网站运营初期，用户较少，该公司计划以专业团队制作视频和购买视频为主，在网站不断的经营过程中，将会根据用户反馈对内容来源比例进行不断的调整，以达到最佳。但是该公司创业团队成员均来自于安徽财经大学的在校大学生，他们所具有的知识和能力有限，难以解答各方面的问题，邀请专业团队制作和购买视频都需要足够的资金，因此该团队不具备搜寻和获取资源的能力。在案例访问当中，笔者了解到百问百答视频网的一部分搜索结果资源是链接到百度上的，这无疑就显露出了百问百答与百度知道在知识资源拥有量上的差距。

百问百答的创业团队成员来自计算机科学、投资、国贸等不同专业不同年级，这种多样化的专业构成有利于专业优势的发挥，但在校大学生在社会实践经验和操作技术水平等方面都非常有限，虽然百问百答已基本形成网页雏形，但还不能真正运行，同时它的创新产品未经市场检验，在效益上具有非常大的不确定性，因此在人力、物力、财力和技术上该公司面临巨大的难题，无法将现有的资源进行合理的配置。

本文基于资源能力视角将百问百答与百度知道两家企业在资源搜寻、获取和配置上做进一步的比较（见表2）。

表2 基于资源能力视角的案例比较

案例 资源能力	百问百答	百度知道
资源搜索能力	在校大学生的知识和能力有限，难以搜寻视频资源和资金资源	具有强大的资金后盾，视频资源丰富，相较而言其资金压力要小很多
资源获取能力	资金有限，大学生自身的物资投资也非常匮乏，知识和技术资源不够充足	资金压力相对较小，资本获取能力也更高，且技术、人力资源充足
资源配置能力	在人力、物力、财力和技术上面临巨大的难题，无法将现有的资源进行合理的配置	企业发展成熟，能够熟练配置资源

（三）运营能力

运营能力是促进企业内部运营不可或缺的关键动力，也是将企业内外部因素紧密联系在一起的重要能力。创业者的运营能力体现在组织决策、战略管理、关系沟通和承诺中。在组织管理上，创业企业的管理者们需要领导并鼓励员工达到目标，并能够合理将权利与责任委派给有能力的下属，同时应该具备制定合理规章制度的能力，以此规范员工的工作，保持组织顺畅的运作。在战略决策中，创业者在面对环境不确定时，应该能够及时调整目标和经营思路，快速地重新组合资源以适应环境的变化并制定适当的战略目标和计划。关系能力有助于企业从外部获取关键信息、知识和其他有形资源，从而促进企业活动的顺利开展。这方面要求创业者能够与税收、工商等政府部门建立良好关系，和各类中介机构建立长期良好合作的关系，和掌握重要资源的人或组织、周围的企业家等建立良好的关系。承诺能力主要是对上下游企业和中介机构等利益相关者承诺的能力，这些组织在企业运作中扮演着重要的角色，促进创业活动的进行，在一定程度上决定创业企业的未来，创业企业通过履行承诺，有利于企业声誉和信誉的提高，从而吸引更多的信息和创业资源。在承诺方面创业者需要有坚持不懈和永不言弃的决心与信心。

企业最根本的目的是公司利益最大化，只有达到这一目的公司才能顺利运营，而公司利益最大化的核心便是公司能够制造利润。百问百答视频网公司主要有五种盈利方式，分别是：①版权换广告盈利模式：免费点播在线观看或下载观看版权节目，主要依靠广告盈利。②付费点播（在线观看）或下载版权节目盈利：主要依靠网友通过各种支付平台点播或下载视频，在线或离线观看，形成比较稳定的点播、下载收入，去除运营成本和版权成本等，就是盈利。③客户端软件盈利模式。④社区盈利模式：免费点播在线观看或下载观看网友上传节目，依靠广告盈利。⑤广告商视频盈利：与一些广告商合作，在提问平台上提出一些具有营销性质的问题由广告商解答，形成一个隐形的广告效果。

百问百答视频网盈利主要依赖于广告，这要求创业者们具备良好的关系能力和承诺能力，从而能够跟广告商沟通，拉到广告商的赞助，同时创业者们需要给赞助商们一定的承诺并履行承诺，为能够拉到更多的赞助打下基础。但是，百问百答视频网的创业者们创业的主要目的仅仅是为了完成学校的任务，创业动机并不明确,且不具备创业者应该具备的坚持不懈的精神,同时他们的关系网络仅仅局限于学校和学生,人脉关系不够强大,很难拉到广告商的赞助,更难以与政府机构、银行取得良好的关系。创业者们均是在校大学生,欠缺实践经验,当面对不确定环境时,他们难以组织并管理公司,更难以及时作出适宜的战略与计划。百度知道只是百度提供的知识搜索服务之一,它并不直接盈利,而是服务于百度搜索,为百度带来更多的顾客和更高的顾客满意度,百度再通过竞价和广告等手段获取利润,实现间接盈利。直至2012年,百度知道推出了"百度企业知道",为企业和政府提供一个与客户交流的平台,在这个平台上,企业和政府可以在线回答顾客提出的问题,而百度知道也会对其中的部分项目采取收费制度。

在产品方面,百问百答与百度知道最大的差别是结果呈现方式,即视频与文字的差别,前面也提到了百问百答以视频方式呈现知识的优越之处。然而,从顾客需求来看,过程性的问题相对知识性的问题较少,即大部分问题用文字就可以解释清楚,因而对于这些问题来说,若使用视频将会耗费用户更多的流量和打开时间更长。总体来说,对于大部分的普通用户而言,相比百问百答,百度知道更为便捷、廉价和丰富。

基于运营能力视角,本文将百问百答与百度知道两家企业在创业者组织、战略、关系以及承诺能力上进行具体比较(见表3)。

表3 基于运营能力视角的案例比较

运营能力 \ 案例	百问百答	百度知道
组织能力	在校大学生欠缺实践经验,面对不确定环境时,难以组织并管理公司	能够制定合理规章制度,规范员工的工作,保持组织顺畅的运作
战略能力	面临危机与风险时,难以及时作出适宜的战略与计划	管理团队经验丰富,能够及时调整目标和经营思路,并快速制定适当的战略目标和计划
关系能力	人脉关系不够强大,很难拉到广告商的赞助,更难以与政府机构、银行取得良好的关系	顾客满意度高,股东利益最大化,与企业利益相关者关系密切
承诺能力	创业动机不明确、创业积极性不高,承诺能力低	产品的用户基础较好,且具有良好的承诺能力

五、结论和启示

当今我国高等教育已走向大众化阶段，大学生就业竞争日益激烈，国家为了落实积极就业政策，不断鼓励、支持和帮助大学生创业，这不仅拓宽了大学生就业机会，并为社会创造了更多的就业岗位，促进中小企业的发展，激发经济增长活动，推动社会经济又好又快发展。然而并不是每个大学生都具备创业能力，创业能力也不是与生俱来的。正是因为大学生在创业方面能力比较局限，因此导致很多大学生创业失败，甚至完全无法落实创业的构想。

对于互联网行业的创业，由于该行业在早期难以盈利，为了吸引大量的用户，常常需要采取免费甚至奖励的战略，推广和维护均需要大量的资金投入。而且互联网行业是个高度创新的行业，需要及时更新，更需要具备大量优秀的人才作为企业成功的后盾，这方面对创业团队的要求更是严格，创业团队必须在机会、资源、运营能力上崭露头角才能为创业成功带来更大的可能性。

创业难、难创业是当前社会非常普遍的问题，因此为了提高大学生创业能力，政府、学校、家庭、企业和社会需要共同努力，帮助创业者建立并维护有利于创业的氛围，提升丰富多样的创业机会，提供宽松的创业扶植政策。创业者们更需要加强锻炼与学习，提高自身在机会识别、资源整合、应对风险及创建企业方面的创业能力。

（一）不足与未来研究方向

百问百答视频网公司是一家未能成功落实的创业项目，其创业失败的过程给我们提供了不少经验和教训。然而，本文创业失败的案例主要是针对在校大学生，并且做研究的公司仅仅是安徽财经大学创业孵化基地中的一家，未能收集多家公司进行比较、综合考虑并评价大学生创业能力，因此该研究存在很多不足之处，还有很多问题有待解决。

第一，由于创业能力研究的理论尚未形成一套完整的体系，笔者在研究创业能力维度时未能全面考虑创业能力，从而使得所研究的内容不能够进一步深化。第二，有关创业能力的概念并不统一，从而导致本文忽视了创业团队层面上的创业研究。第三，本文所研究的范围比较局限，不同公司不同行业的创业能力均会存在差异,仅仅针对一家公司,研究的有关创业能力影响因素比较片面,有待于进一步完善。

针对所研究的不足之处,笔者认为后续研究可以从以下几个方面开展:

第一,创业能力研究在国内仍然处于起步阶段,构建的理论基础不够完善,未来研究可以务实该理论基础。第二,创业能力研究的概念体系仍不够健全,学者可以深入研究不同创业阶段创业能力的作用,结合我国创业的实际情况,重点关注团队层面上的创业能力研究。第三,国内对创业能力影响因素上的研究较少,未来研究可以将影响因素进行区分,揭示关键影响因素和非关键影响因素的相关作用和对创业能力的共同作用,给未来创业者提供更多的理论基础。第四,针对本文研究的局限性,未来研究可以收集不同行业、不同企业创业失败的案例,通过分类研究和对比,扩大研究案例的范围,得出更为全面的结论。第五,有关创业能力研究方法可以多样化,国内现有研究方法主要是实证研究和案例研究方法,尤其是实证研究,其无法揭示创业能力在整个创业过程中的动态作用,更无法分析创业能力在整个过程中的自动演变。未来研究采用更加复杂、全面和有效的方法,如动态追踪研究方法。

(二)启示

本文通过对百问百答视频网创业团队创业能力的研究,在大学生创业能力提升方面给出以下几点建议与启示。

(1)在学校方面。首先,学校应该开办大学生创业能力培训课堂,课程内容应涉及思想素质、心理素质和知识教育。需要结合行业知识、工商管理知识、人文科学知识、宏观经济形势及政策知识等。其次,学校应该邀请企业家、企业高管和创业者代表等为大学生授课,培养大学生的创业意识和精神。最后,学校应该组织行业培训,进行模拟创业,并组织学生实地参观和实例观摩,提高创业者的经验。

(2)在社会方面。首先,企业应该主动与学校合作,构建校企合作平台。让学生能够积极参与相关行业、企业的运营活动,利用实训基地的先进技术和设备,为学生实训创造条件。企业还应该开展应用项目研究、科技成果推广、生产技术服务、科技资源和开发等科技工作和社会活动,促进教学、科研和生产发展的良性循环。其次,行业协会、商会和校友会等应该充分发挥自身的功能,帮助大学生创业，为大学生建立良好的关系网络，并做好"创业者榜样"和"创业者与企业家桥梁"的作用，从而培养更多的大学生创业者，促进他们的成长。

（3）在创业大学生自身方面。首先，大学生在日常生活中应该多注意观察，善于发现，才能抓住创新机遇，同时要能跟上社会发展的步伐，不断学习与进步。其次，应该注重理论与实践的结合，当代大学生在校期间不仅要专注于理论知识的学习，理论只有与实践相结合了，才能真正体现其价值。适当的实践活动不仅能加强大学生对理论的理解深度，还能开阔视野，发现问题解决问题，为更深层次的理论研究打下基础。最后，大学生应该注重团队合作能力，创业是一个艰辛复杂的过程，通常需要拥有几个甚至几十个人的团队中的成员合作完成，团队合作对大学生来说也是一种能力，在将来的工作学习中，往往会面临一些更复杂的问题，需要一个团队合作来解决，这就考验到团队成员人际交往、团队管理、优化团队结构等方面的能力。

参考文献：

[1] 贺小刚，李新春.企业家能力与企业成长：基于中国经验的实证研究[J].经济研究，2005（10）：101-111.

[2] 刘智勇，姜彦福.新创企业动态能力：微观基础、能力演进及研究框架[J].科学学研究，2009（7）：1074-1079.

[3] 唐靖，姜彦福.创业能力概念的理论构建及实证检验[J].科学学与科学技术管理，2008（8）：52-57.

[4] Ambrosini V., Bowman C.. What Are Dynamic Capabilities and Are They a Useful Construct in Strategic Management?[J]. International Journal of Management Reviews, 2009, 11（1）: 29-49.

[5] Baum J.A.C., Dobbin F.. Firm Resources and Sustained Competitive Advantage[J]. Journal of Management, 1991, 17（1）: 99-120.

[6] Barmey J.B.. Gaining and Sustaining Competitive Advantage[M]. Upper Saddle River NJ: Prentice Hall, 2010.

[7] Barney J.. Firm Resources and Sustained Competitive Advantage[J]. Journal of Management, 1991, 17（1）: 99-120.

[8] Barney J.B.. Looking inside for Competitive Advantage[J]. Academy of

Management Executive, 1995, 9 (4): 49-61.

[9] Cepeda G., Vera D.. Dynamic Capabilities and Operational Capabilities: A Knowledge Management Perspective [J]. Journal of Business Research, 2007, 60 (5): 426-437.

[10] Chandler G.N., Hanks S.H.. Market Attractiveness Resource-Based Capabilities Venture Strategies and Venture Performance [J]. Journal of Business Venturing, 1994, 9 (4): 331-349.

[11] Kirzner I.M.. Competition and Entrepreneurship [M]. Chicago: The University of Chicago Press, 1974.

[12] Man T.W.Y., Lau T., Chan K.F.. The Competitiveness of Small and Medium Enterprise—A Conceptualization with Focus on Entrepreneurial Competencies [J]. Journal of Business Venturing, 2002, 17 (2): 123-142.

[13] Penrose, Edith Tilton, 赵晓. 企业成长理论 [M]. 上海: 上海三联书店, 上海人民出版社, 2007.

[14] Salomo S., Gemunden H.G., Leifer R.. Research on Corporate Radical Innovation Systems—A Dynamic Capabilities Perspective: An Introduction [J]. Journal of Engineering and Technology Management, 2007, 24 (1-2): 1-10.

[15] Shane S., Locke E.A., Collions C.J.. Entrepreneurial Motivation [J]. Human Resource Management Review, 2003, 13 (2): 257-279.

[16] Teece D.J.. Explicating Dynamic Capabilities: The Nature and Microfoundations of (Sustainable) Enterprise Performance [J]. Strategic Management Journal, 2007, 28 (13): 1319-1350.

[17] Wang C.L., Ahmed P.K.. Dynamic Capabilities: A Review and Research Agenda [J]. International Journal of Management Review, 2007, 9 (1): 31-51.

[18] Wernerfelt B.A.. A Resource-Based View of the Firm [J]. Strategic Management Journal, 1984, 5 (2): 171-180.

[19] Winter S.G.. The Satisficing Principle in Capability Learning [J]. Strategic Management Journal, 2000, 21 (10-11): 981-996.

[20] Winter S.G.. Understanding Dynamic Capabilities [J]. Strategic Management Journal, 2003, 24 (10): 991-995.

[21] Zahra S.A., Sapienza H.J., Davidsson P.. Entrepreneurship and Dynamic Capabilities: A Review Model and Research Agenda [J]. Journal of Management Studies, 2006, 43 (4): 917-955.

[22] Zahra S.A.. The Virtuous Cycle of Discovery and Creation of Entrepreneurial Opportunities [J]. Strategic Entrepreneurship Journal, 1932, 2 (3): 243-257.

(作者系安徽财经大学 2014 级企业管理研究生)

【导师点评】
互联网创业成功与否的决定性因素：创业能力

互联网经济是一种新型的经济业态，以互联网信息技术为依托来实现互联网和传统产业联合的新型经济形态，通过生产要素实现优化，对业务体系进行重新组合，并对商业模式进行重构等方式来实现经济的升级和转型。互联网经济是以充分发挥互联网优势，实现互联网与传统产业的深度融合，并通过产业的升级来实现经济生产力的提升，最终促进社会福利最大化。互联网通过开放、平等以及互动等网络特性实现在传统产业中的运用，借助于大数据的分析和整合，对供求关系进行判断，并借助于传统产业生产方式和产业结构的改造来实现经济发展动力的增强。

互联网拥有庞大的消费群体，仅国内就高达近7亿人，这个庞大的群体意味着巨大的市场潜力。然而，对于互联网行业的创业，由于该行业在早期难以盈利，为了吸引大量的用户，常常需要采取免费甚至奖励的战略，推广和维护均需要大量的资金投入。而且互联网行业是个高度创新的行业，需要及时更新，更需要具备大量优秀的人才作为企业成功的后盾，这方面对创业团队的要求更是严格，创业团队必须在机会、资源、运营能力上崭露头角才能为创业成功带来更大的可能性。创业者们更需要加强锻炼与学习，提高自身在机会识别、资源整合、应对风险及创建企业方面的创业能力。创业能力是创业者拥有的关键技能和隐性知识，是个体拥有的一种智力资本，被视为创业者能否创业成功的关键指标，创业能力对个体是否创业与新创企业绩效具有显著作用。

然而，创业能力对于大学生进行互联网创业是一种挑战。尽管大学生作为一个时代最具活力的群体，他们敢于创新，勇于创业。然而并不是每个大学生都适合创业，更不是创业大学生都能成功创业，创业失败的原因有很多，如大学生自身缺乏社会经验、外部环境发生变化、国家政策不够完善等。但是大学生的创业能力是创业成功与否的决定性因素。

在针对高新技术创业时，创业能力和创新方式是研究者和创业者高度关注的问题。多数学者认为创业能力是与企业家精神紧密相关的概念，表明了企业家精神指引下管理企业的方法、实践以及决策风格，是企业家精神在更为一般的管理过程的具体表现。我们认为创业能力应该是资源和能力的集成体，从资源基础观（resource based view，RBV）的角度出发演绎创业能力的概念和维度是较为合理的。

正如本案例论文所论述的，创业能力包括机会能力、资源能力和运营能力，并以此细化建构了机会识别、机会开发、资源搜寻、资源获取、资源配置、组织能力、战略能力、关系能力和承诺能力的创业能力构成模型。这些对于大学生创业来讲要具备这些创业能力尽管已经是非常具有挑战性的，然而对于在互联网背景下创业来讲还是远远不够的，不过对于大学生创业还是有非常重要的启示作用的。

（指导教师：李宏贵博士　副教授；
夏光兰　校团委书记）

永诚财税创业企业合法性及其获取策略研究

王小伟

在全球后金融危机的时代背景下,我国毕业生增量与存量大于新增的就业岗位量,高校毕业生的就业压力越来越大。许多专家学者积极鼓励在校大学生主动创业,政府也出台了一系列的政策,倡导创业带动就业。因此,在校大学生创业也就成了热门话题之一。瑞士圣加伦大学的小企业和创业研究所对全球大学生创业精神进行了调查,并于2014年5月发布了《2013年度全球大学生创业精神调查国际综合报告》。报告显示,2013年全球在校大学生的创业率为5.5%,比2011年高了3个百分点。然而,我国在校大学生创业企业成功率不高,有关统计显示,受到市场、场地、人脉、资金等因素的影响,97.6%的大学生创业最后都以失败告终(李剑平,2015)。其中一个重要的原因就是在校大学生创业往往不具备一致性和可信性,即合法性。合法性(legitimacy)是制度理论中一个很重要的概念,能有效解释和分析现实问题。现有研究分别从合法性内涵、来源、作用、获取策略等方面探讨了合法性,但探讨合法性对企业不同生命周期的作用机制的文献还很少,缺乏动态的合法性获取模型(Tracey, Phillips & Jarvis, 2011),特别是从合法性的视角来探讨在校大学生创业企业成长模式的文献几乎没有。本文通过对合法性的文献综述,采用单案例研究的方法,探索一种基于合法性获取的在校大学生创业企业成长模式,考察了在校大学生创业企业在不同阶段获取的合法性类型,提出了规制合法性、规范合法性和认知合法性间的动态机制,并详述了在校大学生创业企业在各阶段面临不同的合法性压力而采取的具体的策略,为在校大学生创业企业合法化进程提供了启示。

一、文献回顾与理论概述

(一) 合法性内涵及来源

现有研究中合法性这一概念，Suchman（1995）认为，合法性是"在一个由社会建构的规范、价值、信仰或定义的体制中，一个实体的行为被认为是可取的、恰当的、合适的一般性感知和假定"。张玉利和杜国臣（2007）在此基础上总结了合法性的三个本质特征：一是合法性具有一般性，不是特定的事件而是一系列事件构成的历史过程来决定合法性的有无；二是合法性是一种假设和感想，客观占有，主观产生；三是合法性的构建主体是社会，而不仅是个体。国内学者大多是由这一合法性概念外延出其研究领域的合法性。宋华和陈金亮（2009）指出，在供应链体系中，联盟伙伴之间的相互认同因能够恰当地延续伙伴关系而被称为伙伴关系的合法性。李玉刚和张腾（2011）从规制和公众意愿的具备、不明确、不具备三种状态把合法性状况划分成了九种类型。乐琦和华幸（2012）认为，并购合法性是主并企业所在的政府、上下游厂商、社会机构和一般公众等群体对该企业及其并购行为的支持程度。

关于合法性的来源，众多学者依据各自研究的需要，从不同角度对合法性进行了划分。Aldrich 和 Fiol（1994）认为合法性有认知合法性和社会政治合法性两类；Dacin 等（2007）根据研究需要将合法性划分为联盟合法性、社会合法性、关系合法性、投资合法性和市场合法性；乐琦（2012）认为并购合法性由内部合法性和外部合法性两类。然而，大多数认为将合法性归类为规制合法性、规范合法性和认知合法性比较合理，并且此种分类被广泛推广（姚一玮，2011）。其中，规制合法性是指企业必须遵守相关的政策、法律规章及各种行业标准等；规范合法性反映了企业不能与社会价值观及道德规范相冲突；认知合法性强调企业活动、产品及服务被人们理解和接受。

(二) 合法性作用及获取策略

从战略视角来说，合法性是一种关键的企业资源，对企业能够产生重要的作用。概括而言，一个企业一旦拥有了所谓的合法性，那么它也就理所当然地具备了一致性和可信性（Suchman，1995）。外部利益相关者愿意把资源提供给那些看似符合社会规范和期望的组织，而合法性恰好能反映一个组织的行为方式符合社会共同的观念和行为规范（杜运周、任兵、陈忠卫等，2008）。合法性不仅会影响外部利益相关者对企业的投资行为，而且还会影响它们对企业的信任、信赖等认知。由合法性带来的文化认同能使外部利益相关者愿意相信企业所声明的使命和愿景，这种可信性对新创企业和中小企业成长特别重要。与老企业相比，新创企业缺乏经营业绩既往史，外部资源拥有者不会轻易把自己的资源投入新创企业（Starr & Macmillan，1990），而合法性则可以代替经营业绩记录作为新创企业的显示信号。也就是说，在没有更有效的显示信号的情况下，外部资源拥有者会把新创企业是否具备合法性作为判断它们是否值得信任的依据（曾楚宏、朱仁宏等，2008）。对于企业效率而言，乐琦和蓝海林（2012）的实证研究表明并购的外部合法性和内部合法性对并购绩效均具有正向作用，并购的企业一旦有了合法性，企业整合和业务开展的渠道便会更加顺畅，从而其绩效表现不容置疑。

在转轨经济时期，中国企业所处的制度背景突出表现为政府对企业行为存在着多方面的干预或影响。合法性不是企业自身所具有的属性，而是由利益相关者授予或者加于企业的。具体的合法性获取策略包括遵从环境、选择环境、控制环境和创造环境（Suchman，1995；Zimmerman & Zeitz，2002），即：①遵从环境，无疑是新创企业获取合法性所采用的最普遍的一种策略，意味着企业接受现行制度下的压力，其企业活动遵守既定的法律法规、社会规范及制度逻辑，进而获得相应的规制、规范和认知合法性。②选择环境，相比遵从环境而言，其主动性较强些，是指企业或个人可以根据自身的经验或优势来主动性地选择更加细分的市场或机会，但还是要遵从细分市场的文化和制度。③控制环境，采用这种策略，新创企业往往要对社会现实重新做出解释（Ashforth & Gibbs，1990），比较典型的例子就是游说相关部门对现有的法规进行修改，或通过社会公益活动重塑人们对企业的认识等，一般来说，这种策略很少被采用。④创造环境，采用这种策略的企业往往是处在新兴阶段的行业，且没有相关经验，它们企图通过自身的主动性行为创造一套为后继者广为接受和普遍认可的合法性基础，这种策略是最难控制和最少采用的。

（三）合法性与新创企业关系

杜运周、张玉利等是国内将合法性应用到创业、创新领域研究的代表学者，他们主要从创业导向、竞争者导向、魅力型领导等视角探讨了新企业如何克服合法性门槛，实现合法化成长。张玉利和杜国臣（2007）着重讨论了以合法性为代表的制度因素对于新创企业生存与成长的影响机制及创新或创业活动在特定的制度背景下的反应机制。杜运周等（2008）指出企业在创新活动中面临着技术和制度的双重障碍，提出了企业需要稳健的整合运用依从、选择和操纵这三种合法化战略来获得创新市场的成功。杜运周和张玉利（2009）比较了种群生态理论、制度理论以及资源依赖理论在解释新企业死亡率高的不同，提出了三种理论围绕合法化成长研究的整合趋势，以及新企业合法化成长研究的未来方向。杜运周和李毛毛（2012）认为新企业可以通过提升创业者中魅力型领导的领导力，促进企业获取合法性，进而获得企业所需的资源，实现合法化成长。

综上，一方面，现有研究大多从静态的角度来分析合法性与新创企业关系，探讨合法性对企业不同生命周期的作用机制的文献还很少，缺乏动态的合法性获取模型（宋华等，2013）。另一方面，在校大学生创业企业像许多新创企业一样，由于缺少良好的信用记录，社会大众、政府、银行等利益相关者难以准确判别其产品或服务的质量和前景等，从而在校大学生创业企业如何实现生存与成长至关重要，特别是在初创和起步阶段。并且，目前还没有学者从合法性的视角来探讨在校大学生创业企业成长模式。为了弥补此研究不足，本文构建如下模型（见图1）：

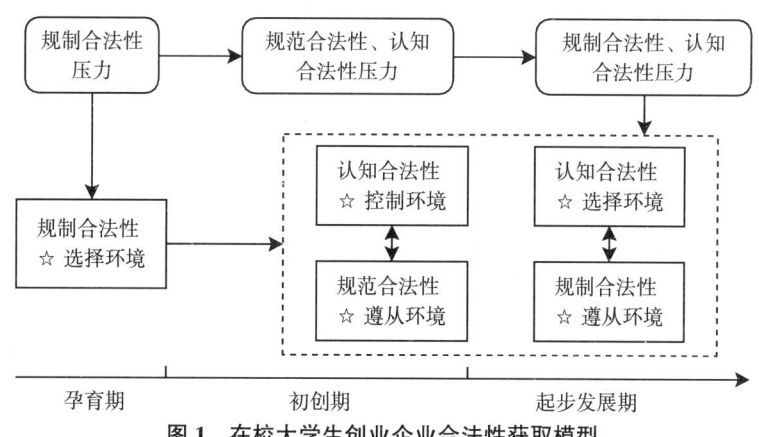

图1 在校大学生创业企业合法性获取模型

其逻辑含义是：在校大学生创业企业在使命与愿景的驱动下面临着合法性压力，合法性压力主要来源于规制合法性、规范合法性和认知合法性。我国正处于经济转型阶段，企业一方面要顺应环境期待，但另一方面也要发挥主观能动性选择与控制环境（宋华等，2013）。因此，在校大学生创业企业在不同的发展阶段会面临不同的合法性压力，相应地将会采取不同的获取策略主要获取相应的合法性（Dacin et al.，2011），从而促进企业合法化，进而实现企业成长，即在校大学生创业企业生存与成长过程就是其不断合法化的过程。在校大学生创业企业在不同的生命周期阶段可能面临不同的合法性压力及应采取相应的策略。在时间轴上对于在校大学生创业企业生命周期阶段的划分主要以爱迪思（1997）的三个阶段、十个时期为基础，即孕育阶段的孕育期、婴儿期、学步期，成长阶段的青春期、盛年期和稳定期，老化阶段的贵族期、官僚化早期、官僚期和死亡期。对于任何一个新创企业都有成立之前的准备阶段，即孕育期。在过去的十几年里，在校大学生创业这一经济形式经历了从无到有、从少到多，但就目前的发展来看，还处于不成熟阶段（叶国爱等，2008）。鉴于在校大学生创业企业本身的独特性，我们认为在校大学生创业企业合法性获取的研究重点应该集中在其创业准备、创建及起步阶段，而成熟发展阶段的情况几乎与一般企业一样，并不是本文的研究重点。因此，我们将婴儿期和学步期定义为初创期，成长阶段定义为起步发展期。故我们研究的在校大学生创业企业的生命周期有三个阶段：孕育期、初创期和起步发展期。

需强调的是，根据 Zimmerman 和 Zeitz（2002）提出的合法化策略包括遵从环境、选择环境、控制环境和创造环境，这里的框架却没有涵盖创造环境这一策略，主要是考虑到在中国情境下因其难以控制而采用的新创企业并不多，且遵从环境、选择环境和控制环境这三种策略与 Suchman（1995）提出的依从型、选择型和操纵型合法化战略相一致。

鉴于国内关于在校大学生创业企业合法化成长的案例研究文献不是很多，下面将通过案例研究方法来验证这一框架的适用性。

二、研究方法和案例企业的选取

本研究采用的是单案例研究方法，此方法可以针对一个既存的现象提供厚实的描述，进而引发读者对于某个研究问题的兴趣、激发对于现有理论的反思或是将一些现象更清楚地予以揭露呈现。虽然在案例研究中，很多学者认为多案例研究要比单案例研究更为适用（Esienhardt，1989），但实际上单一的案例研究也可以是非常具有说服力的，特别是对于独特的案例，因为一个适当的例证就足以反映出现有理论的缺失或是新的研究方向（Siggelkow，2010）。

鉴于研究案例的典型性、案例资料的可获取性以及研究的便利性，本文以安徽财经大学永诚财税咨询所为案例研究的样本。永诚财税咨询所（简称永诚财税）是一家专业从事财务管理咨询、税收代理、纳税申报、税收筹划、纳税审核、涉税鉴证、代理记账等一站化财税业务的中介机构。2013年5月15日经共青团安徽财经大学委员会批准，永诚财税成功入驻安徽财经大学大学生创业孵化基地，后又向蚌埠市工商管理行政管理部门申办财税咨询公司。经过努力，于2013年11月13日取得了企业法人营业执照，从而宣告永诚财税咨询所正式成立。永诚财税位于安徽省蚌埠市安徽财经大学东校区24栋宿舍一楼2室，主要目标客户为蚌埠市及周边县市的一些中小型企业及个体工商户。永诚财税是安徽财经大学财政与公共管理学院的财政、税务以及公共事业管理专业的一群在校大学生在学院指导老师的帮助下创建的，是省内屈指可数的一家由在校大学生创办的企业。结合学院财政和税务的优势专业，利用专业特长，组建团队，构成管理、业务和技术的结构体系，管理人员统筹公司的大小事务，业务人员负责外出与大中小型企业洽谈，技术人员在指导老师的帮助下对业务数据进行处理，并最终对企业的财税咨询给出指导性建议。永诚财税着眼于与企业长期合作，共同发展，关注企业成长过程中的每个细节，全力为客户提供全方位的快捷、便利、贴心服务，为成长中、困惑中、拼搏中的创业阶层提供专业经验，协助创造企业的最大价值。同时永诚财税敢于践行企业社会责任，帮助蚌埠市民，树立纳税意识，提高依法纳税理念，积极配合税务部门做好纳税宣传活动。

案例研究大多包含一些质化方法，如深度访谈、文件调阅等，本研究也不例外。笔者于2015年1月和3月多次对永诚财税的相关负责人进行非结构式和半结构式访谈，还有搜集并阅读与研究主题有关的各类文件，包括内部的管理制度、备忘录、议程、会议记录、公文、企划书及媒体报道等。撰写案例期间，笔者通过网络与电话多次追加调研，获取了更多的资料，以保证信息的一致性和真实性。永诚财税成长的三个阶段和关键企业活动如表1所示。

表 1 永诚财税成长阶段和关键活动

阶段	时间	关键活动
孕育期 2013年4月~ 2013年5月	2013年5月15日	按照"学院申报—院小组初审—专家评审—创业基地管理领导小组审核—批准入驻—进驻孵化基地"的流程,成功入驻安徽财经大学大学生创业孵化基地
初创期 2013年5月~ 2013年10月	2013年6月13日	开展"同心汇聚,服务民生"纳税主题活动
	2013年7月14日	参加第一届"钰诚杯"蚌埠市青年创业大赛,成功晋级复赛
	2013年8月27日	开展"情系民生,关注税收"纳税主题活动
	2013年9月23日	团队成员在龙湖春天社区张贴社区纳税宣传报
	2013年10月4日	开展"点滴征纳社会情,和谐共进学子心"纳税主题活动
	2013年10月10日	开展"与学生生活相关的纳税活动及自身权益维护"财税沙龙活动
起步发展期 2013年10月~ 2014年7月	2013年10月17日	随我院2013级税务硕士赴蚌埠市国税局开展实践调研学习活动
	2013年11月13日	不断与孵化基地负责人沟通和精心准备材料,取得法人营业执照
	2013年12月13日	团队成员韦前锋赴厦门集美区中亚城大学生创业孵化基地交流
	2013年12月17日	接受省级大学生创业孵化基地领导评审与检阅
	2014年1月23日	团队成员赴安徽皖瑞税务师事务所交流学习
	2014年3月12日	团队成员俞先志赴威海市级大学生创业孵化基地考察学习
	2014年3月13日	团队成员俞先志赴威海创业大学考察交流
	2014年4月25日	团队成员赴蚌埠市大学生创业孵化基地交流学习
	2014年6月8日	团队成员再赴蚌埠市大学生创业孵化基地求取真经
	2014年7月20日	暑期社会实践团队赴池州国税局调研学习

三、永诚财税合法性及其获取策略

制度理论强调制度环境和制度压力可以影响和塑造个人及企业行为,企业合法性是一种关键的企业资源,只有在不同的发展阶段采取适当的策略才能获取合法性,企业生存和成长的必要条件就是合法化(姚康等,2011)。因此,我们首先描述永诚财税在每个阶段所面临的合法性压力,然后分析其为获取相应合法性所采取的策略。

(一)孕育期:规制合法性

永诚财税的创始人李秋实,是安徽财经大学2011级财政学专业在校生。他是一位有梦想、有热情和有毅力的年轻人,在一次创业大赛中萌生了创业的想法:结合财政与公共管理学院优势专业财政、税收专业,以学院学生为基础组建团队，在老师的指导下创办财税咨询公司。这样一来，不仅个人可以将课堂所学付诸实践，还能为我院学生提供实习基地，从而增强我校学子在社会上的影响力。经过两个月的市场调查，他认识到在永诚财税成立阶段，要想生存，其首要任务就是获取规制合法性。正如他自己所说，"我花了很多时间研究创业的法律如《公司登记管理条例》、《税务登记管理办法》等，取得合法的法律地位对我们的生存很重要。"

1. 规制合法性压力

为了鼓励大学生创业，虽然国家和各级政府出台了许多优惠政策，包括融资、税收、创业培训等诸多方面，但一个新创企业从准备到正常营业所要走的程序实际操作起来并不是想象中的那么顺利。比如，在办理营业执照时所需的材料中不仅有个人公民身份证、照片等，还要求提供经营场所的房屋租赁合同或者房产证；再如，俗话说"资金是创业的最大的困难"，可是企业在向银行申请贷款时，不仅要求贷款申请人要有稳定的住所或营业场所，还要求持有工商行政管理机关核发的营业执照。还有诸如公司成立必须要有自己的财产、名称、经营场所等一系列法律要求。然而，对于连正常的生活费都还向父母索要的在校大学生来说，这一系列很合法的条文已经足够将他们的想法扼杀在摇篮中。更何况，他们往往空有创业热情，但经验欠缺、能力不足、意识有偏差等。于是，他们选择了安徽财经大学大学生创业孵化基地，试图入驻具有规制合法性的组织来获取"半官方"规制合法性。

2. 选择环境：入驻安徽财经大学大学生创业孵化基地

安徽财经大学大学生创业孵化基地于2013年5月建立，其主要功能是为入驻企业提供创业工作场所，为大学生提供创业培训、创业指导、项目推介、启动资金支持等创业就业服务，协助落实各项优惠扶持政策，鼓励和扶持大学生自主创业，实现创业带动就业的倍增效应。李秋实带领团队其他成员按照"学院申报—院小组初审—专家评审—创业基地管理领导小组审核—批准入驻—进驻孵化基地"的流程进行申报入驻安徽财经大学大学生创业孵化基地，经过努力，永诚财税于2013年5月15日成功入驻安徽财经大学大学生创业孵化基地。此时，虽然永诚财税在我国法律上还不具有独立法人资格，也没有独立的银行账户，但是它通过入驻创业孵化基地获得了"半官方"规制合法性，得到了生存并经营的资格。

（二）初创期：规范合法性、认知合法性

通过入驻安徽财经大学大学生创业孵化基地，永诚财税在获得"半官方"规制合法性的同时，也试图保持独立身份，开始营建自己的口碑。本阶段，永诚财税在获取的"半官方"规制合法性的基础上，开始着手获取规范合法性和认知合法性。

1. 规范合法性、认知合法性压力

规范合法性源于社会的道德规范和价值观，反映了社会利益相关者对企业"做正确的事"的感知。基于此，可以检验以下三个方面是否符合社会的道德规范和价值观，进而来判断新创企业是否及在多大程度上获得了规范合法性。这三个方面是：企业的产品和服务，企业的组织结构，企业采用的生产技术或服务流程（曾楚宏等，2008）。当一个企业的活动和产品被社会公众"广为接受"时，它就具备了认知合法性。只有当社会利益相关者建立了企业认知感时，才会将手中的资源投给新创企业。然而，对于永诚财税来说，一方面，规范合法性压力要求其形成正式的组织结构、规则和程序等；另一方面，认知合法性压力又迫使其营销自己，打造自己的知名度。正是在这样的压力下，永诚财税选择创建组织规范和标准来获取规范合法性，以及通过参加创业大赛、举办纳税宣传活动等策略来获取认知合法性。

2. 遵从环境：创建组织规范和标准

本阶段，为了获得规范合法性，永诚财税团队成员认真完善企业组织管理制度和规范服务操作流程。不仅实行了正式的公司规章制度，包括员工上下班考勤、工作时间、卫生管理、客户接待、咨询电话等，采用了正规的组织管理结构，还严格规定了财税相关项目服务流程及收费标准。具体如下：

永诚财税采用公司制的组织形式，包括行政管理、销售管理和财务管理等，总经理统筹规划公司事务，承担法人责任；在行政方面，办公室主任负责公司日常行政事务及人力资源管理；销售经理负责公司财税专项业务、市场开发、调研；财务总监负责公司财务，对公司财务状况进行监督，带领公司税收筹划业务人员进行税收业务。

税收服务流程包括：①在实施税收筹划活动时，首先要了解筹划企业的基本情况，即企业组织形式、财务情况、投资意向、对风险的态度。同时，在了解筹

划企业基本情况的基础上，还要了解筹划企业的需求。②对筹划企业相关的财税政策和法规进行梳理、整理和归类。③在税收筹划之前，对筹划企业进行全面的纳税评估，涉及纳税内部控制制度、涉税会计处理、涉税理财计划、主要涉税税种、近三个年度纳税情况分析、纳税失误与涉税症结分析、税收违规处罚记录、税企关系。④税收筹划方案设计与拟订。⑤税收筹划涉税纠纷处理。⑥税收筹划方案实施跟踪与绩效评价实施税收筹划方案之后，要不断对筹划方案实施情况和结果进行跟踪，并在筹划方案实施后，对筹划方案进行绩效评价，考核其经济效益和最终效果。

3. 控制环境：参加创业大赛、公益活动

为了永诚财税获取认知合法性，团队成员主要采用了两个行动：参加第一届"钰诚杯"蚌埠市青年创业大赛和深入社区进行纳税公益宣传。

第一届"钰诚杯"蚌埠市青年创业大赛由蚌埠团市委联合市委宣传部、发改委、科技局、经信委、财政局、人社局、农委、蚌埠广播电视台、蚌埠日报社、青联、青企协等单位举办。本次比赛以"明珠复兴蚌埠梦　青年创业勇争先"为主题，分初赛、复赛、决赛三个阶段。比赛期间将根据赛程安排各类创业技能培训、创业辅导、创业实战模拟和创业项目风险投资基金对接等活动。此外，大赛还成立了"创业导师团"，根据赛程对参赛选手进行"零距离"创业指导。自2013年6月启动以来，吸引了1200余名青年参加，共收到237个申报项目，引起了社会各界的广泛关注。各参赛选手经过初赛、复赛等阶段的激烈角逐，最终有26组选手成功晋级复赛。永诚财税就是其中一家成功晋级复赛的企业，虽然最终与决赛擦肩而过，但比赛期间参加了各类创业技能培训、创业辅导、拓展训练以及商场实战模拟等活动，有效帮助提高了创业能力。更重要的是，这次创业大赛由蚌埠广播电视台、蚌埠日报社全程录播、报道，提升了永诚财税在蚌埠公众前的认知合法性。

作为青年大学生创业团队，永诚财税深入社区进行税法宣传，先后开展了"同心汇聚，服务民生"、"情系民生，关注税收"、"点滴征纳社会情，和谐共进学子心"等纳税主题活动。本阶段主要是围绕大学城进行宣传，包括龙湖春天商业街、湖光小区、绿地国际花都小区等，宣传方式主要以公益服务为主，广告宣传为辅。此外，永诚财税还参加了其他的社会公益活动，如与社区合作，义务出纳税宣传栏板报、免费提供店铺的纳税咨询业务等，同时会定期分发和张贴一些宣传单、海报等宣传品,在消费群居多的地方设立固定的咨询点,并派专业人员提供咨询服务。在一些文娱交流场所,例如文化馆、少年宫等类似场所的醒目位置悬挂横幅进行宣传。总之,团队成员通过纳税宣传、义务普及纳税知识等对蚌埠市场进行市场开发,通过口碑传播,逐步开拓市场。

(三)起步发展期:规制合法性、认知合法性

成功入驻安徽财经大学大学生创业孵化基地,使永诚财税获取了"半官方"规制合法性,进而可以追求规范合法性和认知合法性。经过几个月的发展,永诚财税又获得了一定的规范合法性和认知合法性,但独立的法人资格和更广的认知度依然是限制其不断发展的瓶颈。

1. 规制合法性、认知合法性压力

创业不同于一般的兼职,在校创业的大学生不得不同时兼顾学业和事业,往往顾此失彼,再加上现实中一些硬性条件的限制,企业法人资格的取得,即最基本的规制合法性的获取也是限制企业发展的障碍。正如永诚财税创始人李秋实所言,"有好几家企业都要和永诚财税开展深层次的合作,但由于永诚财税没有独立的法人资格,最终都没有实现"。同时,虽然通过前期的创业大赛和公益活动,永诚财税在蚌埠大学城及周边取得了一定的认知合法性,但这对于企业的自身发展还远远不够。当新创企业还不被人们广泛认知的时候,与高知名度的组织联系是提升新创企业知名度的重要策略(Tracey, Phillips & Jarvis, 2011)。因此,永诚财税通过取得企业法人营业执照来获取"官方"规制合法性,以及通过与高知名度的组织联系等策略来获取更大程度的认知合法性。

2. 遵从环境:取得企业法人营业执照

营业执照的登记事项包括名称、经营者姓名、组成形式、经营场所、经营范围等,它既是确立企业法律地位的合法依据,也是企业从事生产经营活动的合法证件和凭据,企业只有在营业执照核准的范围内从事生产经营活动,才能受法律保护。经过前期及时地与安徽财经大学大学生创业孵化基地负责人沟通和材料的精心准备,永诚财税创始人李秋实携带房屋租赁合同、个人身份证复印件等材料到蚌埠市工商管理行政管理部门办理企业法人营业执照。经过努力,于2013年11月13日取得了企业法人营业执照。这意味着永诚财税具备了合法的行为能力和商业信用。

3. 选择环境：与高认知度的组织联系

本阶段，为了提升永诚财税的知名度，团队成员积极与高认知度的组织联系。永诚财税先后到蚌埠市大学生创业孵化基地、蚌埠市国家税务局、安徽皖瑞税务师事务所有限责任公司、池州市国家税务局等一连串的高认知度的组织进行学习与调研。特别是与安徽皖瑞税务师事务所有限责任公司这样的"十强税务师事务所"、"AA"级事务所和蚌埠市国家税务局、池州市国家税务局这样的官方认知度较高的组织建立联系，大大提升了其认知合法性。同时，永诚财税联系的高认知度的组织不仅局限于安徽省内组织，还包括福建厦门集美区中亚城大学生创业孵化基地、山东威海市级大学生创业孵化基地和威海创业大学。永诚财税利用这些组织的社会声誉，向其"取经"，使得永诚财税在更大范围内被人们所熟知和认可。

四、结果讨论与启示

永诚财税作为一家起步较为成功的在校大学生创业企业，它的生存与成长为我们提供了研究在校大学生创业合法性获取所需要的真实材料。通过对永诚财税生存与成长不断获取合法性的过程分析，本研究对在校大学生创业企业合法化进程提供了经验支撑。围绕这一主题，我们探讨了研究结果，并提出研究局限和未来研究方向。

（一）研究结果

第一，本研究详细分析了永诚财税起步时期所面临的合法性压力及合法性获取策略，从而揭示了在校大学生创业失败率高的一个重要的原因就是不具备合法性。正如其他新创企业一样，在校大学生创业企业缺乏经营业绩既往史，资源拥有者不会轻易投资这样的企业，但合法性却能使企业拥有一致性和可信性，进而可以代替经营业绩记录作为判断企业是否值得投资的依据，并且合法性不是企业自身所具有的属性，而是由利益相关者赋予企业的。以永诚财税为例，通过入驻大学生创业孵化基地、创建组织规范和标准、参加创业大赛和公益活动、与高认知度的组织联系等策略获得了较高的规制、规范和认知合法性，成功为创业孵化基地 14 个店铺、安徽益达饮品责任有限公司、龙湖春天商业街"新罗坊"等企业提供纳税咨询服务。

第二，通过分析永诚财税合法化进程，我们考察了在校大学生创业企业在不同阶段获取的合法性，并提出了规制合法性、规范合法性和认知合法性间的动态机制。首先，由于在校大学生创业企业发展阶段的不同，所需获取的合法性类型也不同，且各有侧重与取舍。当在校大学生创业企业不能一次性地获得"官方"规制合法性时，可以根据面临的情境逐渐获取，特别是在起步发展阶段，可以优先获得认知合法性和规范合法性，最后当时机成熟再获取规制合法性和更高的认知合法性。其次，虽然不同的阶段获取的合法性类型不同，但规制合法性、规范合法性和认知合法性对每一个新创企业都同样重要，且它们之间具有相互促进作用。规制合法性是新创企业应该获取的最基本合法性，也是认知合法性和规范合法性的保障，而认知合法性和规范合法性又会使得企业有更多的资本去获取规制合法性。

第三，本研究详尽描述了在校大学生创业企业在各阶段面临不同的合法性压力而采取的具体的策略。即一方面在外部压力下采取遵从环境的策略，另一方面又发挥主观能动性对环境进行选择和控制。此外，在校大学生创业企业因生命周期阶段和环境不同，即使是为了获取同一种合法性，所应采取的策略也不同。比如，永诚财税在孕育期采取选择环境策略来获取规制合法性，而在起步发展期则采取遵从环境策略。这表明了探讨合法化的动态模型是有意义的。

第四，永诚财税只是在校大学生创业的一个缩影，这个缩影揭示出大学生创业潮背后的合理性是今后一段时间内值得探索的问题。作为特殊群体的创业者，在校大学生具备其他创业者所不具备的优势，他们学习能力强，思维敏捷，能快速接受并消化新生事物，大多处在18~22岁的年龄段，精力充沛，敢想敢做，有较强的自信心。然而，在校大学生在创业过程中会遭受更明显的困难，比如创业资金、市场管理经验、风险意识、创新能力、理论知识与实践的脱节等（姚康等，2011）。这些困难可能就是很多在校大学生创业成功的"拦路虎"，所以在校大学生创业企业需要学校或政府帮助进一步孵化。学校或政府除了提供一些正式的创业培训和优惠政策帮助在校大学生进行"温室创业"之外，还需适度提供资金支持，引发学校、社会、企业的连锁反应，真正引领社会或民间资本进入大学生创业市场。

(二) 研究局限和未来研究方向

作为单案例研究,本研究的局限是很难建立在校大学生创业企业合法性获取的一般性理论,但通过分析永诚财税合法化进程,我们了解了在校大学生创业企业在不同的发展阶段可能面临的不同的合法性压力及采取的相应策略,从而实现合法化成长。本研究对认识在校大学生创业企业的生存与成长有重要意义,同时也对未来研究有一定的启示。

第一,本研究发现永诚财税虽然入驻了安徽财经大学大学生创业孵化基地,为其成长带来了很多机会,但其合法化进程仍然很艰辛。中国还有很多高校没有建立大学生创业孵化基地,那么这类学校的在校大学生并不能享受学校的品牌效应,或者这样的品牌效应也有大小的区别。因此,未来研究有必要探索尚未建立大学生创业孵化基地和国内一流高校或普通高校在校大学生创业企业合法化进程,以及面临的合法性压力和采取的合法化策略是否与永诚财税有明显的不同。

第二,本研究只关注了永诚财税的创业阶段,对其后来的可持续发展没有进行跟踪研究。随着在校大学生创业企业不断地发展,其面临的制度逻辑将会更复杂,比如企业内部合法性要求考虑人员更替、培训和资质等问题,企业外部合法性要求平衡政府、学校、市场等多重制度逻辑的冲突。因此,未来研究有必要对永诚财税作进一步跟踪研究,探索其后续发展过程中合法化进程。

第三,本研究以永诚财税为例来阐释在校大学生创业企业合法化进程,永诚财税是一家从事财税咨询服务的中介机构,主要目标客户为蚌埠市及周边县市的一些中小型企业及个体工商户。这是一种智能和知识转让的服务行为,不仅专业知识要求较高,而且服务对象的选择也有很大的局限性,不像其他创业企业提供的是有形的产品或消费对象是大众。因此,未来研究可以试图从产品或服务或者消费对象这两个视角来对市场进行细分,进一步探讨不同的细分市场中在校大学生创业企业的合法获取策略。

参考文献:

[1] [美] 爱迪思.企业生命周期 [M].赵睿译.北京:中国社会科学出版社,1997.

[2] 杜运周,李毛毛.魅力型领导对新企业绩效的影响:组织合法性的中介

作用[J].科学学与科学技术管理,2012(12):87-96.

[3]杜运周,任兵,陈忠卫等.先动性、合法化与中小企业成长——一个中介模型及其启示[J].管理世界,2008(12):126-138.

[4]杜运周,张玉利.稳健合法化战略与创新市场化整合研究——一个综合模型[J].科学管理研究,2008(4):14-16.

[5]杜运周,张玉利.新企业死亡率的理论脉络综述与合法化成长研究展望[J].科学学与科学技术管理,2009(5):136-142.

[6]李剑平.大学生创业将破除成功率"魔咒"[N].中国青年报,2015-05-15(3).

[7]乐琦.并购后高管变更、合法性与并购绩效——基于制度理论的视角[J].管理工程学报,2012(3):15-21.

[8]乐琦,华幸.并购经验、业务相关与并购绩效的关系研究——基于合法性的视角[J].华中师范大学学报,2012(3):54-59.

[9]乐琦,蓝海林.中国企业并购中的区域因素与并购绩效:基于合法性的中介效应[J].华中师范大学学报,2012(1):18-24.

[10]李玉刚,张腾.企业战略行动成败与行动进程安排之间的关系——合法性视角下的多案例研究[J].管理学报,2011(2):195-205.

[11]宋华,陈金亮.服务供应链战略互动与协同价值对合法性的影响[J].管理科学,2009(4):2-11.

[12]宋华,于亢亢,冯云霞.制度创业:制度压力和组织合法性间的桥梁——对特变的案例研究[J].管理案例研究与评论,2013(3):165-177.

[13]叶国爱,徐紫云,徐朝亮.高校在校大学生创业的影响因素及对策建议[J].江西农业大学学报,2008(2):147-150.

[14]姚康,宋铁波,曾萍.制度压力、合法性选择与民营企业发展:基于温氏的经验证据[J].软科学,2011(2):134-140.

[15]姚一玮.创业导向、合法性与新企业成长绩效研究[D].长春:吉林大学硕士学位论文,2011.

[16]曾楚宏,朱仁宏,李孔岳.基于战略视角的组织合法性研究[J].外国经济与管理,2008(2):9-15.

[17]张玉利,杜国臣.创业的合法性悖论[J].中国软科学,2007(10):

47-58.

[18] Aldrich H.E., Fiol C.M.. Fools Rush in? The Institutional Context of Industry Creation [J]. American Journal of Sports Medicine, 1994, 19 (4): 105-127.

[19] Ashforth B.E., Gibbs B.W.. The Double-Edge of Organizational Legitimization [J]. Organization Science, 1990, 1 (2): 177-194.

[20] Dacin M.T., Dacin P.A., Tracey P.. Social Entrepreneurship: A Critique and Future Directions [J]. Organization Science, 2011, 22 (5): 1203-1213.

[21] Dacin M.T., Oliver C., Roy J.P.. The Legitimacy of Strategic Alliances: An Institutional Perspective[J]. Strategic Management Journal, 2007, 28 (2): 169-187.

[22] Esienhardt K.M.. Building Theories from Case Study Research[J]. Academy of Management Review, 1989, 14 (4): 532-550.

[23] Siggelkow N.. Persuasion with Case Studies [J]. Academy of Management Journal, 2010, 50 (1): 20-24.

[24] Starr J.A., Macmillan I.C.. Resource Corporation via Social Contracting: Resource Acquisition Strategies for New Ventures [J]. Strategic Management Journal, 1990, 11 (1): 79-92.

[25] Suchman M.C.. Managing Legitimacy: Strategic and Institutional Approaches [J]. Academy of Management Review, 1995, 20 (3): 571-610.

[26] Tracey P., Phillips N., Jarvis O.. Bridging Institutional Entrepreneurship and the Creation of New Organizational Forms: A Multilevel Model [J]. Organization Science, 2011, 22 (1): 60-80.

[27] Zimmerman M.A., Zeitz G.J.. Beyond Survival: Achieving New Venture Growth by Building Legitimacy [J]. Academy of Management Review, 2002, 27(3): 414-431.

(作者系安徽财经大学2013级企业管理研究生)

【导师点评】

合法性——新创企业的"门槛"

大众创业、万众创新时代背景下，创业活动将日趋活跃，然而高的死亡率一直是创业过程中遇到的困境，据有关统计，约75%的小企业在创立五年内死亡且多数新企业难以承受经济波动的影响。制度学者对于新企业死亡率高的解释是新进入缺陷以及由此产生的组织合法性门槛约束而非内部运作问题，新企业如何提升合法性一直是新企业成长关注的焦点。

创业中为什么会遭遇合法性问题呢？这是由创业活动的创新性本质和制度的相对稳定性决定的。人们往往是追求确定性的，实现确定性的有效方法是借助现有制度。那些与既有制度的规范、价值观、信仰和界定相一致的企业结构、活动或行为，往往被赋予较高的适当性、恰当性和合意性。然而，创业活动本质上具有创新性，这些创新是新创企业获得竞争优势、实现存在价值的依据，但是创新往往突破了公众的认知能力和现有制度的规范和利益平衡。因此，尽管创新最终对于顾客和社会是有利的，我们往往发现相当一部分创新的东西很难被公众接受。因此，制度学者认为，合法性低是新企业死亡率更高的主要原因，认为通过合法化措施，跨越合法性门槛的组织将成长，没能跨越合法性门槛的企业具有高的死亡风险。

合法性是一种资源，合法化战略和手段的运用是新企业成长的必经过程。这种资源对于新创企业获取其他资源尤其重要。无论是团队组建，商业机会等都可能是新创企业展示合法性的手段。跨越合法性门槛，新企业将顺利地整合资源，实现成长。当不能克服合法性门槛时，新企业最终将因为缺乏制度支持而死亡。因此从合法性视角，新企业成长过程是一个根据制度选择合法化战略，获得管制、规范、认知和行业合法性，整合资源，跨越合法性门槛的过程。

在校大学生创业企业相较于其他新企业，在生存与成长过程中会遭受更明显的困难，比如创业资金、市场、创新能力、人脉等，都将面临着"合法性门槛"。从这一点来分析，本案例论文选题很好。通过大学生创业案例的分析，提出的在校大学生创业企业合法性获取模型，有助于揭示大学生创业过程中的合法性过程、障碍及其克服策略。相关研究有助于指导大学生合理规划创业过程，积极应对合法性约束、降低创业失败率。同时在未来研究中应该关注合法性的负面效应。也即创业者会否有策略地利用合法化策略，但在实现自身利益最大化时，却做出不伦理或违背社会责任的行为。

(指导教师：杜运周博士、教授)

乐享从动漫形象到衍生产品的开发机制

金 孙

　　进入21世纪以来,创意经济正受到全世界的关注,成为人类社会中新的经济模式,其中,动漫产业是其中的领跑者。在动漫领域,动漫衍生产品已逐渐成为业界的发展核心和学术界的研究热点。相比较而言,国外动漫企业十分重视动漫衍生产品的开发,而国内动漫则是将更多资源分配在动画片制作的前期和中期,对后期的动漫衍生产品开发投入甚少,这是国内动漫衍生产品市场上美、日、韩等动漫大国占主要份额的重要原因之一。与此同时,我国动漫衍生产品市场还存在着诸如盗版现象猖獗、屡禁不止的现象,它对国内正版产品造成了重大冲击,同时也影响到了人们对动漫形象的认可程度。为了改变国外品牌雄霸动漫衍生产品市场的格局,对国内动漫衍生产品的开发已刻不容缓。

　　国内一些学者就动漫衍生产品这一领域,正在从创意、品牌与营销、艺术设计、产品创新等不同视角,对其做了深入细致的探讨,不断丰富着动漫衍生产品的研究框架。大部分研究集中于两个部分:一是将我国动漫衍生产品市场现状与国外进行比较,指出发展过程中出现的问题,并提出解决方法与策略。如曹凌(2010)认为我国动漫衍生产品的主要问题是未形成清晰明确的产业链,缺少自主品牌形象,缺乏竞争力,盗版现象猖獗等,并指出我国动漫衍生产品行业更应注重培养创新创意人才,改善教育模式,增强版权意识等。二是主要研究动漫衍生产品开发设计过程中创新的作用,并指出动漫形象在衍生产品形成过程中的核心地位,如薛颖(2009)提出动漫形象是动漫衍生产品开发所依托的源泉,是品牌衍生的基础。

　　本文运用案例研究方法,以乐享动漫为基础,对其核心产品开发的系列过程进行简要分析,提出动漫衍生产品开发机制,其可能的贡献在于:一是从动漫形象出发,对动漫衍生产品做出了概念性定义,认为其是指利用动漫原创形象,经过专业设计师的精心设计，所制造出的一系列可供售卖的产品或服务。二是从系统的角度，阐述了动漫衍生产品的开发机制，以及各个子系统之间的相互联系以及如何共同作用于动漫衍生产品的开发，并提出了开发的四条路径，给动漫衍生产品企业带来了产品开发新思维，具有重要的指导意义。

一、文献回顾与理论框架

（一）动漫衍生产品开发方向

动漫衍生产品可以说是艺术文化与经济效益的结合体，核心价值是其内含的文化价值，包括我们所熟悉的以游戏动漫为特色的服装、玩具、饰品等实物产品，同时也包括音乐、书籍等文化产品。我国在动漫衍生产品开发方面处于刚刚起步的阶段，虽然取得了一些进步，如《喜羊羊与灰太狼》。但是总体上国内动漫市场的现状是，对于动漫衍生产品的开发方向仍没有完全打开思路，种类尚显单调，因此，对动漫衍生产品开发方向做一个全方位的了解很有必要。

随着社会的发展，消费者的需求逐渐由大众化转向个性化，同时动漫形象设计单一、陈旧的现状跟不上时代的脚步，因此越来越多的人萌生出这样一个想法，根据消费者各自不同的情感需求，倡导个性化衍生产品设计，走个性化定制路线，大众化不再是时代的主题，个性化逐渐步入大家的视野，满足人们对动漫衍生产品不同性质不同功能的需求开始成为动漫企业关注的焦点。事实上，动漫企业的消费群体不应该局限于童年和少年，请不要忘记青年，甚至是老年，众多企业忽略了青年对动漫以及衍生产品的消费，这部分热爱动漫的青年或老年可能由于生活在动漫衍生产品不发达的年代，然而如今他们这种需求可以得到满足，不仅可以得到补偿需求，同时还有着强烈的怀旧需求。李铭筱（2012）从消费群体的角度指出动漫衍生产品的开发方向可以针对成年人，他认为成年人比青少年、儿童具有更大的消费能力。也有学者从衍生产品本身出发来研究衍生产品的开发，虽然表面上是对产品本身的一些分类，但是不同的产品对于不同的消费人群来说，需求就不一样，确定衍生产品的类型仍取决于目标顾客的确定。如王艳（2009）从衍生产品的功能性指出动漫衍生产品有两个开发方向：第一是生产文娱用品，主要包括玩具、电子用品以及主题公园等；第二是生产生活用品，包括服装、装饰品、箱包、手机等比较常见的日常用品。王万兴和赵永丽（2013）指出三个开发方向：一是开发有剧情的衍生产品，如图书、录像制品等；二是生产一些印有某个动漫形象的产品，如服装、文具等；三是指具有动漫文化因素的主体建筑，满足消费者的精神需求。

设计元素相当于设计中的基础符号，是设计的基本单位，有云、闪电、花草树木等实体元素，也有文化、民俗、音乐等虚拟元素，鉴于在国内动漫市场上国外品牌占据主导地位，不少学者呼吁将民族文化元素作为研究动漫衍生产品的一个开发方向，主张在动漫衍生产品开发中融入民族元素，守住传统文化，形成特色的民族品牌。我国动漫行业起步晚，相比于美、日、韩等动漫大国，还有很长的一段路要走，国外动漫及其衍生产品占据国内市场是不争的事实。王继中和刘丽媛（2014）认为国内原创动漫及其衍生产品的开发是极为重要的，将中国民族文化扎根于大众的心中。赵可恒（2014）以《白玉神龟》为例，在动画片和动漫衍生产品的开发过程中，将常州地区的民间传说、民俗和吴地文化有机结合在一起，融入的是地方文化元素，具有很强的地方特色，同时还可以弘扬常州历史文化名城的形象。

（二）动漫衍生产品的开发过程

动漫衍生产品的开发是一个想象和创造一种新的动漫衍生产品的过程，是将动画、漫画等形象转化为创意产品的过程，是一个创意创造的过程。那么创意活动是如何启动的呢？也有学者做出了回答，出现较早的相关研究是 Teresa M. Amabile（1996）创造过程的五个阶段：提出问题、酝酿准备、产生反应、验证反应和评价结果。提出问题是整个过程的最初阶段，创造的目的就是为了去解决问题，也就是创造的动因所在。国内学者赵明华（2004）将创意过程分为三个阶段，即创意准备、创意产生和创意验证。刘冰（2008）从创意构想和创意执行两个层面探讨了创意的形成路径，强调外部环境的需求刺激创意的产生，这与吕明非和彭灿（2009）提出的创意动机观点是一致的，认为创意的来源是创意动机，主要有三种：利益、好奇和质疑。动漫衍生产品的核心在于动漫形象创意，这是因其独特的审美价值和内含的文化价值决定着动漫以及衍生产品的成败。动漫形象是一种文化资源、知识资源，尤其是带有民族元素的动漫形象更是民族文化的体现，由被消费者认可的动漫形象而开发出来的各类衍生产品更容易盈利，也更容易被消费者接受。王艳（2009）指出动漫衍生产品的开发过程是在尊重原创动漫形象的基础上进行新的创作。

经济学家Romer指出，新创意会衍生出无穷的新产品，创造出新的财富，是推动国家经济成长的动力。动漫衍生产品是一种特殊的新产品，动漫衍生产品的特殊性在于其是建立在动漫形象基础上而开发出来的一种产品或服务，而在全球竞争压力越来越大的背景下，随着新产品的开发能促进企业获得长期稳定的市场，有效的产品开发已逐步受到学者和实践者的极大关注，动漫衍生产品也不例外，大量关于其的研究表明，它已经是新产品开发研究的一个重要部分。产品的开发离不开资源，获得重要的资源是任何产品开发成功的关键，没有合适的资源就会丢失市场，可见资源对产品开发过程具有极大的影响，如何准确分配资源是提高产品开发效率的重要内容。Grant（1991）认为资源可以作为企业的竞争优势之一，能提高企业的竞争力。企业开发新产品，是指把有限的人力资源、资金、设备等资源有效地分配在所需要的开发项目上，使新产品开发取得最佳效果。

关于新产品开发过程，虽然至今还没有一个能够适合所有产品开发的需求理论模型，但是有三个阶段模型被广为接受：第一阶段是创意产生，概念开发；第二阶段是设计与开发；第三阶段是商业化。但是大部分学者均指出了对新产品开发过程的评估与反馈阶段，Cooper（1998）的阶段门模型加上了建立商业方案和测试与确认两个阶段，测试与确认是对新产品开发的监督与调试，确保了整个开发过程的有效性。Kara等（1999）将客户参与新产品开发引入开发过程，通过客户的反馈以及原型检测及时改进新产品。在国内的研究中，郭斌等（2004）将新产品开发过程分为五个阶段：新产品战略规划、新产品构思、新产品开发、测试与改进、商业化，也提出了新产品的测试与改进。基于此可以得出，新产品开发过程中的评估与反馈阶段是对产品开发的一种保障，确保开发的有效性。

（三）理论框架

基于对动漫衍生产品开发方向以及开发过程的文献综述，笔者从系统的视角发现动漫衍生产品开发机制大体包括四个主要部分。一是启动，动漫衍生产品开发作为一种创意活动，启动系统则是整个创意活动的基础；二是导向，确定目标消费群体和目标市场；三是动力，各种人财物资源的投入与分配是开发过程的动力来源;四是评估反馈,评估反馈是对整个创意活动的有效性监督。这四个主要部分学者们都曾或多或少地研究过,但是他们均未明确指出启动系统是要"有效的",导向系统是要"正确的",动力系统是要"持续的",评估反馈系统是要"及时的",没有对其做出深度探讨,彼此之间如何共同制约衍生产品的开发更缺乏理论探索。动漫衍生产品开发机制实际上是研究这四个部分在开发过程中的作用机理以及相互之间的关系,在此基础上,笔者尝试构建动漫衍生产品的开发机制模型(见图1)。

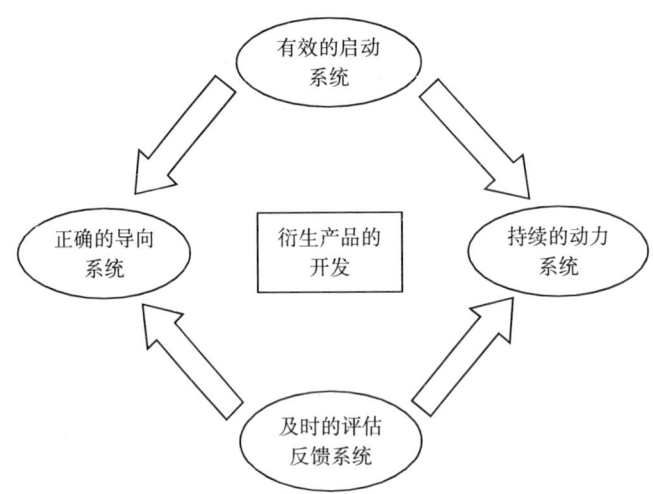

图1 动漫衍生产品开发机制模型

二、研究设计

(一)研究方法与案例选取

本文主要采取的是案例研究方法,Yin认为案例研究主要是研究"怎么样、为什么"这一类研究问题,是通过资料与数据的收集,置身于所调查案例现场的一个研究过程。相较于传统新产品的开发机制研究,学术界对动漫衍生产品的开发机制研究甚少,而且开发机制主要探讨的是各个子系统是如何制约衍生产品的开发,以及各个子系统又是如何相互作用的,基于此,本文选取案例研究方法对动漫衍生产品的开发机制进行探索研究。

本文选取的案例是安徽财经大学大学生创业孵化基地内的乐享动漫企业。乐享动漫是安徽财经大学"大学生创业孵化基地"第一批大学生自主创立的企业，同时也是安徽省大学生创新创业促进会成员。乐享动漫成立于 2012 年 9 月，注册资金 3 万元，总资产约 20 万元，现有团队核心成员 5 人，基本成员 10 余人，位于安徽财经大学大学生创业孵化基地。乐享动漫主营业务包括动漫周边产品的销售与定制，企业公仔、吉祥物的设计开发，文化纪念品的设计定制和开发等。

选择乐享动漫主要有两点原因：第一，乐享动漫是在安徽财经大学鼓励大学生自主创业的大环境影响下发展起来的一家企业，在创业发展的不同阶段都体现了新一代大学生的创业精神，同时，研究所得结论对我国动漫行业具有较强的指导意义。第二，乐享动漫是一家在笔者身边的企业，对于获取数据的简易性和真实性都有一定的保障，可以随时随地进行实地调查和访谈，增加了研究的客观性和可行性。

（二）数据来源

为了保证研究的信度与效度，在研究过程中制定了计划书，包括研究目的、研究进度、访谈提纲等，在研究期间对收集的各种资料进行及时整理与记录，建立研究资料库。通过多种途径获取一、二手数据，使得资料来源相互补充和验证，主要采用了面对面访谈、电话、网络沟通、现场观察和查阅文档等方法。

一手资料来源：第一，笔者就本案例研究的关键问题分别对乐享动漫 5 名核心成员做了面对面深度访谈，对相关主题进行重点沟通（见表1），访谈内容包括创业过程、运营策略、形象设计过程、衍生产品开发过程、创意形成过程、动漫衍生产品销售情况等，并在访谈结束 24 小时内形成访谈记录，共访谈三次，每次 40 分钟左右。第二，笔者还采取实地调查，作为顾客体验乐享动漫的服务，此外对乐享动漫实体店、设计工作室进行参观，了解各种产品的销售情况，同时注重消费者对乐享动漫衍生产品的偏好。

表 1　乐享动漫访谈统计

访谈对象	职位	专业	访谈方式	访谈时间	访谈主题
张洋洋	负责人	国际贸易	面对面	2015 年 3 月	创业过程、创意形成过程、动漫衍生产品的创意

续表

访谈对象	职位	专业	访谈方式	访谈时间	访谈主题
郭啸天	接班人	国民经济管理	面对面、QQ、电话	2015年3月	创业过程、动漫衍生产品的开发过程
张 袁	市场部主管	税收	QQ、邮件	2015年4月	创业中遇到的问题、团队与动漫衍生产品的设计
张思伟	销售部主管	电子信息工程	QQ	2015年4月	动漫衍生产品的销售、安青与珠珠的市场
徐苑锢	动漫策划设计部主管	文化产业管理	面对面、QQ	2015年4月	安青、珠珠形象设计与衍生产品的开发过程

二手资料的收集途径主要是从乐享动漫微博、安徽财经大学校园网站以及团委网站、乐享动漫网店等获取资料，如乐享动漫所获奖项、开展的活动、衍生产品销售情况以及消费者对其的评价等信息。

三、案例分析

乐享动漫虽然是一个新生的动漫企业，但是乐享动漫成立两年以来，设计的动漫形象已经有十几个，其中最具有代表性的就是"安青"（安徽财经大学的吉祥物，见图2）和"珠珠"（蚌埠团市委的吉祥物，见图3）这两个形象。同时这两个形象得到了安徽财经大学、蚌埠团市委以及其他一些事业单位的认可，并且它们的衍生产品销售相当不错。据统计发现，"安青"相关衍生产品每年采购量为：4000张书签、7000个钥匙扣、500个公仔；"珠珠"相关衍生产品每年采购量为：1000个公仔，故选取"安青"和"珠珠"来探讨分析动漫衍生产品的开发机制。

图 2 安青形象

图 3 珠珠形象

（一）有效的启动系统

动漫衍生产品开发的启动系统必须是有效的，如果一开始启动系统失效，后面的开发则是纸上谈兵，动漫衍生产品的开发本质上是对动漫形象的二次创造，因此，如果动漫形象无效，即消费者对动漫形象的认可度低，那么动漫衍生产品就是无根浮萍。

2013年底，暨安徽财经大学成立50周年之际，安徽财经大学为乐享动漫提供了一个平台，在校团委的支持下，在全校范围内举办学校吉祥物想法征集大赛，收集了广大学生甚至是老师关于安徽财经大学公仔形象的想法，由学校领导和乐享动漫设计团队组成专家评委，对创意进行筛选。在此基础上，乐享动漫综合师生的意见和想法，进一步追寻公仔形象的创意。通过此次比赛，乐享成立了专门的安徽财经大学公仔形象设计团队，主要由乐享动漫成员构成，同时有学校文传学院老师作为形象设计顾问，团队在比赛后对众多创意的记录与整理，收集相关资料进行分析验证，尤其是安徽财经大学的校史，这些给乐享动漫设计团队带来了许多灵感。经过设计团队的不懈努力，在多次争议中逐步形成了这样一个形象，以雪松为背景，寓意安徽财经大学百年长青，代表了广大师生对母校的热爱。在设计时，充分考虑到校园文化，安青形象的手里可以拿着算盘、书本以及篮球。当这个形象于2014年诞生之后，乐享动漫团队组织了全校范围内关于公仔形象的网络投票，网络投票通过率高达90%，获得了学校广大师生高度的认可，最终在学校团委的支持下，将其确定为安徽财经大学公仔形象。2014年9月，针对蚌埠团市委的形象设计，收集信息主要通过对蚌埠团市委的历史进行调查，同时对其内部主要成员以及普通市民进行访谈，最终确定了以珍珠之城为核心，并融入贝壳、共青团等设计元素，设计成一个青春向上、积极乐观的卡通形象。"安青"和"珠珠"的形象都获得了在校师生和广大市民的认可，确保了动漫形象的有效性。

（二）正确的导向系统

2014年初，张洋洋等明确认识到一种产品应该有它的目标群体，进行特定的市场细分，然后着重进攻某一细分市场，如果顾客没有需求，即使该产品质量极佳，也说明产品是不成功的。目标群体的不同，产品所包含的元素也不一样，比如：目标群体是儿童，产品更多的是包含天真、童心等元素；目标群体为青少年，更多的是包含青春气息，给人带来积极向上的希望。同样的道理，如果目标群体是上班族、农民、工人、教师等，那么产品设计的元素又会不一样。

2014年5月，张洋洋等团队核心成员在中国科学技术大学参加动漫展览时，无意间发现该校学生身上携带的小饰品诸如钥匙扣之类有着科大的公仔形象，在他们确定目标群体的困惑时期，这一发现给他们带来了很大的灵感，当时他们的心中萌生了一种想法：模仿，即模仿该种生产模式，从一些小饰品、文娱用品等方向出发，逐步开发自己的衍生产品。在"安青"衍生产品的开发过程中，张洋洋等便关注安徽财经大学在校师生，衍生产品是面向在校师生的，这点通过举办动漫形象创意大赛可以发现，这不仅可以给团队带来灵感，同时也加大了对未来"安青"衍生产品的认可度，"安青"书签、钥匙扣的成功证明他们的起点没有错，后面随着"安青"的推广，张洋洋等逐步扩大目标群体，关注于安徽财经大学周边相关学校的学生，以及省内一些兄弟院校的学生，"安青"此时更是在一定程度上作为安徽财经大学的象征，赋予了"安青"更多的意义。确定了目标群体，更要在衍生产品开发过程中使其满意，这样顾客对产品的认可度会增加，从而扩大产品销售量。

导向系统，又可以称为瞄准机制，它是衍生产品开发机制的一个重要子系统，主要功能是通过团队对市场的调查与甄别，从而正确确定所开发产品的目标群体。甄别的内容通常是消费者对某产品的需求，为了进一步明晰研究内容，顾客其实就是衍生产品开发机制作用的实际对象，是衍生产品成果的主要享受者和得益者。一旦目标群体瞄准失准，就意味着会给衍生产品的开发带来极大的障碍，甚至是失败。

（三）持续的动力系统

随着动漫形象和目标消费者的确定，乐享动漫开始进行资源的投入和分配，按照有形资源和无形资源来说，有形资源主要包括人员、资金、设备等，无形资源则是技术和知识等。2014年5月，乐享动漫成立了关于"安青"形象的动漫衍生产品开发小组，招收设计与开发人员，以郭啸天和徐菀锏为组长的小组团队，同时邀请了学校文学艺术传媒学院老师作为咨询顾问，一定程度上提升了衍生产品的技术开发能力。

动漫衍生产品不是将动漫形象简单地转移到一种载体上，而是创造性地将动漫形象和载体相互结合，围绕动漫形象原型，开发出多种多样的形象和产品，这又是一个创造过程，创造过程离不开知识资源的投入，知识信息在动漫衍生产品开发流程中的流向则是衍生产品的价值链。乐享动漫基于"安青"形象（雪松），充分考虑到校园文化，并融入团队的独特想法，开发出"安青"形象的手里可以拿着算盘、书本以及篮球，分别代表着财经、知识学习和运动。同时在同一种载体上，也有着不同的设计风格、不同的色彩，"安青"的书签有充满代表热爱生命的绿色，有象征着积极向上、开拓进取的蓝色等。在外形设计上，也多种多样。在动漫衍生产品的创造过程中，离不开开发团队成员的知识的投入，在知识经济时代，知识和创业创新更有利于企业核心竞争力的形成。虽然"安青"的形象及其衍生产品取得了成功，但是并没有结束，随着时代的进步与科技的发展，产品的更新换代必须跟上脚步，否则必将被淘汰，乐享动漫一直到现在仍在坚持"安青"的持续开发，将"安青"留在安徽财经大学，留在自己的青春回忆中。

动力系统是整个衍生产品开发机制的核心环节，也是实际的功能部分，主要指资源的投入与分配，是整个开发过程的动力所在，开发过程并不是短暂的，而是随着时代的进步与顾客偏好而不断更新的，这是一个持续的过程。

（四）评估反馈系统

2014年5月当"安青"这个形象诞生之后，乐享动漫团队立马组织了全校范围内关于公仔形象的网络投票，网络投票通过率高达90%，获得了学校广大师生高度的认可，最终在安徽财经大学校团委的支持下，将其确定为安徽财经大学公仔形象。通过中国科学技术大学举办的动漫展览而产生的灵感，乐享动漫开始生产制作小批量关于"安青"的钥匙扣和书签等产品，并通过同学朋友关系小范围内销售，对产品质量和欢迎程度进行一定程度的预测。2014年10月底，乐享动漫设计团队初步定稿五幅作品，以Q版形象为主，由蚌埠团市委进行评估定稿，最终在2014年11月底，蚌埠团市委公仔形象成功设计出来。从这些事实中可以看出，乐享动漫对"安青"、"珠珠"动漫形象和衍生产品的评估，都是从顾客的角度来衡量动漫衍生产品的成果。

衍生产品的有效开发必须在一定的约束下才能够实现，这就形成了衍生产品开发机制的评价反馈系统。评估反馈系统的主要功能是对整个开发过程进行监督，对过程中的错误进行纠偏，同时对衍生产品开发的结果进行评价，将这些信息及时反馈到团队决策层中，供其做出下一步决策的依据。同时，评价反馈系统应该增加衍生产品开发过程中的顾客参与度，不仅能及时了解顾客的内心想法，满足其需求，还有利于衍生产品开发结果的评价，大大提高团队的工作效率。评估反馈系统是开发过程的监督制约机制，而及时的评估反馈是该系统的要求，若不能及时地对衍生产品进行评估，便不能及时了解衍生产品最终成效如何，不能及时做出改进，可能会因此造成过多成本的浪费。

四、结果讨论

乐享动漫是一家新生的动漫企业，在高校积极响应政府关于创业政策的背景下，以动漫和动漫衍生产品取得了一定的成功，在校园创业中具有很强的代表性。通过理论回顾和案例分析，我们发现：动漫衍生产品开发机制各个子系统之间并不是相互独立的，而是相互作用、相互联系、相互制约的，彼此之间通过四条路径作用形成衍生产品的开发机制（见图4）。

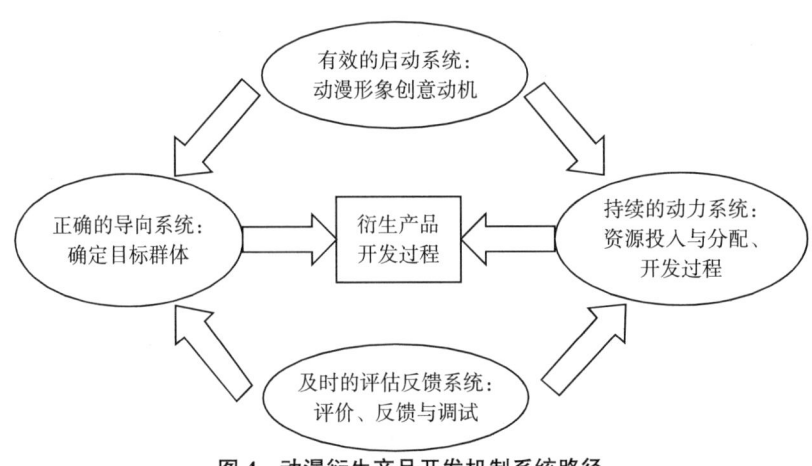

图4 动漫衍生产品开发机制系统路径

路径1：有效的启动系统→正确的导向系统→衍生产品开发，这是一条确定目标导向路径，在启动系统这个过程中，针对的是动漫形象的设计，有效的启动系统要求动漫形象必须有效，不同的动漫形象也就决定了衍生产品开发不同的目标群体，童年需要的更多的是天真、无邪、童心等元素，青年则决定衍生产品富含青春的气息，上班族等爱好的衍生产品离不开成熟、稳重等。导向系统的瞄准机制也是通过团队对市场的甄别，从而确定目标顾客；相反，目标群体也可以反向制约动漫形象的形成，使其在形成过程中考虑到目标群体的特征，即有效的启动系统可以影响导向系统中目标群体的确定，正确的导向系统也会制约启动系统中动漫形象形成的有效性。

路径 2：及时的评估反馈系统→正确的导向系统→衍生产品开发，这是验证以及修正目标群体的路径，路径 1 可以说是初次确定衍生产品开发的目标群体的一条路径，但是一开始就成功并准确地确定目标群体可以说是一种"小概率事件"，在整个确定目标群体的过程中，要及时评估目标群体对衍生产品的偏好，目标群体与衍生产品是否匹配，及时进行信息反馈，若不匹配则需要及时快速进行目标群体的重新确定，此时，反馈的信息对重新确定何种群体有一定的指示性。

路径 3：有效的启动系统→持续的动力系统→衍生产品开发，这是衍生产品的资源分配路径，首先产生有效的动漫形象，其次是资源的投入与分配，最后就是衍生产品的开发与生产，到形成动漫衍生产品。有效的启动系统是整个创造过程的起点，持续的动力系统是整个开发机制中的动力来源，是对各种资源的组织利用和传递，但是动漫衍生产品不单单是动力系统的成绩，而应该看成各子系统之间相互作用的结果，故动力系统的成果受其他系统的制约。

路径 4：及时的评估反馈系统→持续的动力系统→衍生产品开发，这是衍生产品的资源投入与分配的修正调试路径，对动力系统的评估与反馈需是及时的，只有及时的评估与反馈，才会对市场以及顾客的需求做出及时的调整，保证资源配置的有效性和持续性，从而提高衍生产品的开发效率。从评估的参与者来看，不仅需要团队的决策者、设计师，还需包括目标群体的参与，确保评估反馈的信息能够提高顾客满意度，为衍生产品的开发打下坚实的顾客满意基础。宏观上说，所有参与衍生产品开发的人员均可以作为评估反馈的主体，但是现实生活中的评估过程仍需要考虑到评估成本，因此，如何做出科学的选择，做到既有效率又体现公平的评估体系是评估反馈系统的核心。当然，对于衍生产品的分配和开发而言，顾客是评估的最根本依据，他们是直接被服务的对象，他们具有最直接、最真实的感受。最后只有当评价主体之间的差异性越小时，评估结果也就越客观。

五、结论与局限性

(一) 结论

本文在审视国内动漫衍生产品发展的现状,回顾动漫衍生产品开发方向以及开发过程的理论基础上,通过对安徽财经大学大学生创业孵化基地乐享动漫案例的深入研究,从有效的启动系统、正确的导向系统、持续的动力系统和及时的评估反馈系统四个系统提出了关于动漫衍生产品的开发机制模型,指出了各个子系统之间的联系,动漫衍生产品的开发是它们共同作用的结果,进一步演化成衍生产品开发机制的四条路径,即两条关于衍生产品开发的目标群体确定路径、两条关于衍生产品的资源配置路径,四条路径共同制约着动漫衍生产品的开发,缺一不可,形成了一个有效的统一整体。

(二) 局限性

通过对本案例的追踪研究,给笔者很大的启示就是大学生创业的成功离不开高校的创业教育支持,离不开政府政策的照顾,因为大学生的工作经验很少,甚至说没有,学校的支持和引导在此种情况下将不可或缺,可以帮助他们度过一个又一个困境。乐享动漫对于当代大学生创业有着一定的鼓励性,响应了国家鼓励大学生创业的政策,同时对于国内动漫企业在动漫衍生产品的开发有着重要的借鉴意义,但在一些方面还存在一定的不足。首先,乐享动漫的案例虽然具有很强的大学生创业代表性,但是在研究方法上,单个案例毕竟难以涵盖所有案例的情况,不能以偏概全,可以通过多案例的对比研究,验证文中观察到的现象。其次,对于传统新产品开发与动漫衍生产品开发机制应做出比较,更好地展现出动漫衍生产品的开发机制不同于传统衍生产品的开发,突出本文的研究价值。

参考文献:

[1] 曹凌. 中国动漫衍生产业的主要问题及对策探讨 [J]. 新闻界,2010 (6): 193-194.

[2] 薛颖. 动漫形象在衍生产品开发中的应用研究 [J]. 科技风,2009 (18):

92-93.

[3] 郭斌,刘鹏,汤佐群.新产品开发过程中的知识管理[J].研究与发展管理,2004（5）：58-64.

[4] 甘华鸣.新产品开发[M].北京：中国国际广播出版社,2002.

[5] [美] 罗伯特·K.殷.案例研究：设计与方法[M].周海涛等译.重庆：重庆大学出版社,2010.

[6] 刘春丽.企业家精神教育模式下大学生创业团队的构建[J].经济研究导刊,2013（5）：48-49.

[7] 吕明非,彭灿.基于社会资本的高科技创业企业机会发现研究[J].科技进步与对策,2009,26（12）：98-101.

[8] 李铭筱,熊兴福.我国创意动漫衍生产品设计与开发刍议[J].重庆邮电大学社会科学版,2012,24（3）：45-51.

[9] 李传新.阿玛布丽创造力思想研究[J].自然辩证法研究,1996（10）：43-47.

[10] 李雷,赵先德,简兆权.以开放式网络平台为依托的新服务开发模式——基于中国移动应用商场的案例研究[J].研究与发展管理,2015（1）：69-83.

[11] 文华.给予过程的新产品开发[J].科技管理研究,2006（12）：125-128.

[12] 王继中,刘丽媛.中国原创动画与动漫衍生产品开发与思考[J].艺术百家,2014（5）：53-56.

[13] 吴琼,张瑜,孙波.基于产品系统设计理论的文化衍生产品开发设计过程研究[J].艺术百家,2013（3）：211-214.

[14] 穆荣兵,张彩霞.桂林旅游纪念品刘三姐玩偶的设计研究[J].艺术百家,2012（7）：173-174.

[15] 汪涛,崔楠,芦琴.顾客依赖及其对顾客参与对新产品开发的影响[J].管理科学,2009（3）：65-74.

[16] 王万兴,赵永丽.动漫衍生产品的互动性研究[J].艺术评论,2013（8）：103-105.

[17] 王艳.论动漫衍生产品的创意与开发[J].当代电影,2009（8）：120-122.

[18] 徐育忠,张振兴.浅谈国内外动漫衍生产品开发模式[J].装饰,2011(2):131-132.

[19] 杨波,刘伟.新产品开发成功因素的文献综述与研究展望[J].科技进步与对策,2011(5):153-157.

[20] 姚山季,王永贵.企业—顾客关系影响顾客参与新产品开发的多路径模型[J].经济管理,2010(11):91-98.

[21] 赵可恒.面向动漫衍生产品的设计方法研究——以《白玉神龟》为例[J].装饰,2014(5):129-130.

[22] 赵明华.创意学教程[M].西安:西北工业大学出版社,2004.

[23] 张欣,姚山季,王永贵.顾客参与新产品开发的驱动因素:关系视角的影响机制[J].管理科学,2014(5):99-110.

[24] Amabile T. M.. A Model of Creativity and Innovation in Organizations [J]. Research in Organizational Behavior, 1988, 10 (10): 123-167.

[25] Bolumole Y.A., et al.. New Product Development in New Ventures: The Quest for Resources [J]. International Journal of Production Research, 2015, 53 (8): 2506-2523.

[26] Cooper R.G.. State-gate Systems: A New Tool for Managing New Products [J]. Business Horizons, 1990, 33 (3): 44-54.

[27] Grant R.M.. The Resource-Based Theory of Competitive Advantage: Implications for Strategy Formulation [J]. California Management Review, 1991, 33 (3): 114-135.

[28] Handfield R.B., et al.. Involving Suppliers in New Product Development [J]. California Management Review, 1999, 42 (1): 59-82.

[29] Kara S., Kayis B., Kaebernick H.. Modelling Concurrent Engineering Projects Under Uncertainty [J]. Concurrent Engineering, 1999, 7 (3): 269-274.

(作者系安徽财经大学2014级企业管理研究生)

【导师点评】

匠心支撑创意

  创意只有结合匠心,才能诞生市场需求的好产品。2015年9月,国务院总理李克强前往大连高新技术产业园众创空间。当他发现一些现代企业正致力于用工匠之心打造现代产品,实现传统精神与现代工艺技术结合的创业案例时,连连称赞道,"创意无限、匠心支撑"。乐享动漫作为一家新生的校园创业型企业,自成立两年以来,一群由不同专业的大学生创业团队,先后设计出动漫形象10多个,以自身的创业实践表明创意的无限发展空间。本文的最大贡献在于剖析了从创意到产品的动漫衍生产品开发机制。

  当下在国内一个十分流行的词汇是"三创",包括创意、创新和创业。其中:"创意"是创业的起点,是由创业者萌生或者获知得到一种最为原始状态的想法、点子与思路,具有非系统性和不成熟性的特点,甚至可能是一种瞬时灵光闪现的念头。"创新"则突出强调创业者能够用行动把创意转化为一种有形的产品,也许这种新产品的成本昂贵,并不能足以让未来的消费者接受,所以,很多创新型产品可能仍然处在实验阶段或者产品中试时期。创业者通过支持技术型工人运用匠心去打造新产品,最终才能赢得市场认可。从狭义的角度看,"创业"的标志则直接体现为创业者创办起一家新企业,并且,更多的是创业型企业在产品前景并不完全明朗的时候,就通过资源整合去开发和利用新生的市场机会,借助先动性和创造性行为抢占市场和获得利润。

  从创意到创新再到创业是一个循环往复的演化过程。正是凭借这种演化过程,最初的创意得到完善,最初的产品日臻成熟,创业型企业得以持续性成长。乐享动漫的创业者,巧妙地设计出安徽财经大学的吉祥物"安青"以及蚌埠团市委的吉祥物"珠珠"形象,并在获得各方面反馈意见后,不断推出系列衍生产品,迅速赢得了青年消费者的广泛认可。成功的创业经历表明,按照迈克尔·波特的竞争战略理论,在业已成熟的产品市场上,固然可以通过成本控制或者工艺改进赢得市场,但这种行为仍停留在对既定市场份额的"切蛋糕式"瓜分中。面向未来,无论是政府部门还是高校、科研院所，无论是城市还是农村，应当齐心协力地在中国960万平方公里的土地上形成一种宽容失败、支持创业的社会氛围，让潜在的创业者变为现实的创业者，让失败的创业者拥有东山再起的机会，让成功的创业者引领创业繁荣和社会进步。基于产品创意的创业者并不满足于对既有市场份额的瓜分，而是沉迷于成功地"创作新蛋糕式"的产品研发，以及突破性地开辟真正属于自己的一片蓝海。

创意往往源于民间，是一种不经意的发现。值得思考的是，为什么孩子们总是会有充满天真甚至近似于荒诞的想法，并且他们敢于对父母和周围的人表达自己的观点，然而，伴随着年龄增长以及学业上的进步，为什么多数人在长大以后却变得越加保守，不敢也不愿意轻易就对周围人发表自己的意见呢？这个问题必须引起国内高等教育工作者的普遍反思，引起各高校在深化创新创业教育改革时的关注。归根结底的挑战是，我们是继续坚持完善教学内容体系、固化传统教学方法和沿袭单调的考试制度，去培养那些充满理性思维、循规蹈矩、按部就班和扼杀创意的一代建设者，还是尽快着手将"第一课堂"与"第二课堂"相结合，校内知识传授与校外生产实践相结合的改革进行到底，去培养一些充满好奇心理、探索思维、反叛精神和激发创意的一代创业者呢？

（指导教师：陈忠卫博士、教授）

新风向快递传媒竞争优势的形成与维持

赵青云

数量不断增长的高校毕业生,面对严峻的就业形势,越来越多的大学生加入了创业的队伍。大学生创业不仅有利于自身的发展,还能缓解就业压力,所以,对大学生来说,创业是其面临严峻的就业环境时所作出的较为合适的选择。另外,越来越多的大学生开始创业,对于大学生新创企业来说,有的能够茁壮成长,而有的还未萌芽就被扼杀在摇篮中,为什么越来越多的新创企业还在陆续产生?一旦存在,他们将如何与已存在的并且成熟的企业相比?如何巩固、维持已形成的竞争优势?这些问题是值得学者关注和研究的。

本文以"新风向快递传媒"这一大学生创业案例为例,探讨了作为一个新创企业,新风向要想在日益竞争激烈的市场环境中求生存获得发展,应当重点关注如何形成并维持自身的竞争优势。通过文献回顾发现新创企业所处环境、资源和能力是其形成竞争优势的主要源泉,并从资源的整合、能力的培育与提升以及动态竞争战略的实施三个方面为新创企业竞争优势的维持提供建设性的意见。

一、文献回顾

(一)新创企业概念的界定

从字面意思上来理解,新创企业就是成立时间不长的企业。在西方词典中,新创企业(new venture)是指创业者抓住商业机会,通过资源整合进而构成的一个全新的具有法人资格的实体,大多指企业的初创期和成长期,它提供产品和服务,根本目标是盈利与成长。

从发展阶段来界定,新创企业是位于成长过程中的那些早期发展阶段的企业。Chrisman（1998）认为，新创企业是创业企业没有达到成熟阶段前的形态。如果能将一个企业比作一个人来解释，那么新创企业就是还未结束发育的婴儿期和少年期，在各个方面还未达到成熟阶段（王强，2012）。张玉利和李海月（2009）认为，新创企业是企业发展的初始过程，主要指的是从企业创立甚至最初创意开始，到摆脱生存困境并基本转变成规范化、专业化管理的过程。

从时间长短来界定，全球创业观察（GEM）对新创企业的界定是成立时间少于42个月的企业，但学者们在研究新创企业的过程中往往并不采用这个标准。Biggadike（1979）认为，新创企业认定的时间标准为少于或等于八年。Lussier（1995）在对导致新创企业成功与失败关键因素的实证研究中，将新创企业的年限界定为1~10年。曲延军（2005）在研究新创企业战略选择及成长模式时将新创企业界定为10年以下的企业。新创企业是成立时间为5年以内的企业（张玉利、李海月，2009）。

另外，其他学者对于新创企业有不同的看法。如 Shepherd（1997）通过对新创企业成长过程的研究发现，新创企业在本质上并非存在年限、规模等差异，而是在产品或服务、经营领域、能力三个层面表现出不同的新奇程度。创业学者陈海涛（2007）指出新创企业不是"大企业的小版本"，正如年幼小孩并非小的成年人一样，新创企业和成熟企业两者之间的思维方式和行为特征不大相同，他提出必须从创业理念、成长模式、管理机制的视角来认识新创企业。

由此可见，不同的学者，由于研究侧重点不同，关于新创企业的界定各不相同。综合以上国内外学者的研究，本研究认为，新创企业是一个通过创业者机会的识别和获取而成立的，成立时间处于2~10年，并且各方面不是很健全、成熟的企业，其主要目的是盈利和成长。

（二）企业竞争优势的相关研究

1. 企业竞争优势的内涵

企业竞争优势并不是什么新的研究课题，它是战略管理学的重要研究课题。然而关于新创企业竞争优势和成长的研究日益受到学术界的关注（杨波、张卫国，2013）。对传统企业竞争优势的研究，便于对新创企业竞争优势进行了解与深入研究。企业竞争优势主要是在于研究企业之间绩效的差异问题，回答了企业相对于其他企业拥有更卓越的绩效的主要原因。新创企业只有懂得如何通过自身努力来超越竞争对手，才能够进一步实现其竞争优势，所以，对于新创企业而言，正确了解竞争优势的内涵对竞争优势的形成及维持具有重要的意义。本研究对国内外学者关于企业竞争优势的界定进行了概括（见表1）。

表1 国内外学者对竞争优势概念的界定

学者	概念界定
Hofer（1978）	企业竞争优势是组织由其资源的配置形态形成的与竞争对手不同的地位
Porter（1985）	企业在产业中相对于竞争对手而言，长期拥有的独特且优越的竞争地位，此种独特且优越的竞争优势的体现就是高于平均水平的市场占有率和获利率
Hoffman（2000）	企业通过对战略的实施而获取的持久的利益，企业实施的这种战略既不能被现实或潜在的竞争者所实施，也不能被它们复制
贺小刚（2002）	竞争优势是具有比竞争对手更强的盈利能力，能够取得高于行业平均水平的利润
项保华、周晓东（2003）	企业竞争优势是区别竞争对手的竞争地位优势和竞争能力优势
刘巨钦（2007）	企业的竞争优势是企业通过创新和吸收信息与人才资源而产生的一种位势，对手无法模仿
马鸿佳、董保宝、葛宝山（2014）	企业竞争优势是指企业利用所控制的资源和内部培育的能力，在市场上获取高额绩效、占得领先地位，并以此循环往复维持这种优势发展的属性

2. 企业竞争优势的特征

结合以上国内外学者关于竞争优势的定义，本研究认为企业竞争优势具备的特征有：差异性，竞争优势是区别于竞争对手而言的，是区别于竞争对手的竞争地位优势和竞争能力优势（项保华等，2009）；难以模仿性，企业的竞争优势是企业相对于对手所特有的，难以被潜在的或现有的竞争者所模仿的；难以复制性，企业的竞争优势是指企业通过战略的实施而获取的持久的利益，企业实施的这种战略既不能被现实或潜在的竞争者所实施，也不能被它们复制（Hoffman，2000）；价值性/收益性，企业的竞争是可以给企业带来价值的，通过战略的实施能够为企业带来持久的利益。

（三）新创企业竞争优势

结合新创企业的相关研究，学者们基于传统企业竞争优势理论的研究从不同的角度对新创企业竞争优势做出了创新的研究。新创企业竞争优势是新创企业较竞争对手能迅速对市场作出反应，并在生产效能、产品质量和创新速度上高于行业平均水平的持续性特质（Wu L.Y. et al.，2009）。孟宣宇（2013）认为新创企业的竞争优势是创业企业利用所控制的资源和内部学习能力，在组织间进行协同创新,在市场上获取的高额绩效并占得领先地位,并以此循环往复维持这种优势持续发展的状态。新创企业的竞争优势就是企业在内部运营环境以及外部市场中表现的优于竞争对手的某些特质,如内部创新速度、产品质量、外部市场表现(董保宝、李白杨,2014)。马鸿佳等(2014)将新创企业的竞争优势定义为企业所拥有的人力资本的能力,在市场上所发挥出来高于竞争对手的效能。基于以上学者对新创企业竞争优势的界定,本研究认为新创企业的竞争优势是创业企业从内部、外部获取的资源和能力,并且通过资源的整合以及能力的动态演化使企业达到优于其他创业企业甚至成熟企业绩效的一个状态。

结合学者对新创企业竞争优势的界定以及杨光(2007)在新创企业竞争优势的评价研究中所指出的新创企业竞争优势的特征,本研究得出,新创企业竞争优势具备以下几个特征:第一,异质性,无论是传统的企业竞争优势还是新创企业的竞争优势都是相对于竞争者而言的,对于每个不同的竞争对手,想要取得优于对方的绩效水平或表现,竞争优势是不相同的。第二,动态性,面对不断变化的竞争环境,新创企业的竞争优势也会随着动态环境的变化而变化,所以,对于新创企业,应该积极适应竞争环境的变化,迅速作出动态反应,这样才能维持自身的竞争优势。第三,系统性,新创企业的竞争优势存在于企业的各个层次、方面的相互配合之上。第四,价值性,新创企业的竞争优势是具有价值的,能够为企业竞争带来优越的绩效表现。

1. 新创企业竞争优势的形成

McDougall 等(1994)在对多个新创企业的特征、资源占有率与发展情况的研究中,指出知识通常作为一个较为独特的资源成为了新创企业实现持续竞争优势的充分必要条件。杨光(2007)指出,对于新成立的企业来说,其所处的市场环境、企业内部资源、企业自身能力和创业者领导力构成了新创企业竞争优势实现的基础。胡望斌和张玉利(2009)指出,新创企业的竞争优势是其创业导向战略和企业能力共同演化发展的结果。张红(2011)指出创业者社会资本的开发和利用能力决定了新创企业的竞争位势,是新创企业成长初期竞争优势的重要决定因素。王秀峰和李华晶(2013)提出,对于创业初期的各种资源匮乏的新企业而言,新企业如果可以从环境中获得创业资本,则必将有利于其获取各种资源并进而取得竞争优势。绝大多数新创企业最重要而最关键的是营销能力、技术能力、企业家能力,这些能力是能够帮助新创企业谋取竞争优势的。孟宣宇(2013)认为新创企业的竞争优势主要来源于企业的资源、能力以及网络层面。

基于以上学者的研究，本研究认为新创企业竞争优势的形成来源于不同于对手的异质性资源、企业的能力以及企业所处的环境。应当从新创企业所处的环境、所获得、拥有的资源和能力方面着手，分析新创企业竞争优势的形成。

2. 新创企业竞争优势的维持

新创企业竞争优势的形成是竞争优势得以维持的前提。然而，在现实中，由于企业所面临的竞争环境的不断变化，现有的、潜在的竞争对手的存在，企业竞争往往是一场马拉松式运动，企业往往不能够有效地维持竞争优势、获取可持续的竞争优势。对于新创企业而言要想求生存获得持续健康发展，有效地维持已建立的竞争优势，获取持续的竞争优势是至关重要的。企业应当结合自身所拥有的异质性资源和能力，并通过动态战略的实施，实现竞争优势的维持。

能力的培育与提升。能力对新创企业尤为重要，企业由于内部能力的不同带来企业间的异质性。企业能力是长期竞争优势的来源，是维持和巩固竞争优势的关键。在不断变化的竞争环境中，企业应当注重能力的培养与提升，否则企业就会落后甚至倒闭。Hamle 和 Prahalad（1991）指出企业的核心能力是企业可持续竞争优势的源泉，是难以模仿和取代的。Teece（1997）认为企业的动态能力能够使企业资源和能力随时间的变化而变化，并且能够利用新的市场机会创造持续的竞争优势。朱秀敏（2010）提出，对于知识资源创造能力较弱的新创企业来说，提高创造知识资源的能力是其构建可持续竞争优势的关键。董保宝（2014）对学习导向、动态能力和竞争优势的关系探究中指出，动态能力明显地影响到了企业竞争优势的持续性，他还指出，竞争优势的维持必然要求企业加强对动态能力的培育和发展。

资源的整合。企业在获取资源形成竞争优势之后，要想实现质的突破，应当对现有资源进行有效的整合，进而维持企业的竞争优势并获取持续竞争优势。所以了解资源整合对分析新创企业持续竞争优势是很有必要的。林嵩等（2005）认为，新创企业进行有效的资源整合，有利于企业制定清晰的战略，能够帮助创业者重新认识企业的竞争优势。李萍萍（2013）在新创企业资源整合能力的评价研究中指出，资源整合是一个动态的过程，包括资源识别、资源获取、资源整合、资源配置和利用，它不但可以提高企业的核心竞争力，而且有助于企业保持竞争优势。饶扬德（2006）指出所谓的资源整合是指企业通过对不同类别的资源进行一系列的甄别与获取、激活与配置、融合与利用,是这些资源为企业创造价值赢得市场地位的一个复杂的动态过程。马鸿佳和董宝山(2012)将资源的整合能力定义为,创业过程中,以人为载体,在资源整合过程中所表现的对资源识别、获取、配置和利用的主体能力。

动态竞争战略的实施。大多数企业的竞争优势是短暂的,企业竞争往往是一个马拉松式的赛跑。企业竞争优势一旦建立,就需要想办法维持和巩固。林嵩(2007)认为新创企业需要考虑的首要问题是生存,因此竞争战略的实施是新创企业的重点,在不断变化的动态环境中,企业侧重的竞争优势在不断变化,所以应当实施动态战略,不断调整战略方案,使企业的竞争优势得以持续和巩固。杨波等(2010)在新创企业持续竞争优势中指出,战略是企业实现经营目标的主要手段,企业制定战略是为了获得并保持竞争优势,所以战略的定位和选择对于新创企业维持和巩固竞争优势至关重要。

根据对传统企业竞争优势及新创企业竞争优势的相关研究的综述,本文试图从企业所处环境、企业资源、企业能力三个方面来分析新创企业竞争优势的形成,并从资源的整合、能力的培育与提升以及动态战略的实施三个方面为新创企业竞争优势的维持提供建设性的意见,基于此,构建了一个简单的理论模型(见图1)。

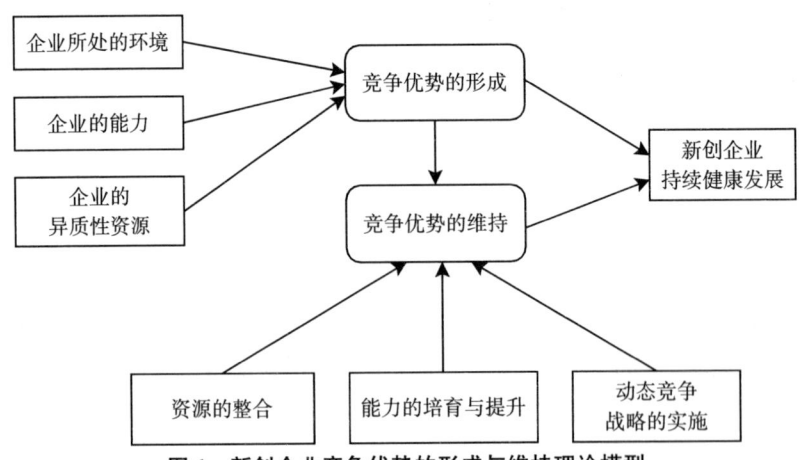

图1 新创企业竞争优势的形成与维持理论模型

二、研究方法与案例选取

（一）案例研究方法

本研究采用的研究方法是单案例研究方法，基于新风向快递传媒创业案例分析新创企业竞争优势的形成与维持。Benbasat 和 Goldstein 认为案例研究方法是在自然环境中审视一个现象，并且使用多种资料收集方法来收集相关的信息，没有实验控制与操纵的一种研究方法。案例研究方法主要是研究"why"和"how"的问题。该案例中涉及的背景分析、创业团队人物评价以及案例事件的描述等信息均来自以下几个方面：第一，对研究的案例公司资料的整理。第二，通过对创业团队人员的面对面访谈、QQ 交流、电话联系等多种方式来获取新的信息。第三，通过访谈验证已有的信息。

（二）案例的选取

本文案例的研究对象是安徽财经大学大学生校园创业案例——新风向快递传媒，它是一家致力于开发快递包裹及相关服务的媒体价值并且为企业提供新型广告服务及在多媒体环境下广告宣传的专业化解决方案的工作室，该工作室注册成立于 2013 年 4 月，该案例是安徽财经大学创业孵化基地的项目之一，自建立开始得到学校校团委的支持，为了鼓励学生创业，学校免除了工作室的房租，还提供了各种资金的支持。

（1）该案例的背景：一方面，大学城地理位置的优越性：高校的遍及，带来巨大的网购消费量，对快递的需求量是只增不减的，这为新风向业务的开展提供了广阔的市场空间；目前在大学城并不存在与新风向类似的传媒广告，加上快递传媒广告是一种新型的广告模式，相对于传统广告而言更具备优势（广告效果优势、客户体验优势等），暂时性地确定了新风向在大学城优越的地位。另一方面，大学城地理位置的优越性带来的有利条件是合作方的可选择性，大学城有着四通一达等多家快递公司的运营点，这为新风向选择合作方提供了便利，拓宽了其选择合作方的渠道。新风向快递传媒工作室的出发点是将快递资源和传统的广告特别是广告单相结合利用，结合有利的内外部条件，创建了在大学城为数不多的新兴的广告模式——快递传媒。

（2）创业团队和产品介绍：创业团队是由初期的1人壮大到至今的4人，这4人均来自安徽财经大学工商管理学院的本科生，具备专业的工商管理知识，有着共同的创业倾向和创业爱好，在创业方面能够达成共识，为共同的创业目标而奋斗。产品和服务主要有快递单广告、快递包裹广告、快递查询广告、快递短信广告以及快递增值广告，其中快递单广告、快递包裹广告和快递查询广告是创业初期的主要产品，由于规模和资金的限制以及相关法律在该方面的模糊规定以及约束，限制了其他几款产品和服务，如有关短信平台为防止垃圾短信的传播，限制了快递短信广告业务的开展，这些未被落实的产品和服务也是新风向在未来的努力方向。

（3）业务开展程序：首先，要找好合作伙伴，这是为业务开展提供保障。其次，一旦有客源即广告委托方有需求，就需要与合作方进行业务的交谈，只要条件满足就可开展实施业务活动，即在某个地区快递中转站进行各种形式的广告投放。

（4）合作单位与合作项目：截至目前，该工作室的合作方主要有市区的天天快递，以及大学城的圆通快递、申通快递等，做过业务的客户代表有湖滨生态（饭店）、五洲男科（医院）、校园创业孵化基地所有项目以及校园个人代理等。

三、案例分析

（一）新风向快递传媒竞争优势的形成

1. 企业所处的环境

新风向快递传媒工作室所处的环境主要包括行业的吸引力、进入壁垒、政策等。位于大学城的新风向快递传媒工作室，注册地点是安徽财经大学，作为校园创业案例的新风向，有着学校提供的良好的经营环境，学校和国家给予了丰厚的政策支持。

首先，地理位置的优越性给新风向带来了有利的条件：第一，位于大学城的新风向，有着由各大高校带来的庞大的网购消费群体，这些消费群体对快递的需求量日益增长，在某种程度上构成了新风向的潜在客户来源，为新风向业务的开展提供了广阔的市场空间。第二，地理位置的优越性，在整个大学城并不存在类似的快递传媒行业，这为新风向目前在大学城占有一席不可替代的地位奠定了基础，暂时性地确立了在大学城领域的行业地位。第三，大学城区域存在着新风向潜在的合作方，由于四通一达等多家快递公司在大学城均设有运营点，在某种程度上来说，降低了新风向快递传媒选择合作方的困难以及成本，同时也增加了选择合作方的多样性和渠道。

其次，作为大学生创业的案例，学校和国家都给予了相关的政策支持，具体表现为：学校提供了免房租的门面、办公设备以及3000元到10000元不等的资金；国家为大学生创业提供的贷款支持；学校为新风向等创业孵化基地的创业项目均提供免费的业务宣传、开展的平台。

2. 企业的异质性资源

新风向快递传媒作为大学生创业的新创企业，相对于其他创业企业的异质性资源主要体现在人力资源、财务资源、物力资源，以及由外部环境带来的其他资源。①人力资源。广义来说是一个社会关于智力劳动和体力劳动的人的总和；狭义来说是组织所具备的人力，这些人力是可以提供产品和服务的。新风向快递传媒这个创业团队从初期的1人发展到至今的4人，这是组织规模扩大的一个进步。其中，创始人和其他三位团队成员均是来自工商管理学院的学生，具备专业的工商管理知识，对其创业思想的萌芽起了推动作用，这4位团队成员的组合也许是巧合也许是有一定的用意，但新风向快递传媒成长至今并不是一个人努力的结果，业务绩效的取得是他们团队共同努力的结果，是他们综合利用自身所具备的专业知识、发挥自身才能将这些落实到创业之上的一个结果。②财务资源。新风向快递传媒作为安徽财经大学校园创业孵化基地项目之一和其他项目享受着学校提供的关于资金方面的支持，间接性的资金支持主要是学校为其提供的免房租的门面以及各种不收费的宣传平台，直接性的资金支持就是学校为其学生创业提供3000元到10000元不等的金额。③物力资源。指的是一个企业生产经营所具需要的土地、厂房、建筑物、设备等。新风向快递传媒有着学校提供的免费办公场所和办公设备，由于办公的灵活也降低了其对物力的需求和成本。④其他资源。主要有合作方带来的有利条件，包括合作方在业务开展中提供的地点、设备等资源，加上办公的灵活性，降低对物力的要求和成本。

3. 企业的能力

在这里，所要重点强调的新创企业能力主要包括：①网络关系能力。新风向快递传媒作为以大学生为主的创业团队，有着共同的创业目标和创业爱好，能够进行良好的沟通与交流，最终将共同的创业理念落实，创建了现在的工作室，这是网络关系能力体现的一个方面；另一方面，网络关系能力的运用能够有效地帮助企业获取更广阔的来自外界的有利资源，同时对业务开展、寻找商机和合作者起到推动作用。②机会识别能力。主要体现在其创始人身上，当初预测了快递行业的发展趋势、剖析了快递传媒的优势，利用了大学城这个有利的地理位置，充分地将传统广告与快递相结合，最终落实了这个项目。③营销能力。能够及时准确把握顾客对产品和服务的质量、价格、使用价值等方面的要求，收集并了解顾客对产品和服务的要求和满意度，及时做出工作调整。新风向在为顾客做过业务之后了解到顾客关于产品和服务的反馈，主要包括以下几点：第一，价格，由于顾客对这种新兴的广告模式、产品计价方式的模糊了解，认为价格很高，在不影响整个广告效果的前提下，为了满足顾客对价格的要求，新风向也做出了努力，如快递单广告的模块化处理。第二，消除顾客对工作是否落实的质疑，简单来说就是缺乏信任，通过客户的反馈发现他们害怕新风向只收钱不做广告，新风向在这方面也做出了努力，如加大产品及业务的宣传力度，让更多的人了解新风向，同时在业务开展的过程中实施监控操作，让更多的顾客放心，提高顾客信任度。④学习能力。对于大学生这个特殊的群体，其具备的学习能力是毋庸置疑的，并且新风向的创业团队人员鉴于专业和自身的特质，学习有关客户、市场等知识的能力是不可否认的，自身能力的学习也是具备的。⑤动态能力。作为新创企业，本身具备灵活的特点，具备能够根据内外条件的变化不断做出调整自身战略和策略的能力。2013年，该工作室的合作伙伴是市区的天天快递，由于该工作室的主要经营地点是大学城（大学城和市区处于完全两个方向的地区），考虑到空间距离和成本的关系，并且基于大学城优越地理位置带来的有利条件，于是将合作方转移到大学城，并于2015年选择了大学城的圆通快递作为其主要的合作方，同时也开展了校园个人代理业务。

（二）新风向快递传媒竞争优势的维持

在获取竞争优势之后，每个企业都会想办法维持竞争优势，但现实中，很少有企业能够实现这一愿望并且持续到最后。在长期的市场竞争中，企业所处的竞争环境是不断变化的，作为新创企业的新风向，想要在不断变化的竞争环境中稳定并且求发展，需要采取有效的措施维持、巩固自身的竞争优势。本研究建议应当从以下几个方面着手：

1. 资源的整合

新风向快递传媒在获取资源之后，应当进行有效的整合利用，将有价值的资源进行融合，这样才能实现质的飞跃。新风向快递传媒在当初就是有效地利用了所获取的资源，组建了现在的工作室。但是，由于经济的发展和市场竞争环境的变化以及潜在竞争对手的出现，值得新风向反思的是，如何维持现有竞争优势以及创造新的优势，是其当前稳定和未来持续发展的关键。所以，对于新风向而言，单纯利用这些资源的时代已经过去，想要应对不断变化的竞争环境，应当有效地整合利用已有的资源将这些资源进行整顿重组，实现更高的效益，达到1+1>2的效果。

所谓的资源整合就是将企业所拥有的资源进行整顿及重组并获得更大效益的行为，它包括资源的甄别与获取、激活与配置、融合与利用（李萍萍，2013）。新风向应该在获取内外部资源之后，要舍弃低价值、低回报的资源，将有价值的资源、具有明显差异的资源进行匹配，形成内在核心资源体系；要遵循资源相互匹配、相互补充的原则对资源进行激活与融合；要珍惜有限的、不能重复利用的资源，并且利用可内化的资源进行新资源的再生；要注意企业内部人员的学习，从而提高资源整合能力，作为新风向工作室的成员，尤其是领导者应当带领整个团队成员学习，提高自身的资源整合能力，因为只有这样，资源整合工作才能有效开展。

2. 能力的培育与提升

在分析新风向能力的时候，重点强调的是企业的机会识别能力、学习能力、营销能力、动态能力等。这些能力需要在业务开展过程中不断学习、提升和巩固。只有能力得到提升，企业才能够随时关注和分析内外部环境，主动把握市场机会，不错过任何一个有利于自身发展的商机。

新风向应当根据环境的变化和需求对能力进行动态的管理，不断地进行创新和培养，以便适应新的发展需求，不断提升自身的资源整合能力、营销能力以及动态能力等，新风向可以通过外部学习或者内部培育的方式来提升自身的能力，对于重点、价值性高的能力进行重点培育，同时也不能忽视能力的全面发展。加强员工能力的培养和学习，加大团队成员的学习力度，抓住各种可以学习的机会，同时也要创造学习机会，积极地向优秀的创业者学习，学习他们的创业精神以及各项能力。作为由大学生组成的创业团队，营造学习氛围应该是个简单的问题，团队应当充分利用自身的学习优势来学习。

3. 分析竞争对手，实施动态竞争战略

由于经济的发展、技术的进步，竞争环境是在不断变化的，潜在竞争者不断出现，当前的产品和服务是否顺应市场的需求，这需要重新分析环境，寻找新的发展机会。作为大学生校园创业的项目，新风向业务开展目前主要局限于大学城，虽然目前大学城区域并不存在与新风向竞争的其他快递传媒，但是其他传统广告如传单广告、电视广告等还是存在的，新风向的对手还是存在的，虽然新风向快递传媒比传统广告环保、效果好、投递精确，但仅仅靠这些优势是远远不够的。经济在发展，市场在变化，要想生存发展，适应市场的需求，传统广告也需要不断改进。如果新风向一直维持现有状况，将业务的开展仅仅局限于大学城是不够的，虽然它作为新兴的广告模式，这并不代表它在某一天不会被其他广告所代替。所以，新风向快递传媒应当对竞争对手进行分析，分析现有竞争对手同时也要识别未来潜在竞争对手，随时警惕竞争对手的进入，一旦有新的竞争对手进入，应该如何迅速做出反应，如何在现有竞争优势的基础上维持巩固或者开创新的竞争优势，这就需要新风向根据动态竞争环境的变化，根据市场的需求调整自身的战略，实施动态竞争战略。

四、结果讨论与启示

（一）研究结果

第一，竞争优势的形成是新创企业得以立足和成长的必要条件。对于大学生创业的新创企业来说，有的能够茁壮成长，而有的还未萌芽就被扼杀，很大原因在于没有形成区别于竞争对手的竞争优势。新风向作为大学生创业的新创企业，凭借大学生这个特殊群体的人力资源优势，充分利用了有利的内外条件，并且选择了大学城这个有利的地理位置，最终形成了自身的竞争优势，目前在大学城还是占有一席之地的。

第二，在长期的市场竞争中，随着外界环境的不断变化，大多数企业的竞争优势是短暂的，企业竞争往往是一场马拉松式的赛跑，作为新创企业的新风向，面对动态变化的竞争环境，应当致力于以下几点来维持自身竞争优势：要想实现质的飞跃，实现更大的效益，需要对资源进行有效的整合；注重能力的培育和提升，这样才有利于资源有针对性的识别、获取、整合与利用，提高资源的利用价值；在不断变化的竞争环境下实施动态竞争战略。

第三，新风向快递传媒是众多大学生创业案例的代表，大学生在进行创业时，创业团队是很重要的。从 2013 年成长至今，实属不易，这不仅是创业者当初机会识别和利用的结果，更是整个创业团队共同努力的结果，这个创业团队有着共同的创业目标和兴趣爱好，并朝着共同的目标不断前进，在未来的发展过程中，还需要团队齐心协力，发挥创业团队精神。

（二）研究不足

本文存在一些不足，首先，该案例研究是单案例研究，不具有代表性。其次，在新创企业竞争优势的形成中，对核心能力、资源的划分、分析仅局限于几个能力和资源，不够全面具体，这些资源、能力的划分也并不适应每一个类型的新创企业。最后，在研究新创企业竞争优势的维持、建立持续竞争优势方面，仅从资源的整合、能力的提升、动态竞争战略的实施三个方面提供建设性的意见，不全面也不深入，同时也只是单纯地分析了这三个方面，对于它们之间的关系并没有做深入的研究，学者可从这些方面做进一步的展开。

参考文献：

[1] 蔡莉，尹苗苗. 新创企业学习能力、资源整合方式对企业绩效的影响研究 [J]. 管理世界，2009（10）：1-10.

[2] 陈海涛. 创业机会开发对新创企业绩效的影响研究 [D]. 吉林：吉林大学博士学位论文，2007.

[3] 董保宝，李白杨. 新创企业学习导向、动态能力与竞争优势关系研究 [J]. 管理学报，2014（3）：376-382.

[4] 董保宝，李全喜. 竞争优势研究脉络梳理与整合研究框架构建——基于资源与能力的视角 [J]. 外国经济与管理，2013（3）：2-10.

[5] 贺小刚. 企业持续竞争优势的资源观阐释 [J]. 南开管理评论，2002，5

(4): 32-37.

[6] 胡望斌,张玉利.新企业创业导向转化为绩效的中介能力:理论模型与中国实证研究[A].第四届(2009)中国管理学年会——技术与创新管理分会场论文集[C].2009.

[7] 李萍萍.新创企业资源整合能力的评价研究[D].秦皇岛:燕山大学硕士学位论文,2013.

[8] 林嵩,张帏,林强.高科技创业企业资源整合模式研究[J].科学学与科学技术管理,2005,26(3):143-147.

[9] 林嵩.创业战略:概念、模式与绩效提升[M].北京:中国财政经济出版社,2007.

[10] 刘巨钦.论资源与企业集群的竞争优势[J].管理世界,2007(1):164-165.

[11] 刘希宋,金鹏,喻登科.企业竞争优势的形成机理研究[J].科技管理研究,2008(3):170-172.

[12] 马鸿佳,董保宝,葛宝山.创业能力、动态能力与企业竞争优势的关系研究[J].科学学研究,2014(3):431-440.

[13] 马鸿佳,董宝山.创业导向、小企业导向与企业绩效关系研究[J].管理世界,2012(9):109-115.

[14] 孟宣宇.创业者领导行为、组织学习能力与新创企业竞争优势关系研究[D].吉林:吉林大学博士学位论文,2013.

[15] 曲延军.创业企业战略选择及成长模式研究[D].北京:清华大学硕士学位论文,2005.

[16] 饶扬德.新资源观与企业资源整合[J].软科学,2006,20(5):77-81.

[17] 位恒军.创业导向、创业学习与新创企业成长绩效关系研究[D].广州:广州商学院硕士学位论文,2012.

[18] 王秀峰,李华晶,张玉利.创业环境与新企业竞争优势:CPSED的检验[J].科学学研究,2013(10):1548-1551.

[19] 王强.新创企业界定标准研究[D].长春:吉林大学硕士学位论文,2012.

[20] 项保华,王延飞.互补品对海尔集团竞争优势的影响分析[J].管理现代

化，2009（2）：9-11.

[21] 项保华，周晓东. 什么是企业竞争优势［J］. 科学学与科学技术管理，2003（6）：104-107.

[22] 夏清华. 新创企业的成长：产业机会、行为资源与创业学习 ［J］. 经济管理，2008（3）：36-41.

[23] 杨波，张卫国. 新创企业知识、能力、战略与竞争优势关系——基于重庆新创企业的实证研究［J］. 科技进步与对策，2013（22）：37-42.

[24] 杨波，卫国龙. 新创企业持续竞争优势 KSC 模式研究 ［J］. 重庆大学学报，2012（2）：94-98.

[25] 张红. 新创企业高速成长中竞争优势来源研究［J］. 管理学报，2011（1）：6-10.

[26] 张红，孙宇，蓝海林. 新创企业高速成长中竞争优势的来源研究——以 TCL 国际电工为例［J］. 管理学报，2012（1）：6-11.

[27] 朱秀敏，费宇鹏. 关系特征、资源获取与初创企业绩效关系实证研究［J］. 南开管理评论，2010，13（3）：125-135.

[28] 朱秀敏，蔡莉，陈魏，柳青. 新创企业与成熟企业的资源管理过程比较研究［J］. 技术经济，2008（4）：22-28.

[29] 张玉利，李海月. 新创企业的模式创新与竞争优势——多案例的比较分析［J］. 学习与探索，2009（5）：193-195.

[30] Biggadike R.. A Bold Approach Can Make All the Difference in New Venture［J］. Harvard Business Review，1979，57（3）：103-111.

[31] Chrisman J. J., Bauerschmidt A., Hofer C.W.. The Determinants of New Venture Performance: An Extended Model［J］. Entrepreneurship Theory and Practice，1998，23（1）：5-29.

[32] Hofer C. W., Schendel D.. Strategy Formulation: Analytical Concepts［J］. West Pub. Co.，1978，51（4）：AB238.

[33] Hoffman N. P.. An Examination of the "Sustainable Competitive Advantage" Concept: Past, Present, and Future ［J］. Academy of Marketing Science Review，2000，4（2000）：1-16.

[34] Hamel G., Prahalad C. K.. Corporate Imagination and Expeditionary

Marketing [J]. Harvard Business Review, 1991 (69): 81-92.

[35] Lussier R. N.. Startup Business Advice from Business Owners to Would-be Entrepreneurs [J]. Sam Advanced Management Journal, 1995, 60 (1): 10-15.

[36] McDougall P. P., Shane S., Oviatt B. M..Explaining the Formation of International New Ventures: The Limits of Theories from International Business Research [J]. Journal of Business Venturing, 1994, 9 (6): 469-487.

[37] Porter M. E.. Technology and Competitive Advantage [J]. Journal of Business Strategy, 1985, 5 (3): 60-78.

[38] Shephard D. A., Douglas E. J., Shanley M.. New Venture Survival: Ignorance, External Shocks, and Risk Reduction Strategies [J]. Journal of Business Venturing, 2000, 15 (5): 393-410.

[39] Shepherd D. A.. New Venture Entry Strategy: To Pioneer or Not to Pioneer [C]. 1997.

[40] Teece G. Pisano, Shuen A.. Dynamic Capabilities and Strategic Management [D]. Strategic Management Journal, 1997, 18 (7): 509-533.

[41] Wernerfelt B.. A Resource-Based View of the Firm [J]. Strategic Mannagement Journal, 1984, 5 (2): 24-28.

[42] West G. P., Noel T. W.. The Impact of Knowledge Resources on New Venture Performance [J]. Journal of Small Business Management, 2009, 47 (1): 1-22.

[43] Wu L.Y., Wang C.J., Tseng C.Y., Wu M.C.. Founding Team and Start-up Competitive Advantage [J]. Management Decision, 2009, 47 (2): 345-358.

(作者系安徽财经大学2014级企业管理研究生)

【导师点评】

新创企业竞争优势的形成与维持：一项艰难的挑战

在经济全球化、信息化、网络化和知识化为特征的时代，动态复杂的市场环境与日趋激烈的竞争态势使得是否具有竞争优势成为企业求得生存与发展的关键。对于经营时间短的新创企业来说，存在以下短板：由于对市场缺乏深刻理解，难以准确把握顾客的有效需求；企业规模较小，抗风险能力偏弱；自身拥有的人力资源、财富资源以及物质资源有限，加之外部网络关系不稳定，难以获取外部资源的支持，难免使新创企业陷入"巧妇难为无米之炊"的尴尬处境；企业体制机制建设相对滞后，整合资源的能力受限，难以将有限的资源合理分配、有效组织。这些天生的短板严重制约新创企业竞争优势的形成。基于此，对创业研究者与实践者来说，如何针对新创企业的优势与不足，提升新创企业的竞争力，进而获取竞争优势，尤其值得关注。

新创企业获取竞争优势的渠道与方式多种多样，不一而足。许多新创企业面临资源限制，利用资源拼凑行为有效突破了资源短板并走向成功；有的新创企业在先前经验和知识积累的基础上，根据企业发展过程中的问题和机遇，提出新的有创造性的经营理念，从而超越竞争对手；有的新创企业在处理危机时展现出了卓越的即兴能力，使企业渡过险关。这些成功实现创业的企业为我们提供了很好的研究素材。

本文选择"新风向传媒公司"作为研究对象，对新创企业竞争优势的形成与维持展开单案例研究。通过对本案例的系统研究，认为新创公司竞争优势的形成要重点关注以下几点：首先，要注重产品创新，新风向传媒正是利用快递包裹，开展快递单广告、快递包裹广告、快递查询广告、快递短信广告以及快递增值广告等广告业务，开辟了现代广告业的新平台。其次，新创企业要合理选址，以充分利用外部资源。新风向传媒正是依托其所处大学城、快递业务相对集中的地理位置优势，为快递广告提供了一个较为广阔的实施空间。学校为他们提供场地、启动资金等多方面的支持，也为成功创业创造了较好的初始条件。再次，创业团队要拥有一定程度的异质性资源，从而形成更强大的团队合力。新风向传媒的创业团队主要表现在成员间具有共同的创业意愿、互补的能力特征、深厚的同学情谊以及相互间充分的信任。最后，要使以上这些因素相互融合，才能形成新创企业的相对竞争优势。本文还认为，新创企业若想维持竞争优势，必须更深入地整合各种资源，提升机会识别、资源整合、营销策划等方面的能力，以及基于竞争对手分析基础上的动态战略调整。这些研究结论将会对未来的大学生创业提供有效的理论支持。

（指导教师：汪金龙教授）

尚艺文化纪念品工作室创业模式分析

潘 燕

我国现在的人口数量已经达到 14 亿，是名副其实的人口大国，与此同时，就业人数也是一个庞大的数字。历史上曾有的两次就业高潮，均发生在 20 世纪末，进入 21 世纪之后，伴随着 2008 年发生的金融危机带来的冲击，加之产业结构进一步优化升级等种种不利因素的影响，又一次的就业高潮正在来临。近几年来，在就业高潮之下，就业压力也在不断增大，尤其是每年刚从学校走出来的应届大学毕业生，其就业压力相当严峻。自从我国高校开始扩招以后，每年的应届毕业生人数也在快速增长，2015 年我国的高校应届毕业生人数比 2014 年多出 22 万人，达到 749 万人，创历史新高，但每年的就业岗位并没有随之增加，导致了每年的大学生就业形势都异常严峻。在目前情况下，大学生自主创业将是解决大学生就业难问题的有效途径。中共十八大报告中指出"要推动实现更高质量的就业"、"鼓励多渠道多形式就业，促进创业带动就业"、"鼓励青年成长，支持青年创业"。当前我国正处于新一波创业浪潮之中，而大学生作为一个具有高知识水平的高素质群体，其参与创业的可能性更高，而且高速发展的市场经济也为大学生投身创业创造了大好机会。大学生这个群体的思想十分活跃，他们年轻充满干劲，充满了对未知事物的激情，富于创新思维，对于市场中稍纵即逝的商业机会有着更加敏锐的眼光，他们是我国实施科教兴国战略的基石。近几年来，国家和各地方政府已经出台了很多针对大学生创业的扶持政策，例如创业融资、创业服务平台以及税费减免等。出台的这些政策极大地提高了大学生的创业积极性，各地方的高校毕业生和在校大学生都积极参与到了创业大军中。与此同时，由于近几年严峻的大学生就业形势，使得国内各高校开始意识到培养大学生创业技能的重要性，并开展了一系列的创业教育课程，比如创业讲座、创业基础理论课程、创业案例设计大赛等。如今，创业已经成为社会以及高校里的一个热门话题了。

然而创业之路异常艰难，成功创业的第一步是要根据自身的资源优势，选择合适的创业模式，避免在创业之初就迷失了方向。研究大学生的创业模式为现实中指导大学生的创业实践具有重要意义。与此同时，对大学生创业模式的研究也能够为我国高校的大学生创业教育在创业课程设置等方面提供借鉴。本文以安徽财经大学"尚艺文化纪念品工作室"这一大学生创业案例为例，探析大学生创业者在进行创业时选择的模式。

一、文献综述

（一）大学生创业

在当前的这个经济社会发展阶段，学术界和实业界普遍认为创业是推动经济发展的重要力量。学术界对于创业的研究很早就开始了，其"创业"一词是根据法语"Entreprendre"翻译过来的，法国的经济学家 Richard Cantillon 在 1730 年首次将"创业"作为学术用语，他指出创业的显著特点是伴随着巨大的风险。随后在资本主义经济的繁荣发展和创业现象越来越普遍的情形下，各位学者才逐渐开始展开对创业理论的研究。研究创业的学者遍布各个不同的领域，并不局限于经济学和管理学，比如心理学、社会学、法学、教育学等，甚至在商业伦理学和城市规划学等领域也有所涉猎。众多学者在对创业理论进行研究时是从自己所属的学科领域出发，虽然不同的研究角度在某种程度上丰富了创业的内涵，让我们对创业的理解更加全面，但也不得不承认，这在客观上造成了对"创业"的内涵没有一个统一规范的定义。通过文献研读，国内外对于创业内涵的研究都有一些代表性的观点。

熊彼特认为，"创业是一种创造性活动，它的主要目的是要通过学习新知识、新技术、新工艺和新的生产经营管理模式来提高产品的质量、开发新产品和新服务、创造市场、开发市场、占领市场和实现市场"。史蒂文森指出，创业是组织或者个人捕捉商业机会且与当时所拥有的资源并不相关的一个过程，在这个过程中，识别机会、抓住机会和对自己能力的信心是创业成功的关键因素。加特纳通过对企业家、政治家和专家学者的访问，对创业进行了详细的调研，根据访问结果，加特纳总结出90多种不同的对于创业的理解。加特纳指出，创业并不局限于管理学领域，它也涉猎很多其他领域，比如经济学、心理学、社会学等领域。Timmons对创业的理解是从创业过程这个角度出发，他认为创业者开始了解市场并准备进入时就已经进入创业的初始阶段了，随后通过在资本市场和不确定性中，识别商业机会、组建合作团队并整合各种资源，并不断创造价值的过程就是创业。在这个过程中，创业者是最关键的，若他能找到合适的合作伙伴，创业者就能集中精力识别、捕捉商业机会并获得成功。

国内对创业较早进行研究的权威学者郁义鸿和李志能（2000）认为，创业是一个寻找和把握商业机会，并利用其生产新产品、提供新服务，最终实现商业价值的过程。吴振阳（2005）认为，创业是一种思维和行为，这种行为是以机会为导向的，并且创业者的领导能力十分突出。陈震红和董俊武（2004）指出，个体在不断变化的时间和环境中，发现和捕捉商业机会并利用某种组织形式来创造价值的过程就可以被称为创业。中国香港学者张世平认为，创业只是一种劳动方式，但是需要创业者可以综合运用各种技术和硬件设施。李媚（2012）认为，创业是指创业主体发现了一些信息、机会、资源等或掌握了某项技术，并能够通过使用相应的平台或载体，把其发现或掌握的信息、机会、技术和资源等以某种方式结合起来创造出比原来更多的财富，并达到某种目标或追求的过程。虽然众多专家学者对创业的内涵并没有一个统一的认识，但是对创业本质的理解还是基本相近的。

西方各发达国家的大学生创业比国内的起步要早很多。国内较早的应该是清华大学于1998年举办的第一届创业计划大赛。随后，全国范围内都开始鼓励大学生创业，各地的高校也都纷纷开展有关大学生创业的活动，"挑战杯全国大学生创业大赛"每两年举行一次，到目前为止已经成功举办九届，社会上对大学生创业的关注也越来越多。创业主体中一个比较特殊的群体当属大学生了。大学生泛指普通高等院校在读的和刚刚毕业离开学校的学生，包括专科生、本科生以及硕士和博士研究生。这个群体接受过良好的高等教育，理论知识丰富，有着一颗年轻活跃、不甘平凡、敢于接受挑战、勇于承受失败的心。总而言之，大学生既具有所有创业主体所拥有的共同特征，也有其独特的个性。当前国内外学者对大学生创业的内涵界定尚不统一，不过从总体上来看，多数学者认为，大学生创业是个人职业追求、学校创业教育以及外部创业环境三个方面互动的结果。在结合前人观点的基础上，笔者认为大学生创业是指，大学生在某个恰当的时刻，凭借自己独特的创意和所拥有的各种资源，组建团队，利用商业手段，在遵守国家法律法规的条件下，向市场推送自己的产品或服务，并最终创造经济和社会价值的过程。

（二）创业模式研究

众多创业者的自身才能素质以及掌握的机会资源等都存在明显的差异。创业者创业的组织模式与战略路径等的不同选择，都会使创业者掌握的资源与商业机会会以各种不同方式结合，并最终表现为各种不同的创业模式。

创业模式是对创业企业成长与发展过程的一般规律的总结，一直以来都是学术界关于创业研究的一个重要方面。国外学者对此研究的视角更为多元化，Johnson根据创业活动是否能够实现盈利这一标准，把创业分为了两大类，即营利性创业与非营利性创业。从创业依托的组织类型这一研究视角来看，创业既可以发生在现有组织的内部，同时也能够发生在新成立的组织中。另外，根据创业创意的来源与起点，国外学者把创业分为了四种不同类型，即复制型创业、模仿型创业、演进型创业和创新型创业。

国内的研究则主要结合中国的具体创业实践进行总结归纳层面的描述性分析，例如万细梅和朱光喜（2007）从创业动机、创业方式、产业进入金筹集、组织形式、创新力度和政府支持等方面入手，将大学生创业划分为分化拓展模式、积累演进模式、技术风险模式、模拟解化模式、连锁复制模式和概念创新模式六种。彭小媚和陈祖新（2008）从创业的组织形式、方式确定和行业选择展开分析，将创业划分为依附型创业、入驻孵化园创业、代理加盟创业和法人股份制创业等模式。黄健柏和李杜（2010）以长沙高新区首批留学生创业企业为研究主体，结合团队组成、筹资渠道、企业组织形式等创业要素总结出目前以理工科大学毕业生为主的长沙大学生创业可选择的主要创业模式："导师+弟子制"、"个人+公司制"、"个人+投资商制"、"同学合伙制"和"家族合伙制"。罗剑宏和谭子君（2013）归纳出目前可实现的三种创新创业模式："模拟企业+资金注入"模式、"技术导向+园区孵化"模式以及"创意课程+多渠道发展"模式。姚毓春等（2014）以综合创业主体与创业环境的交流方式和互动程度，将区域创业环境和大学生创业者的独特性对创业模式的影响纳入考虑，将创业模式分为积累演进模式、连锁复制模式、分化拓展模式、技术风险模式、孵化器孵化模式和战略联盟模式六种。马君等（2012）认为，由于客户价值的主张和资源利用的过程不是一成不变的，因此创业模式也不是一个静态的过程，而是一个伴随创业者学习曲线和外部环境变迁不断演化的过程。

从梳理的文献来看，国内外学者的研究成果之间相互借鉴，因为研究需要，所以侧重点有所不同，差异也比较大。现有的对创业模式的研究对象涉及了绝大部分的创业企业，而缺少对大学生创业企业的针对性研究。本文针对大学生这一特定群体，按照不同分类标准，把大学生创业模式分为以下几种：

1. 按大学生参与创业的时间分

（1）兼职创业。这种创业模式是指大学生在兼顾学业的基础上，同时利用课余以及假期时间从事创业活动。当前大部分在校大学生创业采用这种模式。具有代表性的是义乌工商学院的大学生创业，他们在合理安排了学习时间后，在空闲时间开网店销售一些小商品，或者在学校周边开一个实体店，方便平时照看。这种创业模式成功的概率很大。

（2）毕业后创业。这种创业模式是指大学生在完成学业、离开学校后的创业，一般情况下是大学生为了解决其自身的就业问题或者为追求梦想。大学生在完成学业后，其自身在知识技能等方面的能力都有了很大的提高，考虑问题也更为成熟，在准备创业时对以后可能遇到的各种问题也有较好的解决能力。这种创业模式也是国家倡导的，政府出台的各项扶持大学生创业的优惠政策也是针对这种模式的，其对于缓解大学生的就业压力起到了较大的积极作用。

（3）休学或退学创业。这种模式是指大学生为了创业选择中断学业或提前结束大学教育。这是一种较为大胆的决定，在当前国内的这种社会环境下，这种创业模式对创业大学生的成长和创业的成功来说，可能是弊大于利的，因此这种大学生创业模式极为少见。

2. 按大学生参与创业的形式分

（1）代理加盟创业。这种创业模式是指一个或多个大学生一起代理加盟已有某品牌的创业组织模式。在校大学生的创业中，这种模式占据了相当大的比例，特点是其主要集中在科技含量相对较低的服务行业，面对的消费群体主要是周边的学生。这种创业模式需要的启动资金对于在校大学生来说，还是在可接受范围内的，而且由于规模小、风险低，在大学生创业者中较为流行。

(2)网络创业。随着科技的不断进步,互联网已经成为人们日常生活中必不可少的工具。网络资源也为创业者提供了很多的商业机会。如今,大学生群体对于网络资源的运用得心应手,熟悉各种网络购物方法,这为他们自己利用网络平台进行创业活动奠定了良好的基础。网络创业要求的投入资金少,方式灵活,风险低,因此这种模式在很多在校大学生的创业活动中也较为普遍。

(3)入驻创业园、以技术创业。这种模式主要是那些理工科类、专业技术性很强的大学生选择的创业模式。这种模式是伴随着各高校举办的创业计划大赛的不断涌现和创业园区的建立大量出现的。随着政府和社会对大学生创业越来越多的重视和支持,以兴趣爱好和专业特长走向创业的大学生也越来越多,他们通过撰写详细的商业计划书来吸引风险投资商的青睐,进而获得风险投资来创业。这种模式要求大学生创业者要具备有商业机会的专业特长与创业理念,关键是要获得风险投资商的信任,产品具备市场竞争力。

(4)法人股份制小型公司。这种模式是指多名大学生通过共同出资、建立股份制的小型公司走向创业。主要是那些已经毕业或即将毕业的大学生选择这种创业模式,资金来源主要有自有资金、家人提供的资金以及政府的优惠贷款等。这种创业模式为大学生解决就业问题提供了新的途径。法人股份制小型公司的创业组织模式相对来说比较稳定,但是投入资金多、风险较大,直接面对市场的挑战,对创业者的管理能力要求也很高。这种创业模式需要创业者有了一定的工作基础和经验后再走向创业。

二、案例简介

案例研究方法在社会科学领域的研究中应用较为广泛,而且也得到了普遍的认可。案例研究方法又分为单案例研究和多案例研究,本研究采用的是单案例研究方法,这种方法针对某一特定现象给予详细描述,以引起读者对这个研究领域的求知欲和探索,并进一步做出实质性的探讨和反思。

本文选取的案例为安徽财经大学校园内创业案例——尚艺文化纪念品工作室,该案例的创业背景为:高校作为知识传承、文化传播的角色更为突出,根据其最为本质的角色,基于历史的发展需要、学术成果的积累与沉淀,使各个高校形成了各自的学科优势、大学精神与独特的校园文化。然而高校作为校园文化的载体，因受到科技及社会形势的影响，在历史的长河中留存的往往只是一些零星的老照片、文件或是校名、校训、校徽等单一的文字载体，谨以此作为历史的见证，就显得十分苍白。尚艺文化纪念品工作室的创意出发点是针对高校拥有的悠久历史以及深厚的文化底蕴等特点，来创新开发属于高校自己的纪念品。面对来访领导、来访嘉宾、校友、高校交流互赠、校园活动表彰、高校旅游、学生个人需求等，可以说校园文化纪念品的开发与推广正是发展校园文化产业的重要组成部分。尚艺文化纪念品工作室的创立者认识到高校纪念品的开发开拓应当属于"文化创意产业"，然而高校纪念品的市场并不成熟，只有少许知名高校得到很好的开发，基于这点尚艺文化纪念品工作室对市场进行了充分的挖掘。

基于以上背景，尚艺文化纪念品工作室抓住市场机会，致力于校园文化纪念品的创意开发与经营管理。目前尚艺文化纪念品工作室的主营产品，一是各类富有特色和创意的校园文化纪念品，接受各类个性化定制，如印有校徽的文化衫、文具、玻璃水晶制品、陶瓷制品，还有各类自主设计的民俗纪念品等。二是安徽财经大学师生的艺术作品，包括中国画、油画、版画、水彩画、水粉画、素描、书法作品等。三是创意饰品及礼品的设计与制作，包括有蚌埠特色文化的礼品设计与制作、原生态装饰艺术设计和回收物品的加工设计与制作。尚艺文化纪念品工作室的创立者紧抓校园文化纪念品这一市场机会，将各类创意赋予产品当中，成功地创立了自己的工作室。

尚艺文化纪念品工作室的创始人员是安徽财经大学 2010 级文化产业管理系的学生王洋和邓佳琪，王洋曾任校学生会副主席，邓佳琪是文化产业管理研究学会的创始人。创立成员毕业后，按照孵化基地团队成员管理条例的要求，由现有成员接班运营管理，现有成员为文学与艺术传媒的陈婧雯、李煌晖、袁春利以及经济学院的吕长育。

三、案例分析

（一）尚艺文化纪念品工作室的兼职创业模式

大学生的兼职创业模式的主要表现形式是在校大学生利用业余时间和学校的方便资源，在周边开一个自己感兴趣、有市场的实体小店或者利用网络资源开一个网店。这种模式对于在校大学生来说，灵活方便，在兼顾学业的同时，利用课余时间和各种长短假期来经营店面，或者请一些学校的学生帮忙照看，在锻炼自己能力的同时也可以获得不错的收入。

尚艺文化纪念品工作室的创始人王洋和邓佳琪在考察了其他地区高校的文化纪念品市场之后，对自己所在学校——安徽财经大学的校园文化纪念品市场进行分析发现，校园文化传承得到普遍认可，而且他们本人作为文化产业管理系的学生，可以充分利用自己的专业优势，同时他们也是学校社团的干部，其创业能力和可获取的资源为他们创立工作室也提供了便利。王洋和邓佳琪通过市场挖掘分析，尚艺确定了该市场的目标客户主要有三类：一是学校活动需要，包括交流活动和表彰奖励。高校每年都会有很多出访交流的活动，而这些活动结束之后，高校纪念品能代表学校的形象，成为学校对外交流的窗口和桥梁，因而高校纪念品也承担了学校对外交流的重任，给来访嘉宾留下深刻印象。安徽财经大学每年都会举办数十场各级表彰大会，每次学校都会为了买到合适的奖品而绞尽脑汁，有了高校纪念品之后，学校以高校纪念品作为奖品发给获奖者既是对获奖者的表彰，也使得获奖者对母校的认同感加深。二是校友。高校在各地都有自己的校友会，即使毕业多年，校友们对母校总是有着牵挂和不舍，在校友们参加校友聚会的时候，收到高校纪念品，会是一件很温馨的事情，哪怕这个礼物只是小小的胸针、校徽，校友们都会倍感亲切。与此同时，这样一份校园纪念品也能成为校友们赠送给亲朋好友的礼物，这包含了校友以母校为荣的深切情怀，从某种程度上来说，母校纪念品也是校友们自己的纪念品，对母校的自豪感油然而生。三是个人需要。高校纪念品不同于其他纪念品，它有着深刻的文化背景和底蕴，既可以满足学校师生员工的需要，也可以满足校园参观者选购纪念品的需要，当校园参观者来校参观之后挑上一两件能代表学校文化、精神的高校纪念品不仅实现了经济效益，也提高了学校的知名度，从而实现经济效益与社会效益的共赢。因此，他们请本系老师给予指导完成了创业策划书，并通过了校团委的筛选，最后成功落地安徽财经大学大学生创业孵化基地。尚艺文化纪念品工作室的日常值班是根据现有成员的课表安排，利用其课余时间轮流值班。这种兼职创业模式并不耽误创业学生的正常学习，同时对其创业能力的培养也很有帮助。

（二）尚艺文化纪念品工作室的网络创业模式

随着网络的不断发展，创业者利用网络从事创业活动的现象也越来越多，特别是大学生这个特殊的群体，由于其本身接触的网络购物较多，对于这种创业模式的操作流程也较为熟悉，因此在他们的创业活动中借助网络资源是一种优势。同时，随着电子商务的快速发展，国内居民的网购交易规模呈现出强劲的发展势头，据相关的调查数据表明，我国居民的网络购物交易规模在2014年已达到2.8万亿元，并预测在2018年将达到7.3万亿元。正是网络购物的蓬勃发展，为在校大学生的创业提供了准入机会。尚艺文化纪念品在销售渠道选择方面在以校园店面直营的同时也做电商平台营销，其销售渠道如图1所示。

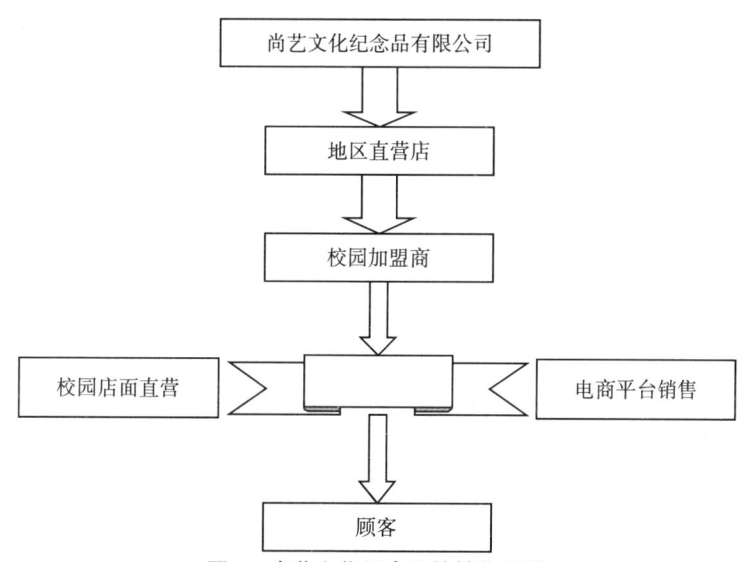

图1 尚艺文化纪念品的销售渠道

四、研究结果与启示

（一）研究结果

尚艺文化纪念品工作室作为一个在校大学生创业较为成功的案例，其成功的创业模式为我们分析研究大学生的创业模式提供了丰富的原始资料。本文通过对创业模式的理论梳理，以及对尚艺文化纪念品工作室发展过程的案例分析，得到以下结论：

第一，创业者的创业素质和能力起到关键作用。创业素质和能力包括两方面：一是创业者的意志力、兴趣追求等方面的非智力因素；二是在创业实践中不断积累和学习的经验规律。非智力因素是创业取得成功的核心竞争力，尚艺文化纪念品工作室的创立者对自我能力有着清晰的认识和定位，并且在学习成长的过程中有意识地追求自己的兴趣，为达成自己的目标不断努力和积累。笔者通过与工作室的管理人员交流发现，虽然他们在创业实践中都有过多次的挫折和失败，但正是兴趣与坚强的意志促使他们达到现在这个规模。

第二，强大优质的团队是创业成功的核心要素。企业家和企业家精神是最核心的成功要素，对于初创企业的团队显得更加重要。尚艺文化纪念品工作室的创业者是同样具有创业想法的同学。通过一群朝气蓬勃的年轻人的不断努力成功实现创业。

第三，合适的创业模式才是最优的。创业模式多种多样，没有好坏之分，只有与自身才能素质和掌握的资源相适合的模式才是最好的，也只有随着外部环境的变化，不断调整自己的经营管理方式，才能保证创业的稳定持续发展。

（二）研究局限与启示

本文采用的案例研究方法为单案例研究，因此对于大学生创业模式的分析并不全面，只对尚艺文化纪念品工作室的创业模式进行了分析，对于其他类型的大学生创业模式尚未做出详细分析，这是本研究存在的不足，后续的研究可以选择其他大学生创业企业，分析其创业模式。同时本研究对于高校鼓励促进大学生创业有一定的启示。

首先是完善创业教育政策和体系。从我国 2002 年设立创业教育试点院校开始，国内的创业教育取得了一定的成就。但是总体来说，国内的创业教育尚处于起步探索阶段，不论是理论研究还是实践总结都不能与国外相提并论。为培养大学生对创业的兴趣和创业技能，奠定其将来的创业基础，高校应该努力的方向是完善创业教育政策和体系。

其次是加强优秀创业教师队伍建设。创业教育的真正实施需要依靠老师的传授，学生对创业的了解、技能的掌握与老师的积极正向引导和传授有关。所以创业教师队伍质量的高低对大学生创业倾向的提升有着密切的联系。加强优秀的创业教师队伍建设可以借鉴参考国外的做法，模仿它们的模式。比如百森商学院的做法是，经常邀请有创业经验的企业家、优秀的创业者等这类人员来学校给学生们讲授创业课程，通过具有创业经历老师的生动授课，能够取得更好的创业教育效果。

最后是营造良好的校园创业文化氛围。校园文化是一个学校特有的精神环境和文化氛围，是一所学校的灵魂，具有重要的导向作用。因此，高校的管理者要认识到校园文化对于大学生创业兴趣的积极正向影响，营造丰富的校园创业文化氛围。高校可采取多种形式和途径进行创业宣传和营造创业氛围，包括广播、校报、宣传栏等传统方式以及当前在大学生中流行的微信、微博、人人网等社交媒体进行创业宣传。

参考文献：

［1］陈震红，董俊武. 国外创业研究的历程、动态与新趋势［J］. 外国经济与管理，2004（2）：7-11.

［2］高建，钟秋月. 创业模式评述和对深圳的分析［J］. 特区经济，2005（6）：59-60.

［3］黄健柏，李杜. 大学生创业合作制模式研究［J］. 中国高新区，2010（3）：89-94.

［4］罗剑宏，谭子君. 云端互动：国内高校大学生创新创业模式［J］. 高校教育管理，2013（3）：104-108.

［5］卢俊卿. 企业家也能快速批量生产吗？——探寻天九"企业家孵化器"新模式［J］. 企业文化，2000（11）：9-10.

［6］李媚. 大学生创业行为的影响因素研究——以广州市为例［D］. 西安：西北农林科技大学硕士学位论文，2012.

［7］马君，郭敏，张昊民. 大学生创业模式及其动态演化路径［J］. 教育发展研究，2012（3）：59-64.

［8］马向阳，王永涛，郑春东. 我国大学衍生企业创业模式探讨［J］. 中国科技论坛，2010（12）：65-69.

［9］彭小媚，陈祖新. 大学生创业模式的探讨与实践［J］. 中国大学生就业，

2008 (18): 54-56.

[10] 万细梅,朱光喜. 我国大学生创业模式探析 [J]. 青年探索, 2007 (1): 21-22.

[11] 吴振阳. 创业经纬 [M]. 上海: 上海三联出版社, 2005.

[12] 杨冰兰, 丁佳, 张亚丹, 赵曙东. 创业模式比较与南京的选择 [J]. 南京社会科学, 2004 (S2): 74-80.

[13] 姚毓春, 赵闯, 张舒婷. 大学生创业模式:现状、问题与对策——基于吉林省大学生科技园创业企业的调查分析 [J]. 青年研究, 2014 (4): 84-93.

[14] 郁义鸿, 李志能. 创业学 [M]. 上海: 复旦大学出版社, 2000.

(作者系安徽财经大学2013级技术经济与管理研究生)

【导师点评】

创业意味着行动实践

根据全球创业观察（GEM）的一项跨国研究表明，每增加一个机会型创业者，当年带动的就业数量平均为2.77人，未来五年带动的就业数量为5.99人。在2015年大连夏季达沃斯论坛上，李克强总理在开幕式致辞中指出，"大众创业，万众创新"是推动经济增长、促进社会公正、拓展自主就业的有效途径。无论是谁，只要有意愿、有能力，都可以靠创业自立、凭创新出彩，都有平等的发展机会和社会上升通道，更好地体现尊严和价值。很显然，在当前中国宏观经济下行压力不断增大、社会不公现象加剧的背景下，大力推动"双创"活动，不仅是挖掘经济增长新动力、推动社会生活新进步的迫切需要，也是践行公平正义的社会主义核心价值观的客观要求。

这里，文化产业管理系的王洋和邓佳琪两位本科生同学首先观察到校园内的各种迎来送往，颁奖仪式上的礼品、奖品、纪念品的实际需求及其亟待提升品质的问题，然后在全校范围内寻找不同专业的同学组建了团队对此进行了深入的前期市场调查、设计分析等综合考量。难能可贵的是，他们还将此创意付诸具体的创业实施。为此，研究生潘燕针对此案例，从大学生创业模式选择的角度进行了一定的挖掘、梳理、辨析和总结提升。不难看出，这对于在校的大学生如何对自己身边的或校园里某些熟视无睹的场景和事件进行细致而敏捷的观察，从中洞察提炼出一定的某种创业机会进行模式识别和把握，并将其进行可能的具体创业实践具有一定的启发意义。

在校园里，在老师和学生的身边，其实有很多的事物是值得琢磨的。当然，这其中不乏大量的经济的、管理的或创业的事物。尽管看似简单不经意甚至完全被众人所熟视无睹抑或不屑一顾，然则其内部蕴含着大量问题的金矿，乃至可资创业的市场利基。想当年，问学杭州时，周其仁、汪丁丁两位老师就曾数次提及阿尔钦的那本著名的《大学经济学》（*University Economics*），该书便是当年聪慧过人的阿尔钦研究他所经历的大学周边及其内部的种种经济、管理、创业之现象。只是，很遗憾的是，很多年前，就曾听说国内的薛兆丰一直在从事着该书的翻译出版工作，然至今未见问世——其中的工作量超级巨量，故而难以成形。

　　最近的一次内部讨论会上，听得团委夏书记称，该创业案例较为成功，并有了不菲的收入。一般有个说法，意即财经类学生容易眼高手低，许多学生理论玩得噼里啪啦的，可一旦动起手来便有些不知所措了。然而，这个案例则告诉了我们事实并非如此。在听取了课堂上老师们的理论讲解之后，一部分同学能够赶上时代浪潮，积极寻找到创业机会并能够开发出来，在校创业基地孵化器的前期帮助下，能够扎下根来创立自己的公司，做成生意，赢得了一定的商业利益和市场检验。同时，难能可贵的是，学生得到了锻炼和成长，老师们丰富了自己的教学和研究，学校也获得社会的进一步认可并提升了自己的价值空间和声誉机制。

（指导教师：王成军博士、副教授）

互联网思维下年年家玻璃小铺创业机会的识别与开发

舒 清

创业研究兴起于18世纪,经过学者两个世纪的研究和探索,在20世纪八九十年代引起了社会各界以及研究者的广泛关注,并且一直是管理学科研究的热点话题(陈振红等,2004;木志荣,2007)。早期创业理论主要基于创业者和创业者的工作,从创业者个体行为解释创业机会的识别与开发,但由于不同的个体对创业机会识别质量存在差异,因此仅基于创业者展开的创业研究是不充分的(Venkataraman, 1997; Shane & Venkataraman, 2000)。Eckhardt 和 Shane (2003) 详细论述创业机会在创业过程中的核心作用并且提出在非均衡框架下展开研究创业机会识别、评估和开发更有意义。创业机会是创业的首要问题,创业者如何识别并开发创业机会成为创业的关键,因此创业者面临两个挑战:首先是要识别有前景的机会,其次就是面对有前景的机会,如何获取有效的资源进行开发,将创业机会转变为现实。学者们结合社会资本、战略管理、社会心理学、经济学等学科知识或者视角对创业机会进行了跨学科的研究,整合出创业机会识别—评估—开发—创业绩效模型。但目前创业机会概念的界定存在争议,创业机会的识别和开发的影响因素没有统一的维度,因此不能很好地解释为什么有些人能识别并成为创业者,而有些人不能识别和利用创业机会(张红等,2014)。目前,创业研究主要选取新创企业作为对象,关注企业创业机会的识别与开发过程。在中国经济转型和经济趋于新常态背景下,推动"大众创业,万众创新",一方面能为社会创造财富,另一方面能缓解社会就业压力。大学生作为社会生力军,以大学生创业带动社会就业是大势所趋,因此结合大学生创业案例对创业机会的识别与开发进行相关研究更具实践和指导意义。本文结合创业机会识别与开发的相关文献,根据新企业保存的资料和访谈记录,采用单案例研究方法,分析一家通过互联网创业成功的企业，从机会识别到机会开发过程中的影响因素，并且验证文章提出的概念性模型。

1993年互联网进入中国市场，1996年搜狐网进入人们视野，1998年新浪网、网易微博门户等大批网站快速涌现，1999年是中国互联网企业灾难的一年，大批互联网企业遭受打击，但也有一批新兴企业如阿里巴巴在此时成立。进入21世纪后互联网进入了高速发展时代，一方面电子商务兴起，另一方面搜索网站和视频分享网站机制更加完善。在21世纪初，许多传统企业开始触网，百度、谷歌、优酷、土豆网等B2C商务走向成熟。2011年人人贷、第三方支付牌照、微博等实名制标志着中国开始步入互联网金融时代。同时也有许多信息技术行业在互联网时代下抢占先机，如打车等APP软件进入消费者手机，快的和滴滴打车为抢占消费者群体开始了一场轰轰烈烈的拉锯战。2015年新年，腾讯和阿里巴巴通过微信和支付宝钱包发红包，同样演绎了一场为支付平台抢夺客户的竞争大赛。大数据时代的到来，传统行业面临着如何互联网化、快速实现企业转型的问题，而这为新的商业机会的识别与开发创造了条件。

一、理论文献回顾

（一）互联网思维

互联网思维源自百度CEO李彦宏在2011年的演讲，当时提出的互联网思维关注的焦点是基于互联网的特征来思考。2012年小米创始人雷军开始频繁提出"互联网思想"，深思互联网企业与实体行业的差别，并进行结构性的分析。互联网思维尚没有准确的学术定义，李海舰等（2014）在文中指出在实业界互联网思维存在两种视角：一是工具视角，广义上说互联网包括大数据、云计算和终端智能等，网络成为生活日用品，现在的工作、学习和生活都是基于互联网的构架和环境；二是现象视角，主要是对互联网思维的概括性总结，如小米总裁兼CEO雷军把互联网精神概括为"雷七决"等，从而可看出互联网思维是对商业世界的重新审视，包括精神、理念再到产品运作的过程，具体包括互联网精神、互联网理念和互联网经济。冯雪飞等（2015）认为互联网思维是一种商业模式创新的捷径，并提出互联网思维是在互联网技术高速发展，以顾客导向为核心对企业价值模式、营销模式、盈利模式和运营模式的创新。

互联网思维是基于互联网的高度发展基础上,对市场、用户、产品和盈利运营模式的重新思考。本文认为互联网思维包括顾客主导、个性化设计、社会化营销和极致服务四个方面,基于互联网和大数据时代背景下,巧妙地抓住消费者心理开展体验式个性化设计、极致服务,以及运用社会化网络营销渠道免费宣传产品和口碑的过程。首先,在互联网时代,生产者不再处于信息优势地位,消费者需求已经从产品主导市场向消费者主导的市场转型。其次,大数据时代智能产品如手机 APP 等为生产者或者服务性企业提供了许多便利的途径,互联网不再仅仅是一个沟通的平台,还是一个为共同兴趣爱好消费者集群、给很多在线用户与企业搭建桥梁的信息平台。大数据时代,谁能快速了解到消费者的兴趣和偏好,占据信息优势,谁就能在激烈的竞争中处于优势地位。最后,在大数据时代,资源免费共享,从小到微信的朋友圈大到整个社会网络,公共知识数据化,为厂商直接面对消费群体提供了便利,同时也在考验着厂商,朋友圈和智能手机 APP 既为企业抓住顾客的心理提供便利,也为企业的声誉和口碑带来挑战。

信息共享、数据同步给那些积极寻找符合消费者心理需求、以顾客理念为主导的企业带来更多的客户资源,利用互联网思维,主动变革,改变观念,就能创造新的发展机遇。如雕爷牛腩店作为一家互联网思维与饮食行业相结合成功的典型,从顾客角度进行产品设计和经营值得学习和借鉴。对于那些不符合消费者心理、损害消费者权益、口碑不佳并且不寻求改进的企业,快速地退出市场是其必然。

(二)创业机会的识别与开发

1. 创业机会的识别

机会发现是个人获取、诊断和理解信息价值的过程(Eckhardt & Shane,2003;Shane & Venkataraman,2000)。当个体识别出机会的价值,创业者才有利润回报和成本收益。Shane 和 Venkataraman(2000)认为如何识别和开发机会是创业研究的关键问题,并且试图从创业机会着手解释复杂的创业过程。观念的不对称是创业机会存在的先决条件。Shane 和 Venkataraman(2000)认为特定的人识别创业机会原因主要有两种:拥有必要的先验信息识别机会、评估机会必要的认知倾向。Ardichvili 等(2003)研究总结了机会识别的影响因素主要包括创业者的能力和外部条件,创业者能力包括创业意识、企业家网络、先验知识与警觉性等;外部条件包括技术落后或者受地域限制的行业或者市场信息不对称等。成功的创业机会的识别还有赖于社会网络的作用,创业者的先验知识和个人特质是成功识别创业机会的关键,但是社会关系网络也是机会识别的保证。陈忠卫和史振兴(2010)、杜晶晶和丁栋虹(2013)认为创业者网络对机会识别特别关键,并通过多案例分析认为拥有大量社会网络的创业者更具潜能识别和开发有价值的机会。

2. 创业机会的开发

尽管创业机会的识别是创业的必要不充分条件,但是紧跟创业机会的识别,潜在的创业者一定会对创业机会进行开发。Venkataraman(1997)认为一些人而不是其他人对已识别的创业机会进行开发主要是创业机会和个人特质共同作用。研究发现,如果人们已经在之前的职务获取更多有用的创业信息,这些信息可能会降低机会开发的成本,而从先前的经验获取的信息转移以及先前的创业经验提高了创业机会开发的可能性(Carroll & Mosakowski, 1987; Cooper et al., 1988)。创业机会的开发决策也受到个人乐观主义差异的影响,对创业机会进行开发的人感知成功的机会要高于他们真实的水平,同时也比其他同行业中的人感知成功的机会要大(Cooper et al., 1988)。因为开发需要面对大多数人的质疑,研究者认为具有较高的自我效能感和内在控制的人更可能开发创业机会(Chen et al., 1998)。

综合上述学者的研究,本文对创业机会的识别与开发影响因素进行了简单的理论逻辑梳理,并试图构建创业机会识别与开发的概念模型,如图1所示。

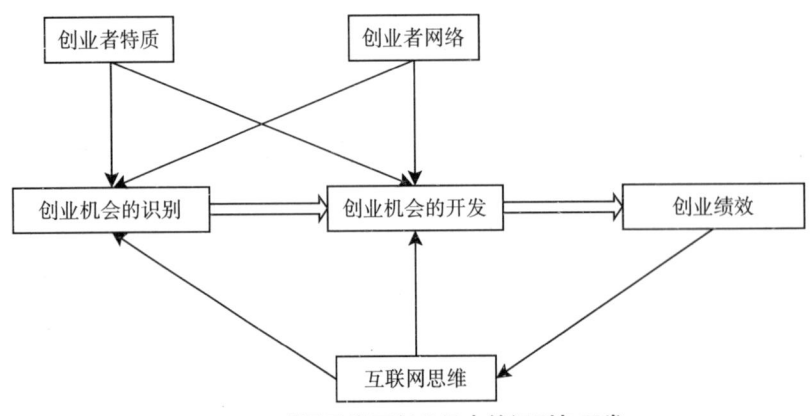

图1 互联网思维下创业机会的识别与开发

二、研究方法与案例选取

（一）研究方法

本案例信息来源主要有三个方面：①案例公司相关历史材料的整理与归纳；②资料来源主要有创业者工作日志、访谈总结素材以及一些互联网测评工具得出的测评结果；③采用面对面访谈进行先验性信息验证。案例研究方法可以得到许多其他研究方法得不到的数据和经验知识，在此基础上分析不同变量之间的逻辑关系，进而检验和发展已有的研究发现和理论构建。Yin（1994）认为案例研究法是在实际生活环境中研究当前的现象，但是现象与环境之间的界限并不十分明显，研究者只是采用大量案例进行研究。本文认为案例研究是一种将研究注意力集中于某种特定环境下所可能发生的各种变化的研究方法，即着重探讨"why"和"how"的问题，案例研究是以现实存在的企业原型作为依据，结合相关理论研究，在深入调研和系统数据收集分析的基础上，最终得出研究报告。案例研究将学术知识和实践经验相结合，能够更加贴近现实生活，总结现实生活案例和发现管理问题，为完善企业管理制度缺陷提供理论参考。

（二）案例介绍

1. 案例选取

大学生就业压力大，而大学生创业带动就业是大势所趋。美国是大学生创业的开创者，目前包括考夫曼创业流动基金中心、美国国家独立企业联合会等机构都以大量活动经费赞助创业大赛、奖励创业教育的优秀学生、开发创业教育课程等形式对创业教育提供资金赞助和支持。据麻省理工学院统计，截至1999年该校毕业生已创立4000家企业，这些企业无疑为美国经济带来巨大贡献（邓汉慧等，2008；田永坡等，2011）。大学生创业的发展状况，以及创业成功与否的影响因素是社会关注的焦点和学者研究的重点问题之一。我国大学生创业的现状是数量少、创业成功率低等问题。根据麦可思提供的数据，2012年我国高校毕业生创业成功比率仅占1%左右，是发达国家创业成功率的1/20（樊彭等，2014）。研究表明，房地产、石油等需要大资金运作高回报率的行业不适合做小资金投资,以小资金运作创业成功的先例以网络创业居多。中国校友会网和《21世纪人才报》发布的2010年中国大学创业富豪榜显示,在排行榜前十位创业项目与网络有关的占据半壁江山。因此,不论从创业投入、回报速度等方面考虑,网络都是较好的创业选择。

本文选取的是在2014年安徽财经大学举办的创业大赛中获得优秀奖,通过互联网创业的一家淘宝店为案例,从资料保存的完整性来看,更能较好地捕捉创业机会识别到开发的内在机理和过程。

2. 案例简介

由安徽财经大学大四学生王潇然创立的年年家玻璃淘宝店铺,成立于2013年8月17日,店铺主要销售高硼硅耐热环保手工(灯工)玻璃制品,如手工玻璃杯、餐具、酒器等,特色产品是网络销售定制各种不同形状和贴有图样的玻璃杯具(如人工吹制的情侣杯等)。从2013年8月创业至2014年大学生创业案例大赛撰写案例不到十个月的时间,每个月销售收入在1000元左右,每月销售利润在500元左右。

从王潇然萌生创业想法到最终成立店铺经过了一段漫长的时间。借助于2013年大三下学期暑假实习,创业者亲自去了几家玻璃制品企业进行了实地走访,亲身感受到了制作高硼硅耐热手工玻璃制品的独特魅力,创业者对一家做玻璃制品的公司印象特别深刻,这家外贸出口公司是河北沧州盛大玻璃工艺品有限公司。当时王潇然抱着去学习的心态,了解到河北沧州盛大玻璃工艺品有限公司做外贸出口,并且由于玻璃易碎的特性和出于企业信誉考虑,企业按照订单量的105%生产,最后会滞留很多的产品,销售无门,并且一直占据企业的库存,是企业的一大难题。创业者经过与河北沧州盛大玻璃工艺品有限公司产品经理洽谈,创业者将现有的想法与产品部门经理进行交流,希望能跟该公司合作,并提出自己的看法:首先是消费者更注重追求生活品质和健康理念,而且学生群体更追求个性自由、健康绿色并具有知识涵养的巨大消费群体,有自己的消费主导意识。其次,网上购物已经是势不可当的潮流趋势,互联网技术的飞速发展,实现了消费者与生产者的双向沟通,一方面伸张了消费者的主权,另一方面也为组建新企业提供了机会,最终创业者的决心和想法获得产品部门经理的许可,产品经理同意作为王潇然创业的供货方。

王潇然解决了供货方的问题,假期实习回校后,她一度想先通过摆摊的方式实践自己的想法。联系厂家，预付定金后，王潇然进了第一批货物，并且通过在校园微博等公开平台科普玻璃制品的环保知识，提高玻璃制品的受欢迎度，但是终究由于商品选择性太少，无法科普到全校学生，没有获得效益。其间，她也挣扎苦恼过，但是没有放弃。安徽财经大学创业孵化基地为鼓励大学生创业，每年都会评比出具有优秀创意、思路独特、具有市场潜力的项目，为其提供免费场地入孵，王潇然也申请过，虽然创意独特，但是最终没有评选上。后来她回想起这件事可能是由于这种灯工手工玻璃制品的成本较高，因此前期投入较大，而作为一个在校大学生可能无法承担这样的经济负担。实体店铺进入创业孵化基地没能成功，因此她开始将注意力转移至互联网上，淘宝店铺是她可以节省前期投入不错的选择。通过自主学习，注册用户，将商品图片张贴在网站，最终她创办了这家年年家玻璃小铺。由于市场存在直面和潜在的竞争者，通过自己的创意表达，王潇然将消费者需求与实际可操作性的灯工制作相结合，私人订制成为店面的一大特色（见图2）。年年家玻璃淘宝店铺同时承担了销售方和代理人双重角色，淘宝店铺首先预付定金给河北沧州盛大玻璃工艺品有限公司，发货给王潇然，然后当玻璃小铺在线接受客户订货时，通过快递的形式邮寄给消费者。其次，店铺将消费者个性化订单转发给盛大玻璃工艺有限公司进行制作，然后盛大玻璃公司将货物直接发给客户。作为销售方，淘宝店铺有自决权，自行对商品进行定价，

年年家创意 小丑 复古妞系列玻璃杯 灯工玻璃杯
RMB 18.00

年年家玻璃杯 仙人掌骆驼早餐杯牛奶杯耐高温灯工杯子
RMB 20.00

年年家可爱 游乐场系列玻璃杯 纸杯型灯工玻璃杯 四款可选
RMB 20.00

图2 年年家玻璃店铺的特色产品

因此这部分利润归属于淘宝店铺。另外，个性化定制需要支付额外的加工费用，这方面则由淘宝店铺与盛大玻璃工艺品公司进行协商，根据加工工时进行结算。

三、案例分析

年年家玻璃小铺成功创立并保持月销售额在千元左右的收入，其间充满了曲折，但是创业者经受住了考验，一方面离不开创业者的特质，如创业者个人警觉性、成长经历和先验知识等要素；另一方面，创业者网络为机会识别与开发提供了保障，王潇然的父母在其创业期间给予其更多的鼓励和信息，创业者的社会阅历和互联网时代信息资源也进一步增加了创业者识别创业机会的可能性。

（一）机会识别

机会识别不仅是对现有技术条件下新产品或者新服务的推广，也同时包括对已有产品和服务进行一定程度的调整策划。现有研究论证创业警觉性、风险感知、先前知识和学习等创业者特质方面对创业机会的识别有积极影响，包括创业者的背景（如性别、年龄、受教育程度、民族、家庭经济地位等）及潜质方面的特征（如创造性等）。个人特质以及先前知识提高了创业者对市场机会洞察的能力，并且在高度复杂性和动态环境下，大多数的创业者还属于开创者，因此如何间接地学习机会识别的能力显得尤为重要。进入21世纪后，传统企业面临如何互联网化的难题，以产品为中心的生产方式和销售方式逐渐被以消费者价值为导向的生产方式所取代。互联网思维注重消费者和用户体验，雕爷牛腩店就是运用互联网思维，将用于游戏公测的互联网技术运用到饮食餐饮行业，注重用户体验、个性设计、极致服务和口碑营销，成为第一批互联网思维与传统行业成功结合的企业。

1. 个人特质对机会识别的影响

灯工玻璃的独特魅力和精美外形引起了创业者的浓厚兴趣，并且王潇然认为这是一次自我创业的好机会。经过她的调查，国内很少使用这种高硼硅耐热手工玻璃，也很少有人关注灯工玻璃的动向。王潇然是2012级安徽财经大学国际贸易学院在校学生，勤奋努力，成绩优异，在学习阶段曾获得"优秀标兵"和"优秀三好学生"等称号，爱好看书，课余时间喜欢参加各种实践活动。大一期间进入国贸学院学生会，负责整理资料、组织和策划学生活动，在院学生会期间，她的组织和沟通能力得到很大程度的锻炼。大三下学期她前往河北沧州盛大玻璃工艺品有限公司实习，主要从事整理邮件、联络客户等工作。因为公司接受订单后，订货方会派联络员来厂里视察，一方面是对产品质量的把关，另一方面是方便下次合作，联络感情。在实习期间，王潇然负责接待工作，她的公关能力得到很大程度的提升，并且接触到社会人员后，她的思想观念不再停留在学生时代那样的安逸和无所事事，她更想努力证明自己的能力。

创业者丰富的校园生活经历以及暑假实习无疑是对创业者思想的锻造。对这种高硼硅耐热玻璃产生的浓厚兴趣，激励着创业者。在移动互联时代，相对于实体店而言，网络上的资源更加丰富、价格低廉、足不出户、快捷方便，可选择性多，并且能得到大家的普遍好评。经过慎重的思考，创业者最终选择在互联网上开办淘宝网店的形式完成这一创业的梦想。创业者缺少相关的网络经验，但是通过自主学习，网店注册，然后实名验证、商品分类、编辑商品信息，结合大家个性化认同感，将这些玻璃制品富有故事情节化地推向广大消费者。

2. 创业者网络对机会识别的影响

在王潇然选择创业的过程中，其父母一直都持支持的态度，特别是她有从事外贸经验的母亲，在店铺的创立过程中，许多接洽供货商、订单处理、与顾客保持良好联系都是母亲在第一时间给王潇然建议，让王潇然在困惑或者不知所措时找到了前进的方向。王潇然从小就很佩服超强应变能力的母亲，并想成为像她一样的商场强人。起初店铺里面有几单大批量生产订单都是通过母亲的商场人脉关系搭桥介绍达成的，这也增强了创业者对店铺经营的信心。她创业念头萌生的另一个原因是身边有一个较年长的姐姐开了淘宝店，同样是利用身边的资源创业，并且取得良好的效益。王潇然认为接触到的灯工玻璃制品虽然有了小众市场，但在国内还未普遍流行，以淘宝店的方式对玻璃制品进行销售，既处理了工厂的库存，又可以锻炼自己的能力。

3. 互联网思维对机会识别的影响

据统计，到2014年底，中国的互联网用户达到约6.5亿人。各种手机APP可供免费下载软件，诸如美团、淘宝网、百度糯米等在线支付平台为消费者在哪里购买以及如何购买、花多少钱购买提供了图文并茂的菜单。这种社会化营销的平台一方面为许多传统行业诸如玻璃制造业、饮食文化业等，带去更多潜在进入者的威胁和竞争；另一方面也为企业数据同步和信息共享，营造口碑和提供机会。社会化营销为消费者做出排除项，是否能满足消费者多样性的需求，有无极致服务和良好的口碑是消费者做出选择的依据。传统制造业的难题就是如何实现互联网化，而王潇然创办的网店正好能为玻璃制品互联网化提供便利和借鉴渠道。完成网店注册、实名验证、商品分类、定期编辑商品信息之后，消费者只需要在线阅览信息，下单或者将私人订制信息通过网站或者旺旺等聊天工具把信息传递给淘宝店铺，然后店铺向供货方提交批量订单，供货方直接将货物发送到消费者所在地址，消费者通过在线签单，确认收货，给予评价，完成交易的整个过程。与王潇然创业初期选择摆地摊以及进入孵化基地的想法相比较，互联网创业方便快捷，并且成本低廉，更是无工作收入的大学生创业的首选。

（二）机会开发

机会识别与评价是机会开发的前提，机会开发是创业机会的延续。但不是所有的创业机会都能得到开发，也不是所有人对已经识别的创业机会都能进行开发，这都取决于机会的共同特性和个人特质的共同作用。创业机会的开发决策受到个人乐观主义差异的影响，对创业机会进行开发的人感知成功的机会要高于他们真实的水平，同时也比其他同行业中的人感知成功的机会要大（Cooper et al.，1988）。因为开发需要面对大多数人的质疑，研究者认为具有较高的自我效能感和内在控制的人更可能开发创业机会（Chen et al.，1998）。Cooper等（1988）研究发现如果人们已经在之前的职务获取更多有用的创业信息，这些信息能降低机会开发的成本。中国经济转型情境下，互联网作为一个大平台，打破了地域和时间限制，为许多新兴企业崛起或者传统行业再造提供了一种机遇。互联网思维与传统思维的最大不同是顾客主权与生产者主权的差异（冯雪飞等，2015）。顾客导向是互联网思维的核心，主张以顾客为价值中心，注重顾客体验、顾客主权，而体验式、个性化设计是围绕以顾客为中心的设计方式，也是互联网思维在现实生活中的体现。

1. 个人特质对机会开发的影响

在河北盛大玻璃工艺品有限公司实习的历练，母亲的标榜作用，再加上自己的勤奋和努力、面对失败坦然的心态，让王潇然站在一个独特的视角来观察灯工玻璃制品。不论是与供货方签署购货合同，还是在售后服务客户反馈信息处理过程中，王潇然独特地站在消费者角度，及时根据需求的变化做出改变。正是在这些环节的独到用心，才会萌生新的机会与创意，比如结合年轻的消费群体张扬个性需求，在满足消费者多样性的同时，打造出不同的销售特色。私人订制就是店铺的特色优势所在，根据人们不同的喜好，制作不同的花纸进行烤制，从而制作出各具特色的杯子，满足人们各种样式的需求，比如宿舍姐妹杯、情侣恩爱杯等。

2. 创业者网络对机会开发的影响

王潇然身边不乏朋友，不论是在院学生会工作还是在假期实习时都结识了很多朋友，并且时常以微博、微信或者QQ等通信方式取得联系。微博、微信等社交网络平台为淘宝店铺推广提供了工具。网络已经成为人们生活中必不可少的一部分，而网络的便捷化为王潇然推广产品提供了最有力的平台。将店铺信息与产品结合的图片制成广告的形式，王潇然在个人微博、微信、QQ空间等地方公开发布，再通过朋友同学的转发和点赞让更多的人认识、接触到精美的玻璃制品，从而提高网店知名度。

以学生社团为中心对社会团体进行赞助合作。学校社团一般在举办活动或者比赛的时候都要赠送或者奖励参加者奖品，而王潇然在学生会工作期间，跟社团的人都很熟，借此机会与社团进行合作，以优惠的价格将产品提供给社团。这样在节省社团开支之余，又可以最大限度地对玻璃制品进行推广。

此外，围绕特定节假日进行宣传，用故事情节带来体验消费。学校除了学生这一主要群体之外，老师、学生家长也是不可忽视的一部分群体。以学生为着眼点，在父亲节、母亲节、教师节等相关节日做出一系列优惠活动，吸引学生对产品进行购买，然后送给家人。这样产品也可以在其长辈范围内进行推广和宣传，进一步扩大了销售范围。

3. 互联网思维对机会开发的影响

年年家玻璃小铺创业者王潇然意识到，在互联网时代顾客不再是信息的被动接受者，顾客不仅能决定买什么，而且能决定怎么买和如何购买。学生群体更是追求个性化需求和消费体验的新生代，创业者作为"90后"的新生代有身临其境的体会。为满足顾客多样性需求，店铺主打特色产品，将传统的手工玻璃与现实中的情景更好地结合，如宿舍姐妹杯和情侣杯，在网店上挂有图文并茂的杯具用品，结合特定浪漫情景或者富含文字解说，把一件件器物用故事情节展现给大家，满足消费者特定心理需求。

微博、微信、社交网络等社会化媒体营销也为机会开发提供了广大的平台，相较传统的实体店和传单营销，利用大众媒体和微博微信平台免费进行宣传。同时通过在线支付平台打造良好信誉，对买卖双方的交易进行监管，只要买方对产品提出异议，都可用回复评价公开展现在大家面前，而且评价除了消费者自身，店家是无法进行自动删除的，这种大众点评式的平台具有双向沟通的特点，一方面方便电商为自己营造口碑，另一方面也为消费者选择商品做出判断提供依据。淘宝网为淘宝店铺提供了一个巨大的发展机遇，但是怎样维持顾客对产品的满意度和忠诚度也考验着创业者。王潇然在每次接单完成交易后都很关注消费者对产品的评价，并且及时对顾客的反馈进行回复，并且承诺在一个星期的时间内对产品有不满意的随时可以更换，因此在店铺的售后回馈中店铺和她本人的评价都很高，这也进一步得到大家的推广和认同。传统的盈利模式只是大规模生产，降低边际成本，实现企业盈利，而互联网和电子商务的出现，使得盈利的方式趋向多元化。免费的信息服务和节假日的促销为产品的销售更进一步地拓展市场。"口碑营销"、"粉丝经济"也正是21世纪互联网思维的独特魅力。

由于年年家玻璃小铺创业者作为在校学生，学习是她的第一要务，后期对店铺的管理并没有进一步的改进，进入大四阶段后，学习压力的重大让她不得不把店铺交给她的母亲打理，但是针对店铺的持续经营，本文提出两点建议：

首先，经营活动以顾客为中心，将产品进行异质化生产，追求极致理念设计。在过去，对于消费者来说，产品因为存在使用价值而进行购买，而在如今的体验式经济主导下，产品不仅是产品，还是附带观念价值和情感价值的物品，因此可以结合生活中场景，或者某些卡通形象和公仔等，打造自己店铺的特色。

其次，产品主导的市场经济下，营销广告投入与销售量正相关，而在互联网思维下，提升产品营销理念，让产品为自己代言不再是假象，口碑营销、"粉丝经济"在小米科技得到很好的体现，保证产品质量，提高售后服务的极致思想也是互联网思维紧密相扣的一环。

四、结论与讨论

对于创业者来说，真正的创业是从机会识别开始的，而创业机会的识别不仅受到创业者个人特质的影响，社会网络也为机会的识别提供了保障。为什么有些人能识别并开发创业机会，而有些人却不能识别在案例中能得到更直观的解释，也同样论证了本文提出的理论模型。创业者个人特质无论是在创业机会的识别过程还是在机会开发过程中都产生一定程度的影响。社会网络是获取信息和资源的重要渠道，获取有价值的信息和社会网络为创业机会的识别与开发提供了前提条件。互联网思维创新销售渠道和营销方式，与顾客建立双向沟通，采用定制化服务和差异化战略获得先动优势，更有助于对机会进行开发和利用。互联网思维不仅适用于新创企业，对于传统行业与互联网结合或者公司内部创业成功的范例也很多，但并不是说所有新创企业或者传统行业都需要通过互联网思维改进自己的营销模式。

本文存在的不足之处在于采用单一案例为研究对象，尽管本次案例具有鲜明的代表性，但是难以将所有的新企业都聚合在一起，共用一个模式探讨创业机会的识别与开发过程，新企业都有自己的规模、市场定位和顾客群体，因此结论有待进一步的考究，并与其他不同类型的研究做参照，以丰富和完善本文的结论，提高研究的普遍适用性。

参考文献：

[1] 陈忠卫，史振兴. 创业机会的识别与开发研究——以微软与谷歌的案例比较 [J]. 管理案例研究与评论，2010（4）：273-284.

[2] 陈震红，刘国新，董俊武. 国外创业研究的历程、动态与新趋势 [J]. 外国经济与管理，2004（2）：21-27.

[3] 邓汉慧. 美国的高校创业教育课程设置 [J]. 中国大学生就业，2008（4）：41-42.

[4] 杜晶晶，丁栋虹. 异质性创业机会的识别与开发——两家母婴用品企业的案例研究 [J]. 管理案例研究与评论，2013（5）：369-379.

[5] 冯雪飞，董大海，张瑞雪. 互联网思维：中国传统企业实现商业模式创新的捷径 [J]. 当代经济管理，2015（4）：20-23.

[6] 李海舰，田跃新，李文杰. 互联网思维与传统企业再造 [J]. 中国工业经济，2014（10）：135-146.

[7] 木志荣. 国外创业研究综述及分析 [J]. 中国经济问题，2007（6）：53-62.

[8] 田永坡,王鹤昕. 国外大学生创业状况及影响因素分析 [J]. 经济学动态, 2011 (9): 142-146.

[9] 彭佳. 大学生创业胜任力的结构及培养路径研究 [J]. 物流工程与管理, 2014, 36 (6): 179-180.

[10] Ardichvili A., Cardozo R., Ray S.. A Theory of Entrepreneurial Opportunity Identification and Development [J]. Journal of Business Venturing, 2003, 18 (1): 105-123.

[11] Carroll G., Mosakowski E.. The Career Dynamics of Self-Employment [J]. Administrative Science Quarterly, 1987, 32 (4): 570-589.

[12] Chen C.C., Greene P.G., Crick A.. Does Entrepreneurial Self-Efficacy Distinguish Entrepreneurs from Managers? [J]. Journal of Business Venturing, 1998, 13 (4): 295-318.

[13] Cooper A., Woo C., Dunkelberg W.. Entrepreneurs' Perceived Chances for Success [J]. Journal of Business Venturing, 1988, 3 (2): 97-108.

[14] Eckhardt J.T., Shane S.A.. Opportunities and Entrepreneurship [J]. Journal of Management, 2003, 29 (3): 333-349.

[15] Shane S., Venkataraman S.. The Promise of Entrepreneurship as a Field of Research [J]. Academy of Management Review, 2000, 25 (1): 217-226.

[16] Venkataraman S.. The Distinctive Domain of Entrepreneurship Research [M]. Social Science Electronic Publishing, 1997.

[17] Yin R.. Case Study Research Design and Methods [M]. California: Sage Publication, 1994.

(作者系安徽财经大学2013级企业管理研究生)

【导师点评】

互联网思维的核心：用户导向

在中国经济转型和经济趋于新常态背景下，推动"大众创业，万众创新"，一方面为社会创造财富，促进社会就业，另一方面也能为社会创新产生新的动力。大学生作为具有活力和知识的社会生力军，他们的创业必然具有较高的创新潜力。因此本文结合大学生创业案例对创业机会的识别与开发进行相关研究具有一定的实践价值和指导意义。

在信息技术快速发展的今天，企业之间、企业与顾客之间，以及顾客与顾客之间的沟通平台进一步便捷化与网络化，这为企业与企业、顾客等利益主体间的互动提供了良好的沟通平台。技术的进步、顾客需求的异质化、日益增加的利润和竞争压力等共同促使了企业利用互联网平台开展市场行为。用互联网思维改造传统行业、商业模式和价值观创新，是众创时代企业家乃至社会各个领域实现转型升级的重要选项。互联网思维也是信息经济时代新的商业思维，正成为企业运营中不可替代的力量。本案例基于互联网和大数据时代背景，分析互联网用户潜在的市场机会以及方便快捷的互联网实现价值的方式，对于相关的创业具有一定的启发意义。

互联网思维的核心是用户导向，主要指产品思维和口碑思维，产品提升是互联网思维的焦点，如何为消费者创造价值是创业机会识别与开发的关键。创业者的个人特质、创业者网络等对于企业互联网思维具有一定影响，进而影响到创业机会的识别与开发。针对互联网思维对机会识别与开发的影响，目前缺乏必要的理论支持。案例研究是探索互联网思维影响创业机制的有效方法。

互联网为适应顾客个性化需求提供了可能，特别是通过网络可以非常方便地实现顾客与企业的及时互动，既方便了企业了解顾客需求，也为企业响应顾客、共同与顾客创造产品提供了渠道。在机会开发中，各种信息手段也促进了社会化营销和个性化设计的互联网思维，未来这类营销也许更能发挥口碑传播效应、增强顾客归属感和促进顾客忠诚。本案例为我们了解互联网思维下创业机会的识别与开发提供了一定的理论认识,未来若能对于"年年家玻璃小铺"淘宝店动态跟踪,也许可以给企业优化机会开发、壮大规模等方面提出更加适应互联网时代的建议。

(指导教师:杜运周博士、教授)

安财心缘社会创业动机初探

余晓芳

近年来,随着经济市场化和全球化的深入,社会财富不断向私营组织集中,贫富分化的情况越发严重,市场经济的失灵导致贫困人口不断增加,仅仅靠政府已经无法解决不断加剧的各种社会问题。在这种情况下,能够同时产生社会价值和经济价值的社会创业自然备受关注。另外,由于严峻的就业压力,越来越多的大学生选择自主创业,大学生已经成为自主创业大军中的重要力量,并且大学生作为公益活动的主要参与者,也将是未来公益创业的重要力量。

因此,本文通过对创业动机和社会创业动机进行文献综述,采用单案例研究的方法,探索大学生这一社会创业群体创业动机及创业动机的影响因素,为如何对大学生进行社会创业教育,提升其能力,激励其进行社会创业提供了启示。

一、文献回顾与理论概述

(一)国内创业动机研究的现状

1. 创业动机的概念

虽然对创业的研究开始于18世纪中期,但到目前还未形成统一的概念,关于创业动机的概念学者更是各执一词。例如,早在1964年Vroom就将动机用效价、期望和手段三者乘积的函数形式表示出来。Robichaud等(2001)认为创业动机是期望创立企业来完成的目标,创业者的行为模式则由目标决定,最终决定创业是否成功。Baum和Locke(2004)将创业动机看作创业者在追求成就的过程中,由目标导向和自我效能感形成的一种内部驱动力。Carsrud和Brännback(2011)认为创业动机是将创业认知和创业意向转换成创业行为的关键。我国学者何志聪（2004）则认为创业动机是可以激励创业者行为的创业者个体的目标，而不是一个抽象的概念，创业者在创业动机的激励下去发现机会，把握机会，并最终实现创业成功的动力。基于前人研究，可以将创业动机理解为：在一定环境的影响下，驱动创业者将创业认知和创业意向付诸具体行动的心理倾向或动力。

2. 创业动机类型研究

不同学者对创业动机维度的概括不同，从两个维度对创业动机进行分析的学者主要是从经济性和社会性两个方面考虑创业动机的结构，如曾照英和王重鸣（2009）在进行全国范围内问卷调查的基础上将中国创业者创业动机分为两类，即事业成就型和生存需求型。顾桥等（2005）依据马斯洛的需求层次理论从经济性和社会性两个方面构建创业动机的理论模型研究创业动机结构的演化，其中经济性动机包括生理和安全方面的需要，社会性动机包括尊重和自我实现的需要。王玉帅（2008）通过对江西地区创业者的创业动机进行调查研究，发现创业动机由经济性动机与社会性动机混杂在一起，在不同的个体中，不同动机的强弱存在着差异。另外，王旭和朱秀梅（2010）将创业动机分为主动的创业动机和被动的创业动机，并且对创业的三要素——创业动机、机会开发与资源之间的关系进行了分析。胡怀敏和肖建忠（2007）将创业动机分为机会驱动型和生存驱动型。部分学者从三个维度对创业动机进行问卷调查分析，其中何志聪（2004）从成就导向、控制导向和保障导向对中小民营企业家创业动机及其影响因素进行了研究。杨晓华（2007）、张凯竣和雷家骕（2012）都从三个维度对在校大学生的创业倾向影响因素进行了研究，其中杨晓华是从工作保障、社会关系、成就追求三个维度进行研究的，而张凯竣则是从精神动机、名利动机和责任动机三个维度进行研究的。另外，夏清华和宋慧（2011）是对学者创业的动机进行研究，主要针对的是学者的个人动机、科研动机、外在动机三个方面。童亮和陈劲（2004）则从需求动机、成就动机、独立动机、环境机会四维度对创业动机进行问卷调查分析。

3. 创业动机的影响因素

不同的创业者，其创业动机不同，创业动机的影响因素也就不同。国内学者对农民及农民工、企业及企业家、大学生三类创业者创业动机的研究比较多，其中还有些学者则是对不同性别的创业者的创业动机进行研究。①农民及农民工创业动机影响因素的研究：郭军盈、袁雯妮、张秀娥等都对农民工返乡创业动机及激励因素进行了分析，认为农民选择创业的根本动机是追求经济收益，其返乡创业的动机主要受到就业压力的加大、市民与农民之间的各种不平等、外部环境的激励、创业环境的改善、经济性需求以及实现自我价值的需要的影响。还有部分学者从财务资源、社会资本等角度对农民创业动机的影响进行研究。②企业及企业家创业动机影响因素的研究：李仁苏（2008）从企业家的感知与情绪体验角度对企业家创业行为心理动因进行了分析，发现体验是其主要创业动机之一。常荔和向慧颖（2014）主要是从创业准入、创业融资、创业服务、创业教育和创业文化等角度进行研究，发现这些相关政策对科技型中小企业创业者的创业动机有显著影响。③其他关于创业动机的影响因素的研究：部分学者并没有针对特殊创业者，而是从创业文化、人格特质、自我效能感、社会网络等视角分别对创业动机作用进行了研究。其中，顾桥等（2005）在从创业者的发展、创业企业的发展两个角度构建了复杂的创业动机理论模型，揭示了创业者的发展以及创业企业的发展都会影响和制约创业动机变化。赵文红和陈丽（2007）通过构建基于社会网络的创业精神发展的概念模型，发现了社会网络在创业机会、动机与创业精神的关系中起到的中介作用。侯飞（2014）在构建创业倾向模型时提出创业者的成就需求、内控制源、风险承担等个体特质对创业动机具有显著正向作用。

4. 国内大学生创业动机研究的现状

国内对大学生创业的研究主要集中在创业意愿、创业教育两方面，对大学生创业动机单独进行研究的不是很多，并且主要还是运用问卷调查和实证分析的方法对创业动机的影响因素进行研究。本文通过总结肖璐、刘唐宇、周勇、王辉等学者对大学生创业动机的影响机制的研究，发现大学生创业因素是多方面多层次的，其中包括家庭社会网络、创新精神、市场能力等个人特质和由创业教育、政策法规、社会文化、商业氛围等构成创业环境，如曾建国（2014）通过实证分析与案例分析结合的方法对医科大学生社会创业动机及其影响因素进行分析研究，验证了个性特质、创业环境、个体人口学特点对医科大学生社会创业动机的影响效应。还有部分学者从创业动机的性质及其之间的内在逻辑关系出发，对大学生创业动机结构模型进行了分析研究，李爱国（2014）基于需要动机理论和择业动机理论，研究发现无论是机会型创业还是生存型创业都受到生存动机和机会动机的共同驱动，并且这两种类型的创业动机在组成上呈现同构性，在结构上存在显著差异性。张凯竣和雷家骕（2012）基于成就目标理论对精神动机、名利动机和责任动机对在校大学生创业倾向的影响进行了研究。王华锋和谢从旋（2014）以大学生创业者为研究对象将创业动机分为生存驱动型、机会驱动型和成就驱动型三种，并且分析了这三种类型的创业动机驱动的创业与创业成功和失败的关系。高日光和孙健敏（2009）则从内在的自我实现、追名求富和外在的社会支持、家庭影响四个方面提出了中国大学生创业动机四因素结构模型。

综上所述，目前学者对创业动机影响因素的研究大多集中于创业初期，包括政策、经济环境和文化等的外部影响因素及创业者个人特质、个人背景、家庭社会网络等个体层面的因素对创业动机的影响。其中：个人特质主要包括责任、认真性、开放性、内控特质、风险偏好、成就需要等；个人背景主要包括性别、年龄、教育水平、专业背景、学历层次等；社会资源包括亲友支持、资金支持等。

（二）国内社会创业动机研究的现状

1. 社会创业的内涵

"社会创业"是由阿苏迦基金会（Ashok）的创始人德雷顿（Bill Drayton）在20世纪80年代创造，之后狄兹（Gregory Dees）又在《社会企业家的含义》一文中对该词进行了最早的定义。1998年Dees从四个方面对社会创业的内涵进行了总结：①是一项不断实现社会公共价值的活动；②通过持续创造新商机来实现社会目标；③是不断地自我适应、创造及探索的过程；④是突破现有资源不足的冒险活动。目前学者从各个角度对社会创业这一概念进行了界定，但是仍然没有形成统一的认识，国内学者既有采用社会创业的概念，也有采用公益创业的概念，其中中国公益创业研究中心将社会创业界定为个人或者社会组织等在社会使命的激发下，为了追求创新、效率和社会效果，面向社会需要建立新组织、提供产品或服务的一种社会活动。

2. 社会创业动机结构

通过上述国内学者对创业动机相关研究的总结，发现一般创业者的创业动机可以分为经济性和社会性两个方面，对于社会创业的创业动机主要有利己动机与利他动机两个方面。对于一般创业者的创业动机主要是从需求层次角度划分的经济性和社会性动机，但无论是包括物质、生理和安全方面等需要的经济性动机还是包括尊重、自我实现和自我成就等需要的社会性动机都是以创业者个人为出发点的利己动机。社会创业与一般创业的主要区分在于对于社会创业者在考虑经济目标的同时将公益目标作为其创业的核心目标，期望通过采用商业的策略和方法，满足复杂社会需求解决社会问题，实现公共利益。综上所述，社会企业家既具有利己的动机也有利他的动机，而社会创业受利己动机与利他动机的共同驱动。

3. 社会创业动机影响因素

无论是一般的创业活动还是社会性创业活动，其开展的背后都必定有其动机的存在，国内社会创业相关理论还处于萌芽阶段，并且理论研究远远落后于实践活动，进而涉及社会创业动机的相关研究更少。国内学者主要是在总结国外研究基础上针对中国具体情况对中国社会创业进行研究，其中专门对社会创业动机的相关研究较少。根据以上国内学者的研究，我们将创业者走向创业的具体原因概括为以下几个方面：

（1）环境支持，社会企业家的创业活动需要良好环境的支持，良好的社会、经济和政治环境可以减少创业者的风险，增强其社会创业的欲望。社会创业本身具有明显的社会目的和社会使命，是一种在社会、经济和政治等环境下持续产生社会价值的活动。这个定义说明社会创业活动除了受到社会目的的引导、社会使命的激励，还受到环境和政策的影响（陈劲和王皓白，2007）。创业者的知识与信息、警觉性、社会网络、价值感知和资源等都将影响社会创业机会识别、评估与开发，所以创业者所拥有的物质财富、知识与信息、社会网络关系等社会资源都将影响其进行社会创业的决心。张远凤和邓汉慧（2009）在总结美国社会创业的特点时发现社会创业的成功离不开良好创业环境的支持。

（2）社会需求，社会问题的严重性和政府组织的资源有限性，激发了创业者产生了解决这些问题的相关创意和想法，他们希望利用市场机制借用商业化操作或者市场化运作手段来提升自身的生存和发展能力，进而参与到解决社会需求中去创造社会价值，解决了社会问题。严中华等（2011）给社会创业下的定义是：采取或者创新企业界的现有商业模式，实现社会使命，解决社会问题，保持创造经济价值和创造社会价值双重底线和平衡。这与陈劲和王皓白（2007）认为社会创业是"解决问题"导向型的观点一致。

（3）经济价值与社会价值，在社会创业过程中创业者高度的社会责任感、社会使命是至关重要的，创业者受社会责任感、社会使命的驱动，以创造社会价值解决社会问题为目标进行创业。实现社会价值是所有社会创业者的主要出发点，也是最重要和最核心的动机，更是社会创业与商业创业相区别的关键所在，因此所有学者在对社会创业进行研究时都对社会价值这一创业动机进行了研究。但社会创业者也是创业者，社会创业者只有通过商业化方式或者创新的创业方式保证一定的经济效益，才能解决一般非营利公益组织资源有限性的问题，使组织持续发展，向社会持续提供公共产品或公共服务，以实现公共利益。张远凤和邓汉慧（2009）根据社会企业家比尔·斯特里克兰德的社会创业个案研究总结美国社会创业的特点时，发现良好的治理和有效的管理是社会创业能持续发展的必要条件之一。邬爱其和焦豪（2008）在对外国学者的文献进行总结时指出，社会问题只有得到社会各界的共同关注和支持，才能得到有效的解决，因为政府等公共机构的公共资源不足以充分满足社会需求。王玉帅和尹继东等（2008）也认为社会创业的经济性与社会性是同时存在的，并且在不同个体中经济性与社会性强弱不同。肖建忠和唐艳艳（2010）则依据需求层次将社会创业动机分为四个层次：扩大弱势群体的就业、为弱势群体提供产品和服务支持、追求绿色环境、形成相当的社会影响。公共社会问题的不断加剧，促使许多创业者参与到社会问题的解决中来，并且多数创业者会在进行社会创业项目的选择时考虑商业利益与社会利益的双重回报，可见经济利益和社会利益都对社会创业有一定的推动作用。

4. 国内大学生社会创业研究的现状

国内学者对大学生社会创业的研究主要还是从大学生公益创业能力和创业教育的角度出发的，除此之外，朱珂（2013）在梳理国内外研究的基础上，对大学生社会创业的动机及其影响因素进行了研究；曾建国（2014）从利他动机和利己动机两个角度对大学生社会创业动机结构进行分析研究；陈湘瑶和韦小双（2014）主要研究了高职院校学生的公益创业心理动机特点及培育路径；杜银伟（2011）在分析我国大学生公益创业现状的基础上，构建了我国大学生公益创业的多元化支撑机制。结合国内学者对创业动机、社会创业动机、大学生社会创业动机的研究，本文将从个人特质、社会需求、创业环境三个方面运用案例研究的方法对大学生社会创业的利他动机和利己动机进行研究（见图1）。

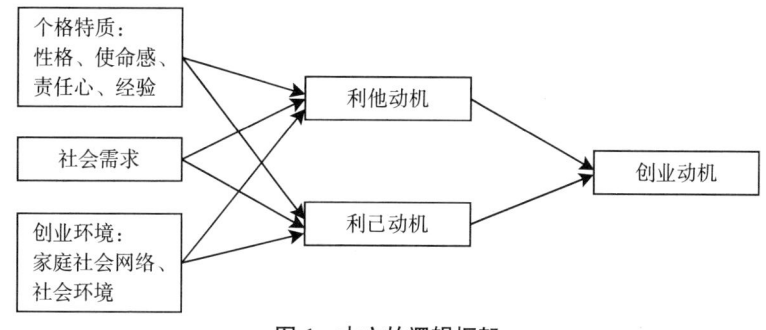

图 1 本文的逻辑框架

二、研究方法和案例企业的选取

鉴于研究案例的典型性、案例资料的可获取性以及研究的便利性，本文以安徽财经大学"安财心缘——安财最大公益校园二手交易平台"这一大学生创业案例为研究样本。该案例的创业者因曾为了借书大费周折，认识到部分学生尤其是大一新生因种种原因（如没有在学校订书打算自选教材、想学习本专业以外的知识、想接触或了解一下与本专业相关专业的学科、自己的课本丢失、打算考研、过英语四六级和计算机二三级等）都有借书和买二手书的需求，但缺乏获取相关信息的渠道，因为获取信息困难无法借到或买到二手书只能在书店里花高昂的费用买新书。然而，这些买到的新书过一段时间便废弃不用，这样造成了极大的资源浪费。另外，大学生二手商品处理的价格与商店中的价格往往相差十倍以上，但因为买卖双方无法沟通，使得双方的利益深受损失。从卖方的角度看，目前大学毕业生毕业时都会有许多物品，虽然他们会采用摆摊的方式最大限度地处理自己的物品，但这种方式耗时耗力且在短暂的时间内卖出的商品只是冰山一角。在此基础上创业者利用学校创业大赛这一机会尝试做了免费的校园二手交易平台，该平台拥有二手供求信息发布功能、二手商品买卖功能、买卖双方实时联系功能、学校商品搜索功能、后台数据库管理功能、登录注册功能、同城交易功能、友情链接功能、留言功能等主要功能，并且只收取少量费用（主要靠一些合作企业的广告费）维持平台的正常运营。安财心缘的业务、收入与使命如图 2 所示。

本研究采用的是针对一个既存的现象提供厚实描述的单案例研究方法，希望能够引发读者对于某个研究问题的兴趣、激发其对于现有理论的反思或是将一些

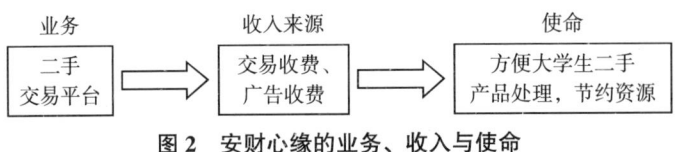

图 2 安财心缘的业务、收入与使命

现象更清楚地予以揭露呈现。在案例研究的过程中采用了深度访谈、文件调阅等方法，笔者于 2015 年 1 月和 3 月多次对相关负责人进行非结构式和半结构式访谈。撰写案例期间，笔者通过网络与电话多次追加调研，获取了更多的资料，以保证信息的一致性和真实性。表 1 描述了对相关负责人调查后整理的信息。

表 1 安财心缘负责人相关信息

问题	情况
初期创业团队负责人数	四人，主要负责人王志雄
创业团队形成的原因	关系好，想创业
想创业的原因	充实大学生活，获得锻炼机会，想参加学校的比赛
选择二手交易的原因	由于个人购买二手书籍相对困难，结合学校的情况，想为同学发布、获取二手用品信息带来方便，提高耐用品的利用率，节约资源
家人对创业的态度	父母是商人，支持创业
创业经验	开过画室、广告公司
负责人性格	喜欢挑战，积极参加学生会、社团
团队负责人的家庭经济状况	经济状况良好，主要负责人父母是商人
环境	"大众创业，万众创新"的提出，学校提供机会、场地、指导

三、安财心缘创业动机分析

（一）社会创业动机结构及现状分析

无论是对社会创业还是一般的创业来说，在创业过程中创业者个人都可以获得人格发展和能力增强的机会。在自身参与创业活动的过程中，培养自己身上具有的企业家的特性和增强识别运用机会的能力、预测控制风险能力、团队协作及沟通能力。同时，对参与创业的学生而言，除了获得个人能力的提升，还因在创业实践中收获友谊、他人的支持认可等，得到情感和心理的满足。在这种自我成长的利己动机的驱动下，大学生积极参与创业活动，从活动中感受自身的价值，确认自己是被他人所需要的，这些心理需要是利己性的。在对安财心缘负责人的访谈调研过程中，我们进行一定的挖掘后发现，由于安徽财经大学举办创业大赛，其最初的创业动机是为了参加学校的创业大赛，之所以要参加这样的比赛主要是想充实大学生活，在比赛当中结识不同的同学来接触不同的思想、思维方式，并且通过这样的比赛锻炼自己发现机会能力、团队协作能力、沟通能力等。从以上情况可以看出安财心缘的主要负责人进行社会创业时最初的动机是利己动机。

在市场经济不断发展的过程中，新的社会问题与社会矛盾也不断涌现，因此需要更多的企业或者公民承担更多的社会责任，积极主动地参与社会问题的解决。社会创业者受到越发严重的社会问题的刺激以及个人社会使命和创业精神的驱动，期望通过打破常规的创新手段增加公共福利，实现社会效益。大学生由于受过高等教育，具有一定的能力与知识，并且相较于其他年龄段的创业者，部分大学生更有创业激情及社会使命感，他们乐于助人，认为帮助别人是自己的责任，自己有义务为社会做贡献。安财心缘这一案例中的主要负责人在想参加比赛锻炼自己等利己动机的刺激下有了创业的想法，且结合自身借二手学习资料面临的信息缺乏的困难及目前大四毕业生大量二手物品处理困难等问题，希望通过创立安财心缘这一免费二手平台，方便毕业生处理诸如教学材料、体育用品等二手用品，使它们得到二次利用，提高资源的利用率，节约资源。从以上情况可以看出安财心缘的主要负责人进行社会创业时也具有利他的动机。

心理动机是人从事某项活动的内在原因，内在的驱动激励大学生创业行为的产生，这种创业动机是大学生创业行为的内在驱动力，人内心的复杂性致使大学生社会创业动机也是复杂的，本案例中创业者的利己动机是其创业的驱动力，利他动机是其选择社会创业的驱动力。安财心缘是其创始人在自我与社会相结合的混合动机驱动下的产物。

（二）社会创业动机影响因素结构及现状分析

创业行为是人的行为，必然受到个人因素的影响，一个人不能作为孤立的人存在，必须融入社会生活中，而创业是创业者与环境互动的过程，创业者也正是通过感知环境变化带来的机会，整合创业资源开发机会，进而创立新企业。所以，创业动机主要受到个人特质、社会需求、创业环境三大方面的影响。

由于创业行为受心理动机的驱动，创业动机是一个心理概念，受到成就需要、个人社会使命感、个人创业经验、个人的风险喜好等特征的影响。个体成就需要高的人，相比那些低成就需要的人，将更容易选择从事创业，因为他们期望通过创业来证明自己的价值。本案例的负责人作为大学生，对于成就的需要更多地体现在对获得创业知识经验、提高自己能力的需要上，在创业过程中的成长即他们的成就。作为社会创业者都有强烈的社会使命感，都具有变革社会的强烈愿望，希望能够有助于解决社会问题与社会矛盾，本案例中的负责人由自己的困难快速想到同学之间都面临着相同的问题，所以期望通过创立安财心缘解决校园二手交易信息难以传递的困难。同时，安财心缘的负责人积极参加学生会社团活动，说明其是一个具有高度的责任感和成就需要高的人。安财心缘的负责人在创立安财心缘以前就曾开过画室，这一经历使其积累了丰富的创业经验，相对于没有创业经验的人来说其更加有信心克服或抵御风险，创业的欲望也会更强烈。另外，从开画室到安财心缘，以及最近新创立的广告公司，说明创业者不安于现状，具有喜欢挑战的特质，是喜好风险的人。

社会问题的严重性和政府组织有限性的资源与社会需求之间的矛盾，激发了有社会使命感的人利用创新的商业模式及市场化运作手段去解决社会问题、需求，同时实现创业者的社会使命。安财心缘的创始人在通过自身经历发现学生二手物品有效处理的需求与购买者购买需求不对称、买卖双方相关信息无法及时传递等问题，这些导致校园内大量二手物品无法及时处理，造成资源浪费。正是这一问题的存在促使安财心缘的创始人创立互联网二手交易平台，以解决大学生二手物品及时处理的需求。

创业环境是众多创业者及其企业产生、生存和发展不可或缺的、复杂的社会系统，是由创业文化、政策制度、社会经济以及技术等要素构成的多层面有机整体。大学生创业者与其他创业者相比，除了受国家政治、经济等社会环境以及家庭社会网络的影响外，还受到学校对创业的教育与支持程度的影响。通过对本文案例的另外四个创业者的访谈，可以了解到这个团队的组成除了都有创业的愿景和希望通过创业来满足其成就感、自我能力得到发展和完善外，在组成创业团队之前他们就是好友关系，四位也都表示是对共同好友安财心缘的发起人的支持。另外，四位创业者的家庭经济条件都较好，并不需要靠创业来解决经济问题，并且家里对其创业行为都表示支持。另外，发起人家庭经商，其创业的热情及创业的知识与能力都受到影响并且有较好的资金来源，可见来自家庭社会网络的支持，不仅为创业者提供精神支持，坚定其创业信心，也为其提供资本、信息、潜在的雇员、客户等促进创业成功的其他因素。良好的社会及校园环境，"大众创业，万众创新"政策的提出，带动了全民的积极性，活跃了创业的气氛。安徽财经大学在相关政策的指导下，不仅举行创业大赛来刺激学生创业的积极性，还为学生提供资金支持、技术指导，在校园内创建了孵化基地，安财心缘就是在这种契机下产生的。

四、研究结果

创业动机是创业行为的重要动力机制，本文在综述以前学者对创业动机、社会创业动机的基础上，从利他动机和利己动机两个方面对安财心缘这一创业案例进行了分析，发现安财心缘的创业行为主要受成就导向的利己动机和改变校园二手交易方式、为学生提供公共服务的利他动机的影响。由于该案例的创业者还是在校学生，其个人经济来源于父母，所以其创业行为基本不受利益导向的利己动机的影响。

在对安财心缘创业者创业动机进行分析的基础上，本文又从个人特质及创业环境两个方面对创业者创业动机形成的原因进行了分析，发现创业者的成就需求、强烈社会使命感、丰富的创业经验、对风险的挑战精神对于创业者的社会创业态度具有积极的影响，尤其是强烈社会使命感。创业者通过创新创业介入到社会问题的解决、为社会提供公共服务的动机是社会创业区别于普通创业的重要标准。首先，本文案例创业者通过建立二手交易平台方便了学生间二手交易信息的获取，有效地利用了社会资源，所以安财心缘属于社会创业行为。其次，本文从家庭社会网络背景、社会创业环境、校园环境三个方面对安财心缘的创业环境进行了分析，家庭朋友的资金及精神支持，学校资金、经营场所的支持及创业机会的提供、社会活跃的创业氛围的影响都是推动安财心缘大学生创业者创业的原始动力和源泉。

参考文献：

[1]常荔，向慧颖.创业政策对科技型中小企业创业活动影响的实证研究[J].经济与管理研究，2014（11）：108-114.

[2] 陈劲,王皓白.社会创业与社会创业者的概念界定与研究视角探讨[J].外国经济与管理,2007(8):10-15.

[3] 陈湘瑶,韦小双.高职院校学生公益创业的心理动机、价值取向与目标选择[J].教育与职业,2014(30):106-107.

[4] 杜银伟.我国大学生公益创业研究[D].北京:北京交通大学硕士学位论文,2011.

[5] 顾桥,梁东,赵伟.创业动机理论模型的构建与分析[J].科技进步与对策,2005(12):93-94.

[6] 高日光,孙健敏,周备.中国大学生创业动机的模型建构与测量研究[J].中国人口科学,2009(1):68-75.

[7] 侯飞.基于创业动机和创业自我效能感视角的创业倾向模型构建及实证研究[D].长春:吉林大学博士学位论文,2014.

[8] 胡怀敏,肖建忠.不同创业动机下的女性创业模式研究[J].经济问题探索,2007(8):24-26.

[9] 何志聪.中小民营企业家创业动机及其影响因素研究[D].杭州:浙江大学硕士学位论文,2004.

[10] 李爱国.大学生机会型创业与生存型创业动机的同构性和差异性[J].复旦教育论坛,2014(6):41-49.

[11] 李仁苏.企业家创业行为心理动因的实证分析[J].中国软科学,2008(4):88-97.

[12] 童亮,陈劲.女企业家的创业动机研究[J].中国地质大学学报(社会科学版),2004(4):17-21.

[13] 王华锋,谢从旋.大学生创业动机与创业绩效关系研究[J].广州大学学报(社会科学版),2014(3):39-44.

[14] 王旭,朱秀梅.创业动机、机会开发与资源整合关系实证研究[J].科研管理,2010(5):54-60.

[15] 王玉帅.创业动机及其影响因素分析[D].南昌:南昌大学博士学位论文,2008.

[16] 郏爱其,焦豪.国外社会创业研究及其对构建和谐社会的启示[J].外国经济与管理,2008(1):17-22.

[17] 肖建忠,唐艳艳.社会企业的企业家精神:创业动机与策略[J].华东经济管理,2010(4):107-110.

[18] 夏清华,宋慧.基于内容分析法的国内外学者创业动机研究[J].管理学报,2011(8):1190-1194.

[19] 杨晓华.企业中层管理者内创业动机特征研究[D].杭州:浙江大学硕士学位论文,2007.

[20] 严中华,姜雪,林海.社会创业组织商业模式要素组合分析——以印度Aravind眼科医院为例[J].科技管理研究,2011(21):207-210.

[21] 曾建国.医科大学生社会创业动机及其影响因素研究[D].长沙:中南大学博士学位论文,2014.

[22] 朱珂.社会创业与大学生社会创业动机初探[J].南昌工程学院学报,2013(5):95-100.

[23] 张凯竣,雷家骕.基于成就目标理论的大学生创业动机研究[J].科学学研究,2012(8):1221-1227.

[24] 赵文红,陈丽.基于社会网络的创业机会、动机与创业精神的关系研究[J].科技进步与对策,2007(8):39-42.

[25] 张远凤,邓汉慧.匹兹堡的社会创业:比尔和他的事业[J].管理案例研究与评论,2009(3):174-183.

[26] 曾照英,王重鸣.关于我国创业者创业动机的调查分析[J].科技管理研究,2009(9):285-287.

[27] Baum J.R., Locke E.A.. The Relationship of Entrepreneurial Traits, Skill and Motivation to Subsequent Venture Growth [J]. Journal of Applied Psychology, 2004, 89(4):587-598.

[28] Carsrud A., Brännback M.. Entrepreneurial Motivations: What Do We Still Need to Know? [J]. Journal of Small Business Management, 2011, 49(1):9-26.

[29] Robichaud Y., McGraw E., Roger A.. Toward the Development of a Measuring Instrument for Entrepreneurial Motivation [J]. Journal of Developmental Entrepreneurship, 2001, 6(1):189-201.

(作者系安徽财经大学2014级技术经济与管理研究生)

【导师点评】

社会创业：梦想的价值

近年来，国内创业浪潮汹涌澎湃，也不断冲击并涌进传统的大学校园。随着各种各样的创业大赛逐渐兴起，同学们难免不受到这样或者那样的影响和感染。这里非常有趣的是，一个本科生来只是想着凑凑热闹、应个急景、随便参加个比赛，不想后来兴趣越来越浓厚，从而还就真的付诸了极大的热情和行动。于是，在这位王志雄同学的牵头下，组建了团队、实现了"安财心缘——安财最大公益校园二手交易平台"的创业行为。为此，研究生余晓芳对其创业动机进行了深入的探究。

一般来讲，社会创业又被称为一种新公益创业。作为一种新型社会的很重要的改良途径，这个新的思想是从20世纪80年代开始，经过二三十年的试错，发展到今天已相当成熟，规模相当大。正如资中筠所称，何谓"新公益"？概而言之，过去的公益认为是纯粹的、无偿的捐赠，一些人把钱捐出来做一些对社会有利的事情，完全是非营利的，而现在的"新公益"觉得这样还不够，需要运用市场机制把营利和非营利放在一起，以做企业的方式做公益。作为一种新型公益的社会创业，该案例的研究丰富了我们的认知，也给当代大学生提供了一个有趣的探索性启示。

对于社会创业议题，作为一位擅长社会变革题材的作家，伯恩斯坦做过不少研究。比如，其第一本书《梦想的价值：孟加拉乡村银行的故事》入围纽约公共图书馆图书奖。商业企业家以经济而言意味着什么，社会企业家对社会变革就意味着什么。伯恩斯坦写道："他们是那些为理想驱动、有创造力的个体，他们质疑现状、开拓新机遇、拒绝放弃，最后要重建一个更好的世界。"社会企业家（social entrepreneur）以改善社会造福人群为自己的事业，执着地经营所认定的"社会企业"，不投机，不放弃。他们选择的"社会企业"（social enterprise）领域多处于非主流的社会边缘地带，那里没有商场的红火热闹，寂寞与孤独是常年景象。其经营的目标旨在要改变这些艰辛、荒芜、贫穷的世界角落，为那里的人群建立更适合生存的条件和权利。

其实，更重要的是，如果想进一步了解社会企业或社会企业家，不妨去看伯恩斯坦写下的《如何改变世界：社会企业家与新思想的威力》一书。如莱特在《探求社会企业家精神》（社会科学文献出版社，2011年版，第144页）一书所指出的，它讲述的是一些来自美国、巴西等许多国家卓越个体的故事，为第三部门的成长与发展提供了一本"卓越指南"。正像伯恩斯坦自己所讲："在开始为该书进行研究时，我曾经设想要写30个左右的社会企业家的实例，所以我拜访了60个，并对另外的40个进行了专门访谈。然而，随着写作的深入，我意识到，一定要有大量的细节，才有可能表达社会企业家精神的精髓，于是我决定集中在9个实例故事上。"

环顾全球，社会中成长最快的部分是第三部门，同时数以百万计的普通人——社会企业家们——正在越来越多地涉足政府和企业已经失败的地方去解决问题。正如其标题所显示的，《如何改变世界：社会企业家与新思想的威力》要告诉我们的是，凭着决心和创造精神，个人也能够创造出非凡成就。对那些追求在世上留下一个正面印记的人而言，这既是一本激励读物，也是一本无价的行动指南。它将改变你看世界的方式（伯恩斯坦语）。

无独有偶，持续创办了无抵押小额贷款30年事业——当时一点也没想到日后它会成长为一个遍布全国乃至全球的银行网络，只看到一小群人的问题，很想实在地帮其解决问题——的尤努斯在《中国需要"穷人银行"》一文中也认为：

资本主义一直被解释得过于狭隘了，人们以为企业就只是赚钱的企业，成立的唯一目的只是为了利润。企业也可以有其他的用途，可以是造福人群的企业。这些企业可以自负盈亏，但主要目的不是盈利，而是在医疗、教育、环保等各方面有贡献的。我建议各国的交易所可以设立一个社会企业板块，投资者购买这些公司的股票，不是为了股价增长或者收到股利，而是认同这家公司的成立目的，帮助指定群体。投资社会企业较捐助慈善机构更具效益，因为上市公司的一切操作都具透明度，有会计师核数，不用花一大笔钱去监察善款用途，这些钱便可以最大比例地用于真正的穷人身上。

（指导教师：王成军博士、副教授）

荔枝传媒创业团队领导产生影响因素探索性案例研究

陈飞羽

随着国家加大鼓励创业,越来越多的人投入到创业的浪潮中来。在诸多创业活动中,有的进行个体创业,有的则选择组建创业团队进行创业。数据显示,创业活动越来越多地基于一个创业团队。在创业团队中,创业团队成员根据自身的条件相互合作,共同实现团队的目标。因为信任问题,一些创业团队是由相熟的朋友、同学、同事或者亲戚等组成。可是由于这种相熟的私人关系,团队成员往往在团队建立初期并没有确立团队领导。在创业活动中通常采取共同商议、集体决策的方式制订团队的发展计划。但创业团队中总有人担当领导角色,这些领导者将那些有共同创业愿景的团队成员联合起来,他们能明晰团队的愿景,提出战略让团队其他成员去实现(Timmons,1999)。这就出现了随着创业活动的不断进行,因为每个团队成员的能力等方面的差异,往往那些能够更好帮助实现组织目标的人,会逐渐得到团队其他成员的认可,最终在创业团队中产生团队领导。有哪些影响因素使创业团队领导得以产生?这是本案例研究的动机之一。

安徽荔枝广告传媒有限公司(以下简称荔枝传媒)由安徽财经大学的四名大学生创立,他们在创业之前是同一个专业的同学,同时也是要好的朋友,是一个由相熟的团队成员组成的创业团队。在创立初期,荔枝传媒这个创业团队因为相熟的私人关系并没有明确团队领导,在团队的运营等事务上均采取了共同商议解决的办法。然而在经过8个月的发展之后,却逐渐自然形成了以团队成员之一的李叶苗为领导的创业团队。本文正是通过对荔枝传媒案例的剖析,对创业团队领导的相关文献进行回顾,尝试探索荔枝传媒领导产生过程中哪些因素影响了创业团队领导的产生,以解决我们的研究问题。

一、文献回顾和研究议题

(一) 创业团队领导内涵和特质

Kamm 和 Nurick(1993)认为创业团队的形成是由"领袖"推动的,先有创业设想,再吸引、招募其他人加入,进而组成创业团队,共同实现创业蓝图。Cooney(2005)认为,如果创业构思首先由某人提出,则该人将成为创业团队的领导,他将对创业团队最初的组建和行为作出决策。Surie 和 Ashley(2008)认为创业团队领导就是一些人士学习与他们所从事领域相联系的一些问题,再识别如何去解决这些问题,同时利用他们的知识去创造一种有利于解决问题和价值创造的社会情境。Shaheen(1997)把创业团队领导描述为在创造产业改革中,以创新为指引,创造一种政策文化。上述研究揭示了创业团队领导在团队中,往往可以通过创造机会、招募成员、解决问题去实现创业团队的共同目标。

一些学者还关注团队领导者所具有的特质。Donnelly 和 Kezsbom(1994)认为团队领导需要具有管理、分析、整合、协作和组织五项最重要的特质。Taggar 等(1999)通过研究发现,在最初无领导的团队中,领导者的产生与认知能力、责任心、外倾相关。此外,大量研究都显示领导者身上拥有共同特质,如坚持不懈、自信、内在驱动力、成就动机等(姜昭,2011)。虽然领导特质理论仍然具有生命力,但这种聚焦于领导者的研究,忽视了被领导者,把被领导者认为是消极的和被动的。这也是领导特质论的一个缺陷。

(二) 创业团队领导职能

团队是由有着共同目标的个体所组成的,每个团队成员都需要承担各自的任务和功能。团队领导在产生时,会随着团队的发展动态演化,从而保证团队具备有效的领导,这体现了团队领导的职能性特点(Morgeson,2010)。

Fleishman 等(1991)总结了四个维度的领导职能,即信息的搜寻和构建、使用信息解决问题、团队成员资源管理和物质资源管理,共涉及 13 项活动。领导在问题解决中利用获得的信息来实现目标。领导要弄清任务的需要和要求,寻找并评估可能的解决方案,制定实施的方案,并且团队领导要将计划传达给团队成员,让队员实施活动。Mcintyre(1999)则认为团队领导具有设定目标、建立外部网络、联合关系、传递信息和聚焦行为五项领导职能。

王云峰(2008)认为创业团队领导能够积极寻找、发现、识别机会,并且利用机会和资源实现企业绩效。Currie 等(2008)认为,创业团队领导能够鼓励他人,能够明确和适当地创造创新机会。Guo(2009)认为创业团队领导需要识别机会,发现创新并对风险做出快速反应,在兼顾机会导向和优势导向的基础上,影响其他成员。Mccarthy(2010)指出,创业团队的领导寻找机会,对团队其他成员的资源和战略设计发挥了重要的作用。

上述研究揭示出,创业团队领导在团队中需要有资源管理、机会识别与开发、制订计划、团队协作等领导职能。这些职能都与团队中的其他成员相关。

(三)研究议题

综上所述,我们发现创业团队领导者具有一些团队其他成员所不具有的领导特质,同时创业团队领导者在团队中拥有诸多领导职能,使创业团队领导者可以利用领导职能使团队实现共同目标。同时,团队领导固然有独特的领导特质,但一个创业团队自然产生团队领导,更多的是由于团队领导者随着团队的发展,履行了领导职能、进行了有效领导,促使团队目标的实现,最终创业团队领导得以产生。所以,本文认为应把领导者特质与领导职能联系起来,共同探索创业团队领导产生的影响因素。

二、研究设计

(一)研究方法

案例研究法适合回答"怎么样"、"为什么"这类问题,相较于回答同样类型问题的实验法,案例研究法不需要对研究对象及事件进行一定程度的控制。这符合我们在最真实的情况下,得到研究对象最真实的反映,最大限度地呈现研究对象的真实行为。单案例研究相对于多案例研究往往被认为不具有较强的说服力,多案例研究常常被认为更经得起推敲。Yin(2010)则认为单案例研究与多案例研究是同一研究方法的两个变式,在经典性案例研究与多案例研究之间并没有明确的分界线。考虑到本案例的"创新性"和"独特性",本研究更适合采用单案例研究设计而非多案例研究设计。

(二) 分析单位

分析单位可以是个人、个体,也可以是更难以界定的事件或实体。罗伯特(2010)指出对分析单位的界定是与所要研究的题目类型的界定相联系的。创业团队领导是个体,因此本研究的分析单位为个人,创业团队的行为不作为本研究的分析单位。

(三) 案例选取

本案例研究对象是安徽荔枝广告传媒有限公司的创业团队。之所以选择"安徽荔枝广告传媒"案例,主要有以下两方面原因:①案例的特殊性。在作者收集相关案例的初步资料时,发现荔枝传媒在创立初期是由四名关系要好的同学组建,并且创立初期没有明确创业团队由谁领导,但在经过不断的发展运营之后,最终自然形成了以李叶苗为领导的创业团队。②数据的可得性和可靠性。荔枝传媒是安徽财经大学的大学生创业孵化基地支持的重点项目,可以从安徽财经大学大学生孵化基地得到该公司运营的成本、利润等相关数据,同时借助孵化基地,对该公司的创业团队中的每个成员进行访谈,可以直接面对团队成员,掌握较为真实的相关研究数据。

(四) 案例材料搜集

Yin (2010) 指出最常见的数据来源包括文件、档案记录、访谈、直接观察和实物证据等。作者首先通过安徽财经大学创业孵化基地取得该公司的基本信息,进而联系该公司的四名创业者,分别对该创业团队的四名创业者进行单独访谈,并伴有文字和录音资料(已征求被访者同意)。单独访谈的目的是为了增加被访谈者回答问题的真实性,排除集体访谈时由于其他团队成员在场而不能真实回答问题的情况。多种证据结合,可以确保获得材料的真实性。

三、案例分析

（一）安徽荔枝广告传媒有限公司背景信息

安徽荔枝广告传媒有限公司成立于 2014 年 9 月，由安徽财经大学的四名大学生创立，在安徽省蚌埠市工商局注册备案。公司办公地点设在安徽财经大学大学生孵化基地。公司团队成员包括李叶苗、万欢、段厚满和孟凡杰 4 人。4 人均是安徽财经大学文传学院的学生。在公司创立之前，4 人由于就读相同专业，是关系要好的朋友。2014 年 9 月，在共同商议下，4 人各出资 1 万元人民币注册公司，各占公司 25% 的股份。除办公电脑自备以外，公司先后购置了佳能 5D MARK Ⅱ 一台和佳能 700D 一台。荔枝传媒主营业务有拍摄微电影、设计海报、拍摄毕业季写真以及个人写真等。其中，安徽财经大学 55 周年校庆饭票就是由该公司设计完成，取得了较大的反响。在专业技术分工方面，公司内设视频组和平面组。视频组主要负责微电影拍摄等视频拍摄业务，由李叶苗和万欢组成；平面组主要负责毕业季写真等照片拍摄业务，由孟凡杰和段厚满组成。在运营分工方面，李叶苗负责公司运营管理，万欢负责财务，段厚满负责技术支持，孟凡杰负责产品研发和推出。荔枝传媒自创立以来，至 2015 年 5 月，每月平均销售额维持在 2000 元左右，公司业务不断推陈出新，品牌知名度和运营状况与日俱增，是安徽财经大学创业孵化基地中较为成功的项目之一。

（二）案例描述

李叶苗是安徽财经大学文传学院一名普通的大学生。因为爱好摄影，李叶苗利用自己在课堂上学习的专业摄影知识，并不断研究，使自己在摄影方面有着独特的想法，摄影技术也不断提高。他不仅日常练习，还在学校所在地蚌埠市的一家摄影机构兼职，学习更加实用专业的摄影技术，积攒更多的摄影经验。在摄影机构兼职的日子，李叶苗不仅锻炼了自己的摄影技术，而且也使自己比其他没有兼职的学生多了些社会经验。社会不同于学校，每天面对不同的客户，处理不同的问题，也渐渐磨砺了李叶苗，使他与其他同学相比，在面对问题时多了一份冷静。随着李叶苗的不断成长，李叶苗希望创立属于自己的摄影机构，实现自己的人生理想。他发现,每年毕业,毕业班都需要拍摄毕业写真。但往往拍出来的毕业照形式风格千篇一律,而自己作为一名摄影爱好者却有很多新颖的想法。是否可以以此为突破口,成立摄影机构呢?他把这个想法告诉了自己同班较为要好的孟凡杰,两人一拍即合。但成立摄影机构,两个人是忙不过来的,于是他们决定成立一个团队来运营。

李叶苗的摄影技术和为人在其所在专业是众所周知的。所以当李叶苗准备创立摄影团队时,很多人都积极地想参与进来。万欢就是其中之一,他认为李叶苗是一个思路清晰、办事能力很强的人。在万欢眼中,李叶苗虽然算不上文传学院的风云人物,但在万欢眼中也是能力出众者。他认为为有李叶苗的团队一定会很好,并且他也想借此机会锻炼自己,提高自己各方面的素质。同时万欢与李叶苗、孟凡杰也是非常好的朋友。于是,他就找到李叶苗和孟凡杰,希望能加入团队。最终,一同加入团队的不仅有万欢,还有他们同专业好友段厚满。4人既是同专业同学,也是好朋友,这样一个由4人组成的创业团队就组建起来了。

正好安徽财经大学大学生创业孵化基地需要更新一批商户。李叶苗知道这个消息后,就积极联系孵化基地,希望进驻。很快,他们的创业项目得到了孵化基地的认可,同意他们使用基地办公场地。4人商议,各出资1万元,股份各占25%,成立"安徽荔枝广告传媒有限公司",进驻安徽财经大学创业孵化基地。因为他们之间是要好的朋友,他们也没有确定谁做团队的领导,而是采取有事大家一起商议的方式,并且定期开会商讨解决公司运营中出现的问题。

公司在创立之初,主要开展毕业季写真、个人写真、传单名片打印和最美证件照等业务。但由于创建初期公司知名度和认可度都不高,主要业务集中在印制宣传单页广告上,收入很不理想,并且随着公司创立初期的新鲜感下降,创业团队中的创业热情也在不断下降。这时,具有丰富社会经验和人际关系的李叶苗获知,学校内有老师和学生参加一些比赛需要制作比赛的相关视频,但由于参赛老师和学生的时间和水平有限,他们急需一些有专业知识的个人或机构帮助他们完成视频制作。李叶苗认为这是一个商机,他召集团队其他成员开会,商议公司业务转型。由于每人各占股份25%,在经过大家充分发表意见之后,最终共同决定增加广告设计和学生比赛等业务。因为他们制作质量较高,赢得了老师和同学的认可。这也提高了公司的知名度,公司的其他业务也渐渐好了起来。公司当月收入就翻了一番。

公司收入逐渐增加，也出现了一个新的问题，就是报税。4个人都是第一次创立公司，公司的管理仍旧相对混乱，对开公司各方面的要求更是一窍不通。刚开始，他们并不知道要买发票用来报税，所以当他们第一次去税务部门被通知漏税时，他们还是一脸茫然。他们便向创业孵化基地指导老师求助，在老师指导和向税务部门咨询之后，他们明晰了报税的流程，补交了税费，购买了发票和发票机，可事情还没有结束。由于操作不熟练和对发票打印注意事项不了解，把一些卡纸的和票根损坏的发票进行丢弃，直接导致被税务部门罚款。之后在2014年10月和2015年3月，先后丢失了完整的发票，再次被税务部门罚款。仅在纳税方面，就被税务部门罚款近4万余元，使公司白白遭受了损失。

这次"税务危机"使他们认识到团队需要进行整顿，规范管理运营。此时，因为负责联系孵化基地的是李叶苗，加之在公司创立之初联系创业孵化基地的也是李叶苗，自然创业孵化基地的一些指导信息都是由李叶苗负责传递给创业团队。这也给团队成员之一的段厚满形成一种思维定式，创业团队如何根据创业孵化基地的指导运营，需要听李叶苗的。并且加之"税务危机"带来的震动和平日李叶苗展现出的较强的办事能力和丰富的社会经验，使段厚满逐渐认为，李叶苗有能力带领整个团队走向更远的未来。

同样受到"税务危机"震动的孟凡杰，认为团队需要有一个强有力的领导来统一管理公司，这样公司才能良好地运行。虽然公司也为运营管理方面的问题，开了几次会，但往往不能达成一个稳定的管理模式。在公司创立初期的业务集中在利润少耗时多的小广告和传单上，导致公司收益不佳时，是李叶苗发现了新的赚钱项，把从大家干劲不足、有些懈怠，转变为对公司重燃信心。这次的"税务危机"也是李叶苗统筹规划，大家通力合作，使企业渡过了难关。在整个创业团队中，李叶苗之前在摄影机构的工作经验，使其在日常的工作中表现出了较强的能力，并且丰富的社会经验也成为了其最大优势。如果团队要确定团队领导者，李叶苗就是不二人选。

随着创业活动的不断进行，大家渐渐地都认同李叶苗是整个创业团队的领导者。他可以组织团队成员通力合作，实现他们共同的创业目标，可以使公司得到更好的发展和壮大。李叶苗也逐渐承担起团队领导的职能，协调团队成员之间相互合作，开展新业务，管理公司资源和事务。至此，安徽荔枝广告传媒有限公司的创业团队领导正式产生。

(三) 案例结果讨论

通过案例我们发现,在团队中,李叶苗从未想过要做团队的领导者,他只是认真做事,利用自己先前的工作经验和社会经验,想把辛苦创立的公司做大做强,最终做成品牌。同时,他认为自己的最大优势,不是人际交往能力和工作社会经验,而是自己坚韧的性格,在面对困难时,可以勇往直前解决问题,确保创业团队目标的实现。他具有性格坚韧、成就动机等领导特质。

同时,我们也发现在创业活动中,李叶苗承担了领导职能。在初期,最先提出组建创业团队,招募成员,设立团队愿景;在创业活动中,从外部获取、传递信息,制订团队计划,并协调组织成员实施计划;识别开发机会,带领公司转型,扭亏为盈。据此,本研究认为,创业团队领导产生的影响因素,主要是具有领导特质的团队成员、在创业活动中履行了领导职能、得到了团队其他成员的认可三者相互联系的结果。因此,我们得出创业团队领导产生影响因素的理论模型(见图1)。

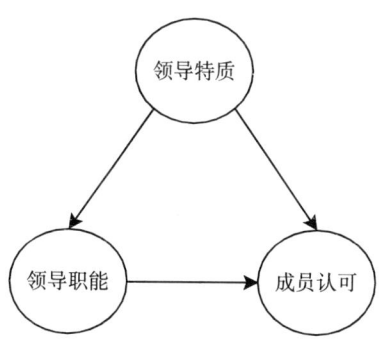

图1 创业团队领导产生的影响因素

通过对安徽荔枝广告传媒有限公司案例的分析,我们发现创业团队领导的产生,受到领导特质、领导职能和团队成员认可三个因素的影响。同时,领导特质使得潜在的创业团队领导履行领导职能,通过履行领导职能,潜在的团队领导获得团队其他成员的认可,同时潜在团队领导的领导特质也能获得团队成员的认可。在这三个因素的共同作用下,创业团队领导最终得以产生。

四、启示与局限性

对于创业团队而言,由于其特殊的成员关系,没有明确确定创业团队的领导。但会随着创业活动的进行,终将会产生创业团队领导。本研究通过对现实生活中的案例分析提出了影响产生创业团队领导的三个影响因素,并指出,三者不是孤立存在的,而是相互联系的,共同影响创业团队领导的产生。这对创业团队领导产生的研究具有积极意义。同时,也启示我们,不仅需要具有领导特质,而且要在创业活动中履行团队领导职能,进而获得团队成员认可,最终才能成为团队领导。

与此同时,本研究也存在如下缺陷:一是本研究采取单案例研究,具有一定的特殊性,未来应进一步采用多案例研究和实证研究完善所提出的理论模型。二是本文未更多地对其他团队成员进行分析,其他成员在具有领导特质的情况下履行了团队领导职能,为什么没有成为团队领导,这也是未来值得研究的议题。

参考文献:

[1] 姜昭. 国外领导理论的研究缺憾及其发展趋向 [J]. 中国科技论坛,2011 (4):156-160.

[2] [美] 罗伯特·K. 殷. 案例研究:设计与方法 [M]. 重庆:重庆大学出版社,2010.

[3] 王云峰. 领导力理论溯源及创业领导研究方向 [J]. 技术经济,2008 (6):21-26.

[4] Cooney T.M.. Editorial:What Is an Entrepreneurial Team? [J]. International Small Business Journal,2005,23 (3):226-235.

[5] Currie G.,Humphrey M.,Ucbasaran D.,Mcmanus S.. Entrepreneurial Leadership in the English Public Sector:Paradox or Possibility [J]. Public Administration,2008,81 (1):235-246.

[6] Donnelly R.G.,Kezsbom D.S.. Overcoming the Responsibility–Authority Gap:An Investigation of Effective Project Team Leadership for a New Decade [J]. Cost Engineering,1994,36 (5):33-41.

[7] Fleishman E.A.,Mumford M.D.,Zaccaro S.J.,et al.. Taxonomic Efforts in

the Description of Leader Behavior: A Synthesis and Functional Interpretation [J]. Leadership Quarterly, 1991, 2 (4): 245-287.

[8] Guo K.L.. Core Competencies of the Entrepreneurial Leader in Health Care Organizations [J]. Health Care Manager, 2009, 28 (1): 19-29.

[9] Kamm J.B., Nurick A.J.. The Stages of Team Venture Formation: A Decision-Making Model [J]. Entrepreneurship Theory & Practice, 1993, 17 (2): 17-27.

[10] Mccarthy D.J., Puffer S.M., Darda S.V.. Convergence in Entrepreneurial Leadership Style: Evidence from Russia [M]. California Management Review, 2010.

[11] Mcintyre M.G.. Five Ways to Turn Your Management Team into a Leadership Team [J]. Journal for Quality and Participation, 1999, 22 (4): 40-44.

[12] Morgeson F.P., Derue D.S., Karam E.P.. Leadership in Teams: A Functional Approach to Understanding Structures and Processes [J]. Journal of Management, 2010, 36 (1): 5-39.

[13] Oliver T.R., Paul-Shaheen P.. Translating Ideas into Actions: Entrepreneurial Leadership in State Health Care Reforms [J]. Journal of Health Politics Policy & Law, 1997, 22 (3): 721-788.

[14] Surie G., Ashley A.. Integrating Pragmatism and Ethics in Entrepreneurial Leadership for Sustainable Value Creation [J]. Journal of Business Ethics, 2008, 81 (1): 235-246.

[15] Taggar S., Hackew R., Saha S.. Leadership Emergence in Autonomous Work Teams: Antecedents and Outcomes [J]. Personnel Psychology, 1999, 52 (4): 899-926.

[16] Timmons J.A.. New Veture Creation [M]. Boston: Irwin/McGraw-Hill, 1999.

[17] Thomas R., Paul-Shaheen. Translating Ideas into Actions Entrepreneurial Leadership in State Health Care Reform [J]. Health Politics, Policy and Law, 1997, 22 (3): 721-788.

(作者系安徽财经大学2014级企业管理研究生)

【导师点评】

创业团队：创业成功的关键

创业是一项兼具复杂性和竞争性的活动。越来越多的证据表明，创业活动越来越多地基于一个创业团队而非单独的创业个体。因此，创业团队中的领导研究就显得尤为重要。对于以创新为己任，面临不确定环境的创业团队而言，究竟需要怎样的领导才能让创业团队渡过最初难关，实现茁壮成长？应当如何构建高效长期的创业团队，并保证其健康运转，也是创业团队在创业道路上必须突破的瓶颈问题。本文从领导产生的过程出发，探索影响创业团队领导产生的因素，并结合领导特质与领导职能，把创业团队领导与创业过程紧密联系在一起，具有一定的现实意义。

从创业过程来看，创业领导的产生，与下属的互动应该是个持续发展的过程。创业初期，企业规模小，关系简单，往往由创业者个人领导，由于决策快、效率高，比较容易胜任。随着企业经营规模不断扩大，创业团队存在着各种磨合与冲突，个人领导往往顾此失彼，难以适应。因此，创业团队的领导往往经历着一个由"草莽英雄"到真正企业领袖的转变。这种领导方式的转变是一种飞跃，也是创业过程的必然。

对于大学生群体来说，由于在知识、经验、时间、精力、资金等方面的限制，他们最初的创业积累往往是通过"借"来完成的，包括借势、借力、借人。因此，合伙创业成为大学生创业团队的惯用选择：选择志同道合，与自己价值观类似的人搭档；选择能力突出并且可以互补的伙伴克服创业过程的不确定性；选择行为风格差异但能相互信任、相互珍惜的合伙人共同开创事业。对于大学生创业团队领导来说，除了具备领导者的一些重要特质，上述身份的转变显得尤为重要。了解和分析大学生创业团队中的组织协调机制是成功创办创业团队的前提条件，也是对抗创业过程不确定性的重要法宝。

从研究层面来看，创业团队处在不同的发展阶段，创业团队领导的特质与风格、行为与技能、情境和权变因素是不同的。创业团队领导的特质与风格、创业团队领导的情境与权变因素等分别通过影响创业团队领导的行为与技能对创业团队领导的角色与作用产生影响，进而影响创业绩效。因此，深入揭示创业团队领导影响创业绩效的微观机制，以及不同阶段创业团队领导的不同特点等将是未来该领域值得关注的重点议题。

（指导教师：王晶晶教授；
杜晶晶博士、副教授）

木子里顾客满意的个性化定制三阶段研究

黄翠翠

随着时代的不断发展以及人们生活质量的不断提升,人们对生活消费品或服务的选择也逐渐由原先的被动接受市场已经存在的产品或服务转变为主动需求定制专属的个性化产品或服务。个性化定制产品或服务不再是富人的专利,现在普通群众也开始逐渐享受到个性化定制的产品及服务。企业的角色也逐渐由原先的控制市场的卖方市场转变为如今的买方市场。产能过剩、供大于求、企业间的同质化产品竞争激烈,企业需要改变以往的竞争者驱动的发展模式,积极转变发展战略,关注企业效益的主要来源者——顾客,关注顾客导向的发展趋势,考察现有需求及潜在的顾客需求,主动满足顾客需求,争取最好的顾客市场。以顾客为中心,追求顾客满意度及顾客忠诚度,是企业经营长久的战略需要。菲利普·科特勒在他的著作《市场营销管理》中写道:"企业的整个经营活动要以顾客满意度为指针,要从顾客角度,用顾客的观点而非企业自身利益的观点来分析考虑消费者的需求。"这句话也是现代市场营销学中的经典之言。由此看出,顾客导向的发展战线对于顾客满意度及忠诚度的保障是可行且必要的。个性化的定制就是以顾客为中心,根据具体顾客要求,以满足顾客需求为准则,达到高水平的顾客满意度,从而争取最大化的顾客忠诚度。本文以满足顾客的个性化需求为视角,探讨各阶段影响顾客满意的因素。

一、文献回顾

(一) 顾客满意度内涵及影响因素

顾客满意最早可追溯到 1965 年，由 Cardozo 最先提出顾客满意这一说法，其指出顾客满意会带动再购买行为且会带来较好的口碑。由此营销学界开始研究"顾客满意"这一问题，成为许多学者关注的热点。国内外营销界的学者们对于顾客满意的界定也有许多的观点。Howard 和 Sheth（1969）认为顾客满意是消费者对所付出的代价和获得的收益是否合理进行评判的一种心理状态。Johnson 和 Fornell（1991）认为顾客满意是消费者针对产品或服务的所有购买经验的整体评价。前者认为顾客满意度是一种顾客消费之后的心理倾向和感受，而后者则认为顾客满意是顾客消费之后对于企业产品或服务的评价。这是从两种不同视角对顾客满意度进行定义的。Oliver（1997）提出顾客满意是顾客需要得到满足后的一种心理反应，是顾客对产品和服务的特征或本身满足需要程度的一种判断，目前这是学术界普遍公认的关于顾客满意度的定义。在最新的 ISO9001 的质量管理体系中，也明确指出要以增强顾客满意为焦点，顾客满意是顾客对其要求已被满足的程度的感受。国内学者王卫东等（1999）通过实证分析，发现顾客实际感知的服务和顾客期望、顾客满意度三者之间两两互为影响，企业实际中需要关注三者关系。范秀成（2009）等学者在整合了 1980~2007 年的 100 项关于顾客满意的研究的基础上发现，满意对行为忠诚的影响不像对态度忠诚的影响那么稳定。综上，顾客满意度就是顾客将自身对产品的认知而产生的期待与实际消费后的感知进行对比所产生的情绪表现，这包括积极的和消极的表现。当顾客的期待小于感知时，顾客就会产生满意的积极情绪；当顾客的期待大于感知时，顾客就会产生抱怨甚至投诉的消极情绪；当期待基本等同感知时，顾客就既不会满意也不会不满意，顾客忠诚度及再次购买的可能性也极不稳定。

根据顾客满意度的内涵，可以看出影响顾客满意度的因素主要是顾客的认知期望及顾客的实际感知，不同的顾客对相同产品的期望及感知是不同的，因而对产品的满意度也因顾客的差异性而产生差异。因此，顾客直接消费体验的最终产品的质量、性价比、产品的售后服务等对顾客的满意度也有一定的影响。

(二) 顾客满意度理论经典模型

1. 期望不一致模型

期望不一致模型简称期望模型，其理论基础为社会心理学和组织行为学。期望不一致理论分为两个阶段进行。在第一阶段，顾客将在购买前对产品形成的认知期望与购买之后实际产生绩效进行对比。在第二阶段，是顾客对这种对比下的不一致"满意"反应。当实际绩效与期望的"不一致"为零时，顾客将"适度满意"；当实际绩效与期望的"不一致"为正时，顾客将"满意"；当实际绩效与期望的"不一致"为负时，顾客将"不满意"。这是将顾客期望与实际绩效的不一致进行比较分析，从而得出顾客的满意情况。

2. 公平模型

公平模型除了分析顾客期望与实际绩效水平之外，顾客认为交易是否公平也将影响顾客的满意度。当顾客认为自己的投入效用与产品的实际带来的效用等同时，顾客就会感受到公平与满意。这种公平对待的效用程度越高，顾客的满意度也就越高，反之则顾客满意度越低。

3. 顾客满意度指数模型

顾客满意度指数就是从整体上将顾客满意度进行指数化，可用于对企业、行业及国家在满足顾客需求这方面进行综合评价，该指标也成为许多国家衡量各行各业经济发展状况的宏观经济指标。瑞典在20世纪80年代末各行业企业间竞争激烈，价格成本已经相对较低，企业如何留住老顾客及开发新顾客成为各行各业的新挑战。由此国家在1989年最先运用瑞典统计局的数据，经过分析统筹推出全国性顾客满意度指数模型（SCSB），该指数模型包括瑞典国家指数、各经济行业指数及有关企业指数，该模型也因此被称为瑞典经济的"晴雨表"。该模型是利用顾客期望、质量感知这两个因素来预测顾客满意度，从而产生顾客忠诚和顾客投诉两个结果变量。五年之后，美国在瑞典推出的顾客满意度指数模型的基础上加以改进，将质量感知细分为产品及服务质量感知、总体质量感知、价值感知三个变量，形成美国顾客满意度指数模型（ACSI），成为顾客满意度指数模型中的经典模型，供许多国家参考。随后，欧盟、加拿大、新加坡等国家也相继推出适合自己国情的指数模型。我国开始相对较晚，但也有很多的学者尝试建立适合中国国情的指数模型，其中最典型的是由清华大学提出的中国顾客满意度指数模型,综合了美国顾客满意度指数模型和欧洲顾客满意度指数模型。

(三) 个性化定制

个性化定制 (personalization) 是指根据顾客的个人需求专注于为某一顾客定制专属的产品或服务,不同于大众化生产及服务,这是一对一地提供服务。个性化的定制使得消费者以自己的想法直接介入产品设计过程,而不同于现在市场上主导的由企业独自根据市场调研的顾客需求进行产品及服务的设计与生产。个性化的定制就是根据顾客自己的喜好、特点及个人需求,为其量身定制的独一无二的产品或服务。这种个性化的定制是与顾客直接进行沟通交流,了解顾客需求,专心定制专属的一件或几件的产品,一改以往企业以产品为中心的批量化大生产的模式。这种个性化的定制过程能够保证与消费者的需求确认,不易出现产品滞留的现象,无须库存管理,省略产品生产后的销售过程,直接与消费者直接对接,也能在事后及时得到消费者的反馈以供企业更好地改进。

个性化定制企业的生产经营模式可以有:①"设计+生产"型的经营模式。这种类型的企业主要负责接受顾客需求及后续的设计及生产。这类企业往往定制的是大批量的订单,否则企业成本将难以承受。②设计型经营模式。这类企业只是负责在得到顾客需求之后的设计工作,之后负责联系厂商进行成品制作,这种定制业务一般适用的企业规模相对较小且拥有相对专业的设计人士。③信息咨询服务类。这类企业在顾客与定制厂商之间起中介作用,企业本身不直接参与定制产品的活动。这类企业需要与厂商建立良好的合作伙伴关系。

(四) 影响顾客进行个性化产品选择的因素

顾客对于个性化产品的追求主要受几个因素的影响:①定制价格。这是一个讲究性价比的时代。价格的定制将直接影响到顾客的选择。一般来说,个性化定制的产品会比市场直接购买的同类产品价格标准有所提高,而要让顾客觉得物有所值,价格是一个重要的因素。②交货期。个性定制产品不同于市场直接选购,商家必须拥有充足的时间进行产品的设计及生产。顾客个性化定制产品的需求有急缓之分。当顾客比较急需时可能会选择执行力及效率更高的企业。因此顾客选择时,交货期的长短也将因顾客不同的需求而增加不确定性。③个性化程度。不同的顾客个性化的需求程度是不均的。不同的企业、不同的设计师对于顾客的需求的理解和表达可能存在一定的偏差,对于一些极其个性的、较真的顾客可能难以达到满意,这将很可能导致最终与顾客交易的失败。这些因素的存在将影响顾客的满意程度。

(五) 个性化定制三阶段中影响顾客满意度的因素

个性化的企业生产模式不同于以往企业直接大规模批量生产的模式。企业必须在了解顾客主动传输的需求基础上才可以设计生产,所以个性化定制的产品可以省略销售这一环节,而且顾客满意度的评价在产品定制过程中就有体现。传统批量生产的企业流程主要是市场调研—产品设计—产品制造—产品销售四个环节,最后消费者根据实际消费感受进行评价,顾客满意度只在消费完成之后才可以进行评价。个性化的定制虽然省略了销售产品的环节,但在个性化定制的环节中将有顾客满意度交叉的直接体现。顾客将通过对产品的设计及成品的消费这两个环节综合评价对企业服务满意的程度,这也将影响到顾客的再次选择及忠诚度。在个性化定制过程中,顾客满意度受不同的因素影响。个性化产品定制的过程可以大致分为三个阶段:①需求识别阶段。在这个阶段主要是顾客需求的倾听及设计制图。在此阶段,主要受顾客期望、顾客要求的个性化程度的影响。②产品制造阶段。这个阶段企业自己生产或者联系合作厂商,根据满足顾客要求的设计图进行产品的定制。这个阶段主要受交货期、服务态度的影响。③产品交接阶段。产品定制成功之后与顾客的交接,完成定制的最后交易过程。此阶段,顾客感知、价格、售后服务及产品质量的影响。通过对相关文献的阅读,最后得出一个关于个性化定制三阶段的框架图(见图1),更清晰地看出三阶段中主要影响顾客满意度的因素。

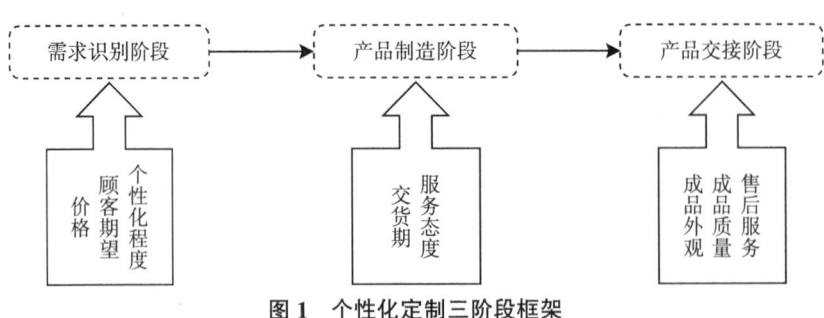

图1 个性化定制三阶段框架

二、案例的选取与研究方法

本研究采取的是单案例研究法。本案例的选取在大学生创业项目中具有一定的典型性。虽然现在的服饰店铺有很多，但是本案例中的店铺不同于普通的服饰销售，它有一定的自主性、创新性，将服饰的销售与服饰的设计相结合，具有一定的新意，且在周边大学生创业的实践项目中还没有相同的实践，具有一定的市场潜力。笔者通过对店铺负责人进行深度访问、记录、实地考察等方式，对店铺及店铺负责人有了一定的了解，这样更有利于案例的分析，使得案例更具有说服力。

案例选自安徽财经大学大学生创业孵化基地008室的木子里手工皮质与服饰店。这是一个大学生自主创业的项目。大学生创业孵化基地是由安徽财经大学共青团委管理的、为在校大学生创业提供免费场所的创业基地。木子里手工皮质与服饰店于2013年9月入驻创业孵化基地，是一家以定制文化衫为主，辅以设计销售服装的大学生创意小铺，主要经营对象为本校学生及周边大学城的学生群体。店家自2013年9月入驻大学生创业孵化基地，已经发展近两年的时间。在2013年9月至2014年7月，店铺是由文学与艺术传媒学院视觉传达设计专业的一名大四在校生经营。在此期间，店家主要经营手工皮质服饰的加工与制作及简单服饰的销售。在此期间，商家的主营利润主要来自服饰的销售，店铺的皮质业务不容乐观，由于在校园内部，虽然没有竞争对手，但是大学生对皮质品的需求相对不大，导致店家在此业务上出现极大的亏损。2014年7月，面临毕业季，店家将店铺转交给学弟。2014年9月，新任店铺负责人接收店铺。店铺负责人是一名来自文传学院的视觉传达设计的大二学生，在过去一年中跟随学长在木子里店铺中兼职工作，因此对相关业务比较熟悉。现在的木子里吸取前任店主的教训，取消手工皮质的相关业务，保留原来服饰的销售业务，开拓了文化衫定制业务及西装定制业务。店主在接手店铺之后，先后从家里借款投资装修上万元，重新修整整个店铺的装修风格，延续以前的店名。目前，店铺以女装服饰为主，兼有少量的男装服饰，由店主一人经营，暂无雇用兼职工，主要是服装的进货、摆货及销售。在文化衫的定制上，主要针对校内毕业班、新生班、情侣等。店主发动全班十人加入自己的设计团队，均具有一定的专业设计绘图基础，有相关设计制图业务时进行兼职作业，但不干涉店内其他业务，目前已成功定制销售九套班级文化衫，这也成为店主的主要利润来源。在业余时间，店主会自己创作 T 恤图案，目前已经成功销售的产品有近 30 套。西装业务主要是针对一些学生团体，在参加社团活动时需要正装，目前此业务的销售情况不容乐观，有待发展。

在大学校园内，主要的客源就是学生。店主经营的这一年中，在文化衫的定制上，可能由于推广宣传及信誉等问题，只成功定制了九套文化衫，这是店家主要的利润来源，只有在开学季或者毕业季的时候才有客户，其他时间缺少客源。没有稳定的客源，文化衫的定制量无法保证。在服装的销售上，只有周一至周五有学生光顾，周末学生一般会选择外面的店铺，淡季（主要是冬季）的销量也远远小于旺季（主要是夏季）。现在店铺的影响力主要集中在校内，没有外源顾客。因此，如何提高顾客满意度、增加回头客及顾客忠诚度是店家的大难题。在与定制的厂商协调及服装进货方面都有待于更好的优化进步。在这一年中，店主曾尝试利用微信推广，但效果不佳，日后可能着手开发网上店铺，辅以在校园内外部加大宣传，扩大店铺在周边学校的影响，吸引外校学生，多方努力以此来增加销售，提高利润。

本案例中的创业企业的经营模式属于设计型企业的经营模式。在此案例中，木子里只是负责产品的设计这一部分，产品制作由固定合作厂商完成，其产品呈现的步骤主要分为六步：①顾客需求。企业在第一时间收到顾客需求，安排专业人士直接了解顾客定制的需求。②团队设计。在接收到顾客需求之后，专业设计团队及时到位，在与顾客规定的时间内交出初步图纸。③再次沟通。在制图初稿完成之后，要及时与顾客进行沟通反馈，修正设计中的不足部分，尽可能地满足顾客预期，达到顾客满意状态。④联系厂商。在与顾客协商一致同意制图的基础上联系厂商进行成品制作。⑤产品交接。在收到厂商成品之后及时联系顾客拿取产品。⑥顾客反馈。在交易完成之后，顾客会及时给予一些反馈意见，以后加以改进。在这一系列的步骤中不得出现任何差错，否则将导致此项交易的失败。

三、案例分析

(一) 需求识别阶段

顾客满意度是顾客消费之前的认知期望与消费后的实际感知对比之后的顾客反应。在需求识别阶段,企业需要倾听顾客需求,使得顾客的个人要求得到充分的表达。根据顾客的需求及要求,设计师需要及时将顾客的意思表达在产品的制图上。在制图的过程中,需要与顾客保持联系与沟通直至最后确认,以确保设计达到顾客满意的效果。通过对店主的访谈,笔者了解到,在定制文化衫的顾客中,也曾遇到比较难应付的顾客,对于顾客的想法没有很好地反映出来,有时团队的设计者也会出现心有余而力不足的情况,这种情况下更不敢轻易懈怠,设计者更加需要与顾客不断地进行交流沟通,互通彼此之间的想法,尽可能完美地展现顾客的想法。木子里的服务态度是以顾客的满意为满意。每个人有每个人不同的审美观,在顾客要求的条件里,不可避免地有些顾客个人的偏爱习惯,可能与设计师的审美冲突,但是一切以顾客为主,尊重顾客意愿,遵照顾客的意思,设计以顾客满意为基准的产品。

在设计师的选择上,店主也不是盲目进行的,店主在与顾客进行详细沟通后,大概了解顾客需求类型,经过慎重考量,在设计团队中选择与顾客需求相匹配且擅长顾客要求相关方面的人接受工作,而不是随机任选,这对顾客与设计师都不公平,认真地挑选合适的人对准合适的工作机会,任务匹配尤其重要。在此阶段,最重要的是领会顾客提出的需求并且能够通过图纸设计很好地表达到位。这个阶段的绘图设计水准将直接影响到顾客满意度,也将直接关系到后续的程序能否继续。顾客期望表现在顾客的需求表达之中,设计师必须很好地识别需求点,争取无限接近顾客的期望。设计师绘图设计的能力直接通过作图得到验证,顾客的需求输入,只有通过准确识别输出令顾客满意的制图,才能在第一步达到顾客满意,为接下来的过程打好基础,否则就将面临着顾客的流失。

在木子里成功出售的九套文化衫中,主要是毕业班服的定制。班服的定制过程还算比较顺利,因为需要满足整个班级,因此设计上不会过于复杂,学生要求也不会过多。但是在有些个人定制的顾客中,有时出现让人难以理解的要求,设计时基于顾客角度考虑，设计过程中都尽量满足，且需要多次与顾客进行沟通确认。在目前所有的产品中，基本达到顾客及店主的预期，在需求识别及制图效果上有良好的顾客满意度。

（二）产品制造阶段

这个阶段的进行必须是建立在上一个阶段的基础上，只有设计师设计出合适的令顾客满意的制图，才能联系厂商进行生产定做。此案例中，木子里是一家规模很小的大学生创业项目，只是负责产品定制的设计制图部分，而产品的定制将由店主联系固定的合作厂商进行生产并及时邮寄反馈。在木子里创立初期，厂商的选择是有很大的困难，难以找到适合的厂商。由于木子里只是一个小型的店铺，无法保证每次出单拥有大批量的定制数量，多数服饰制造加工厂基于成本、利润及便利程度的衡量，不愿意浪费时间在小量的产品上。经过店主的不懈努力，最终与一家广东的服装加工制造厂成功签订合作合同，厂商同意木子里的小量服饰定制，目前仍在合作中，这才使得店铺文化衫定制业务得以开展。

这个阶段影响顾客满意度的主要是产品的交货期及服务态度。产品的交货期是个性化定制的一个特点，也是影响顾客选择个性化定制的一个重要因素。个性化定制的产品需要一个定制反应的时间，在与顾客承诺的期限内，必须完成指定产品的完成，否则将会影响到顾客满意度评价。一般来说，交货期的长短与顾客满意程度成反比，即交货期越长，顾客定价越低，顾客的满意程度也越低。所以，店家必须在产品定制之前合理预估产品定制需要的时间及防止突发情况的预留时间，给予厂商及店家足够充分的时间，但也不宜过久。木子里服饰负责在设计制图完成之后，及时联系厂商，将电子制图反馈给厂商，通知厂商及时制作和发货，这需要厂商的配合，这是属于店家与厂商合同合作的一部分。服务态度要贯穿于整个产品设计、制品及交易的过程。但在交货期的过程中，由于一些顾客产品需要的急缓程度不同，店家的服务态度将是顾客满意度影响不可缺的一部分。耐心程度越高，为顾客服务精神热情越高，顾客满意的程度也就越高。目前，木子里的成交记录中，尚未出现不能及时交货的情况，顾客因交货期太久而引起的纠纷也没有出现过，顾客成交中的顾客满意度较高。

(三) 产品交接阶段

产品的交接阶段就是顾客与企业最终成交的阶段。在此阶段，企业将成功定制的产品交予顾客，并且通过直接与顾客交流，询问顾客对产品的意见，接受顾客反馈，完成由设计绘图到成品交接的最后一步。在此阶段，顾客可以真实感知产品的存在，如质量、外观等顾客可直接进行感知对比，寻找落差不足，及时反馈给企业，修改补正，以供下次参考。对于不同的定制产品，交接过程中可能由于顾客关注的不同，影响顾客满意度的指标也就不同。

木子里在成交的产品中，因为是文化衫的定制，成品出来之后，可能存在一些色差、质量上的问题。制图中的颜色、字体可能通过制作，出现一些小的偏差。这个时候需要及时与顾客解释，允许误差的存在，尽可能地取得顾客谅解。在产品质量上，服饰的材质是顾客选择，店家传达，厂商最后制定，目前质量尚未出现问题。

四、结论与启示

木子里手工皮质与服饰店在大学生创业孵化基地中的经营相对比较成功，在创业实践中有着自己店铺的独特性及成功之处。文章从顾客满意度的视角，分析店铺的个性化经营模式中不同阶段的影响顾客满意度的因素，得出了相应的研究结论及启示。

(一) 结论

第一，木子里的这种个性化服务模式，是一种正在兴起的企业服务模式。木子里的个性化定制选择在校园是一个很明智的选择。校园里，大学生在入学、毕业、大型集体活动的时候，都需要文化衫定制，而且现在的大学生想法比较独特，特立独行的欲望更强。店家需要积极做好宣传工作，以吸引校园内外的更多顾客。在校园内部，虽然也有广告策划设计类的竞争对手，但是没有后续服装的定制，所以木子里有更好的竞争优势。店家需要合理运用自己的优势抓住机会，开拓发展自己的业务。

第二，木子里在为顾客提供服务的过程中，需要及时与顾客进行沟通。作为同龄人，可以更好地理解顾客的需求及要求，可以更好地从顾客的角度出发，为顾客服务，从而争取更大的顾客满意度，带来更多的回头客。同时，在选择设计团队成员时，必须注意任务的匹配度，要秉承对顾客及店铺信誉负责的态度，做好沟通、制图的前期工作。

第三，在服装定制的过程中，必须保证按质按量按期完成，这将直接影响到商家的信誉，这需要店家及合作商家的共同努力。就目前与木子里合作的商家来看，尚且没有给彼此造成太多困扰，合作愉快，且目前一直在合作中。木子里为顾客提供的服务基本符合店铺宗旨，以顾客为中心，提高顾客满意度。

(二) 启示

第一，发展互联网式的个性化服务业务。如今社会上专注个性化定制的企业越来越多，比如旅行社推出个性化的旅游路线服务，教育机构为学生定制一对一的教育模式，管理咨询公司为企业提供个性化的咨询服务等。这些个性化的前景趋势，在互联网+的热潮下，需要更积极地去发挥互联网的作用，发展互联网式的个性化业务更有潜力。

第二，顾客参与定制过程。个性化定制的服务不同于普通消费者的直接购买行为带来的顾客满意。消费者直接购买的产品，顾客可以直接感知产品的存在及价值，顾客的直接评价在最终交接产品的这一环节，产品的质量、外形等将会直接影响到顾客的满意度评价。个性化的定制不同的是，顾客将直接参与产品的构思，顾客的思想是产品的关键灵魂，借助专业设计师的艺术加工、描绘出来，最终生产成品，使顾客的想法成为现实。

第三，企业、顾客的双向参与。以前的企业是根据市场调研的顾客需求来制造符合大众的产品或服务，而后演变为企业创造需求，主要研发顾客需要而顾客本身未曾发现的需求产品或服务，现在企业需要在创造需求的基础上，针对性地面对顾客，使得顾客参与其中，不再是单向的制造生产，而是双向的参与，使顾客参与企业设计，企业参与顾客的思想，从而使得顾客满意度得到最佳。

第四，顾客满意不等于顾客忠诚。顾客满意和顾客忠诚不是等价的。顾客达到满意消费体验之后，后续是否继续选择商家，是否忠诚，这还取决于产品本身的性质及顾客自身的一些因素。但是没有顾客满意肯定不会带来顾客忠诚。因此企业仍需努力达到顾客满意，为争取顾客忠诚选择做好铺垫。

个性化定制的产品或服务，更应注重顾客满意度的评价，每一个阶段都将直接影响到顾客满意度的评价。

五、不足与展望

文章的不足之处是本案属于个案研究，可能缺乏一定的代表性，而且大学生的创业实践环境可能不同于社会大环境下的创业。校园的大环境下的竞争及压力都不及社会，而且相关政策的支持对大学生也很有利，成果的推广有待改进。在个性化定制过程中可能还有其他未曾考虑到的影响顾客满意度的因素，可以进一步在未来探索，未来还可以结合具体的企业数据进行相关的实证分析等。

参考文献：

[1] 曹礼和.顾客满意度理论模型与测评体系研究［J］.湖北经济学院学报，2007（1）：115-119.

[2] 丁来兵.品牌服装顾客满意度分析与研究［D］.无锡：江南大学硕士学位论文，2006.

[3] 范志君.个性化产品需求管理及快速定制技术研究［D］.济南：山东大学博士学位论文，2012.

[4] 范秀成，郑秋莹，姚唐，穆琳.顾客满意带来什么忠诚？［J］.管理世界，2009（2）：83-91.

[5] 何雪峰.基于大规模定制的产品需求特定分析［J］.现代商业，2014（20）：207-208.

[6] 侯中华.创意服务企业C公司项目需求识别案例研究［D］.大连：大连理工大学硕士学位论文，2010.

[7] 刘春平，白宝光.基于顾客满意的业务流程再造方案设计［J］.内蒙古工业大学学报（社会科学版），2007（2）：29-34.

[8] 兰添华.A制造企业顾客满意度研究［D］.广州：华南理工大学硕士学位论文，2012.

[9] 罗小凌.大规模定制产品的客户需求识别及定价策略分析［D］.上海：上海交通大学硕士学位论文，2009.

[10] 罗小凌.大规模定制消费品顾客需求识别研究 [J].科学技术与工程,2009 (3):781-784.

[11] 梁燕.顾客满意度研究述评 [J].北京工商大学学报 (社会科学版),2007 (2):75-80.

[12] 仝允桓,杨艳,朱恒源,吴贵生.中国企业的产品创新:从竞争者驱动到顾客导向 [J].科学学与科学技术管理,2009 (1):44-50.

[13] 谢佩洪,奚红妹,魏农建,刘霞.转型时期我国 B2C 电子商务中顾客满意度影响因素的实证研究 [J].科研管理,2011 (10):109-117.

[14] 阴越.顾客满意不等于顾客忠诚 [J].企业管理,2000 (11):43-44.

[15] 郑龙.顾客满意度测评研究及实证分析 [D].武汉:武汉理工大学硕士学位论文,2008.

[16] 张新安,田澎.顾客满意与顾客忠诚之间关系的实证研究 [J].管理科学学报,2007 (4):62-72.

[17] 王卫东,汪纯孝,岑成德.期望、需要、服务实绩与顾客满意程度关系的实证研究 [J].南开管理评论,1999 (1):13-17.

[18] J.A. Howard and J.N. Sheth. The Theory of Buyer Behavior [J]. British Journal of Marketing, 1970, 4 (2): 106.

[19] Johnson, Michael D., Claes Fornell. A Framework for Comparing Customer Satisfaction Across Individuals and Product Categories [J]. Journal of Economic Psychology, 1991 (2): 267-286.

[20] Oliver R.L.. Satisfaction: A Behavioral Perspective on The Consumer [J]. Asia Pacific Journal of Management, 1997, 2 (2): 285-286.

[21] Oliver R.L.. Whence Consumer Loyalty? [J]. Journal of Marketing, 1999, 63 (4): 33-44.

[22] Thomas Kramer. The Effect of Measurement Task Transparency on Preference Construction and Evaluation of Personalized Recommendations [J]. Journal of Marketing Research, 2007, 44 (2): 224-233.

(作者系安徽财经大学 2014 级企业管理研究生)

【导师点评】

个性化定制：新创企业打开市场之门的良方

随着中国经济30余年的高速增长，国人的收入水平不断提升，中产阶层逐渐形成且规模不断扩大。这个群体拥有强大的消费能力，对他们来说，"彰显自我"已经不是一个简单的口号，付诸实践是时尚达人的不二选择，做最独特的自己，享受"专属"的服务，恰是很多消费者梦寐以求的。消费者通过量身定做这个过程，选择用料、确定样式，直至将指定的图案和文字等印刷到指定的产品上，让自己的个性彰显无遗。

个性化定制带来的一个难以克服的困难是生产成本的提升，所以，早期的个性化定制主要出现在奢侈品领域。随着先进制造技术和现代网络信息技术的不断涌现，使得"个性化定制+规模化（柔性化）"生产模式得到了迅速发展和广泛应用，这既满足了时尚达人通过个性化定制满足"彰显自我"的情感宣泄，又解决了以往个性化定制难以实现的规模化生产的难题，从而大大降低了生产成本。现如今，"个性化定制"已经向日常生活的方方面面蔓延，成为一种简单而时尚的生活方式，这必然促使"个性化定制"这一商业模式的快速发展。

"个性化定制"毋庸置疑也是新创企业获得消费者认可并快速进入市场的捷径，因为这种模式是有明确的目标客户，他们深度参与产品的研发、生产等过程，实现了新创企业与目标客户的有效对接，在一定程度上降低了创业风险。但是，对于新创企业来说，如何运用好个性化定制这一有效手段，值得创业者深入思考。本案例以安徽财经大学大学生创业孵化基地一家新创企业——木子里手工皮质与服饰为例，系统分析了个性化定制过程。研究认为个性化定制可以分为三个阶段：顾客需求识别阶段、产品制造阶段以及产品交接阶段。在顾客需求识别阶段，企业要准确把握顾客对产品或服务的真实诉求，提高个性化程度，以及确定相对合理的价格；在产品制造阶段，企业要重视交货期与服务态度；在产品交接阶段，要特别重视成品外观与质量，并做好售后服务工作。除此之外，强调顾客参与定制过程，使得企业与顾客在个性化定制的各个阶段实现双向沟通,从而实现满足顾客需求、提高顾客满意度的真正的个性化定制。这些研究结论,对当今企业做好个性化定制工作具有比较强的借鉴意义。

(指导教师:汪金龙教授)

"手机SPA"的商业模式创新研究

徐 蓓

在商业模式研究领域,商业模式、商业模式构成要素一直是学者重点研究的领域。随着互联网发展给传统企业带来重重挑战,大多数企业纷纷借助于"互联网+"进行商业模式创新。电子商务正处在大变革的时代,连接着消费和生产的中间环节,是整个经济发展运行的桥梁。区域电子商务使得流通速度加快、渠道变短、市场扩大。区域电子商务致力于实现线上线下的融合、商品与服务的融合,推进电商服务本地化和传统企业电商化。

一、理论综述与文献回顾

(一) 商业模式的内涵

商业模式 (business models),主要是指企业为了获取利润而进行的与交换直接相联系的各种相关活动的整体性描述。作为一个概念,商业模式最早在1957年提出,但直至1999年之后才引起学者的广泛关注。目前较为主流的概念界定,主要是从市场功能性角度来定义的:具有确定企业价值导向、市场细分、价值链结构、评估成本结构和利润潜力、价值网络中的定位、制定竞争战略六大功能(Chesbrough & Rosenbloom, 2002),是创业者创意的最终成果,体现创业的战略价值和基础意义以及经济潜力(王伟毅和李乾文,2005)。

彼得·德鲁克认为,当今企业之间的竞争,不是产品之间的竞争,而是商业模式之间的竞争。由此可见,在当今社会商业模式对企业提升自身竞争力是非常重要的。有关商业模式的研究依旧是国内外学者关注的重点和研究趋势。对企业而言,如何获得市场和利润是永恒的话题,于是有关商业模式定义也越来越明显化。然而，现有文献中还没有对商业模式有个明确的定义，国内外学者是从不同视角对商业模式进行诠释的。

从结构定义来看，商业模式是由产品、服务和信息流所构成的，用来描述企业利益相关者的利益和利润（Timmers，1998）；从运作定义来看，商业模式是用来说明企业对战略方向、运营结构和经济逻辑等方面进行定位和整合，不仅突出其具有内部关联性，还帮助企业在特定的市场上建立优势（Morris et al.，2005）；从动态定义来看，商业模式本身就涵盖了大量的商业元素以及它们相互之间的关系，显示一个公司在客户、公司结构、价值传递、关系网络等方面的价值（Osterwalder，2004）。

商业模式是一种能够创造顾客价值和为企业获得市场机制的各种活动的集合。Magretta（2002）认为商业模式是一个系统，用来描述企业的每个部分是如何匹配起来的，并帮助顾客创造价值所进行的活动。Dubosson 等（2002）认为，商业模式是进行价值创造、价值营销和价值提供所成的企业结构及其合作伙伴网络，以产生有利可图且得以维持收益流的客户关系资本。

总体而言，商业模式就是企业与其利益相关者的交易结构。利益相关者，是指与企业存在利益交换的所有主体，包括企业内部可独立的部门、供应商、直营店、加盟店、顾客、投资者等利益主体，拓展了企业发现、创造、攫取和保护价值空间的视野，形成新的企业能力观，企业可以更新和升级其资源能力，提升其不断创新的能力，并保持持久的竞争优势。

（二）商业模式的构成要素

商业模式构成要素是学者研究商业模式一个比较重要的领域，然而国内外学者对商业模式的构成要素研究角度和内涵定义不同，还没有统一的观点，如表1所示。

表1 商业模式的构成要素

作者	要素
Linder 和 Cantrell（2002）	定价模式、收入模式、渠道模式、业务流程模式、支持网络的业务关系、组织形式、价值主张
Petrovic 等（2001）	价值模式（产品/服务/体验）、资源模式、生产模式、客户关系模式（渠道/营销/服务）、收入模式、资本模式、市场模式
Lind 和 Goldkuhl（2006）	价值主张、市场用户、组织与价值链、成本结构与利润来源、价值网络、竞争战略

续表

作者	要　素
方孜和王刊良（2002）	产品、定价、渠道、促销、顾客定位、商流、信息流、资金流、物流
罗珉（2009）	价值主张、核心战略、资源配置、组织设计、价值网络、产品与服务设计、经营收入机制、盈利潜力
李振勇（2009）	融资模式、营销模式、管理模式、生产模式
魏炜和朱武祥（2010）	定位、业务系统、关键资源能力、盈利模式、自由现金流结构与企业价值
方志远（2012）	产品价值模式、战略模式、市场模式；营销策略、管理模式、资源整合模式；资本运作模式、成本模式、营收模式

学者们对商业模式的定义和构成要素大多数是从静态视角来概括的，在传统经济发展环境下具有较强的解释力。但随着创新经济时代的来临，尤其是"互联网+"思维和电子商务创新浪潮的冲击，传统业态下的商业模式也在随之变化，已逐渐演变成为一个动态系统。因此，从本质而言，商业模式的生命力其实就体现为其不断适应新的商业环境的能力，即创新力。

（三）商业模式的创新研究

商业模式创新已经成为商业模式研究的一个热点领域，包括对其创新动力、创新路径、创新实施、创新阻力等的研究。商业模式创新是一个协同作用的动态过程，不是某个单一环节就能完成的。

王鑫鑫和王宗军（2009）认为创新动力是来自技术推动、需求拉动、竞争逼迫、企业高管、系统五个方面；早期关于创新途径的研究是关于企业如何由传统模式向电子商务模式的转变，而现在关于创新途径的研究更集中在创新程度和商业模式要素两个方面；形成的基于战略规划、持续改进、IT变革视角的创新实施研究，重点解释了创新途径选择与创新实施之间是相互影响、相互关联的。

张越和赵树宽（2014）从原始创新、诱发创新、模仿创新三方面研究了企业商业模式创新的路径。原始创新是企业的主观创新活动，是对商业模式构成要素的直接创新，如产品、服务与目标客户、运营流程、价值链结构等。诱发创新是说外界的诱发因素作用于商业模式某一个或几个要素，并给企业带来了巨大的变革，这种变革不仅发生在企业的内外部系统中，而且能够适应复杂的经济环境和多变的市场需求，同时能够显著提升企业价值。诱发因素可能是技术创新、信息流、产业演化等。模仿创新是借鉴其他成功企业的模型，结合本企业所处的政治、经济、文化环境而进行的创新。

在互联网时代下，企业需要不断创新商业模式。罗珉和李亮宇（2015）基于价值创造视角分析的互联网时代商业模式是指在充满不确定性和模糊边界（如跨界协作）的互联网下，通过形成的供需双方社群平台来维护组织稳定和实现连接红利的模式群。纪慧生（2013）从价值的角度来研究互联网商业模式创新，结合价值要素和企业的管理层次两方面，其中价值要素可以细分为价值要素量变、价值要素功能、价值要素关系三个方面，管理层次可以分为战略层、运营层、营销层。互联网的出现，为商业模式创新提供了广阔的空间，减少了时间的限制和空间距离带来的不便，使得更多的商业模式成为可能。互联网时代下的商业模式创新是学者们研究的重点领域，特别是商业模式创新的新视角、路径研究。

商业模式创新是为了能够快速响应市场需求，在同行业的竞争中占据优势地位。只有主动进行商业模式的创新，才能充分发挥企业自身的潜能与优势，完善企业价值链的升级。

二、案例的选取与研究过程

单案例分析法在社会科学领域是一种应用很广泛的方法，是指结合文献资料对单一案例企业进行分析，得出事物一般性、普遍性的规律的方法。商业模式是管理学的重要研究对象之一，分析企业的商业模式，不仅关注企业在市场中与用户、供应商、其他合作伙伴的关系以及与彼此间的物流、信息流、商品流和资金流，更关注的是企业的核心战略、营销渠道顾客定位、价值网络等。

本文通过相关理论的文献综述，结合单案例研究方法进行分析，选择安徽财经大学创业孵化基地内的"手机SPA项目"为研究对象，对其进行访谈分析，从而确立和验证理论框架。"手机SPA"是安徽财经大学创新孵化基地内唯一一家专门做高端手机、电子配件销售的门店，其经营范围是苹果、小米、三星、华为等高端智能手机，成立于2014年9月。2014年底，该项目参加过学校创业大赛，在大学生创新创业项目中获得国家级奖项。同年，开始推出性价比高于一般商店的样板机并销售一空，之后来咨询的学生越来越多，在学生处口碑越来越好，每月营业收入上万元。区域电商是未来"互联网+"时代发展的必然趋势，传统行业也会借助电子商务平台逐步完成其转型。

三、案例分析

(一)"手机 SPA"的商业模式

简单来说,"手机 SPA"的商业模式就是区域电子商务。在蚌埠大学城内,并没有一家关于 O2O 模式的电子产品实体店,这对于"手机 SPA"既是机遇,也是挑战。市场潜力很大,但是没有竞争者,也就说明了这一地区的区域电商是个盲区,不能确定其是否可以实行 O2O 区域电商模式以及存在的风险,其主要客户群体是大学城内的学生,其域名推广、区域针对性推广、安全保障、支付手段都是创业者面临的重要难题。"手机 SPA"致力于做到区域最大最好的电子商务平台,实行 O2O (online to offline) 的商业模式。O2O 区域电商在一线城市和发达地区发展较快,是未来电商发展的一种趋势。网购消费在个人消费中只是一小部分,更多的是本地消费。O2O 区域电商就可以有效地结合网购和本地消费。"手机 SPA"支持消费者进入实体店对比选购,收到订单后才联系供货商发货,实现"0 库存"模式。在传统企业向"互联网+"转型的同时,区域电子商务也如火如荼地发展壮大。

区域电子商务是指通过电子商务,实现线上线下区域电子商务融合发展,建成区域服务网络体系,整合并发展第三方配送和共同配送服务体系,实现"网货下乡"和"农品进城"双向流通功能,对区域产品进行整合、包装、营销,外引内联,与实体经济相结合,实现电子商务与传统产业、特色产业、商贸企业的深度融合,线上线下同步发展。目前从电商行业来看,国内电子商务平台竞争激烈、诚信度等负面行为上耗费大量的精力。在区域性电子商务平台上,企业大多情况下只需关心消费者的需求和企业自身状况即可,这样的情况对于大多数区域性电子商务来说,更能具备成功的因素。同时,区域性电子商务可以避开与行业巨头的直接竞争,在整合区域特色产品,走区域电商差异化路线,区域性电子商务的发展将会上升到一个新的高度。现在国家政策对电子商务发展十分支持,但是应该依据其市县区域的产品、位置、经济来转型,做好定位来做重度垂直、有特色的电子商务,不能盲目去追逐而造成人力物力的浪费。现在区域性电商整体上趋于良性发展秩序,相信区域性垂直电商将会是另一个转折点。它会成为新的电商发展焦点。

(二)"手机 SPA"的商业模式构成要素

本文中关于"手机 SPA"的商业模式构成要素分析主要集中在核心战略、营销渠道、顾客定位、价值网络等方面。

(1) 核心战略:"手机 SPA"的核心战略是以为顾客服务为中心,以价值创新为核心,以信息网络为平台。具体来说,"手机 SPA"不以营业收入为最终目的,创业者发现区域电子商务的无限可能,并且使其有了一定的成果。未来的企业之间的竞争会是商业模式之间的竞争,最终会是顾客资源的竞争。区域电子商务减少了分销商和零售商的中间环节,也是一种价值创新,对消费末端的顾客来说,其价值让渡是吸引新老顾客的一种渠道方式。当然,这种商业模式的成功要归功于信息的及时性,在信息平台公开商品的款式、价格,让顾客自由选择的空间更大。

(2) 营销渠道:其是指产品或服务从生产者向消费者移动时,取得这种产品或服务的所有权企业或个人。"手机 SPA"刚开始的营销方式单一,只是在同学中口头宣传。在 2014 年 10 月完成第一笔订单之后,创业者开始改变营销方式,成立网上商店,注册自己的域名。后期开始着手域名推广工作,并以大学城为重点推广区域。

(3) 顾客定位:"手机 SPA"一开始就明确了主要消费群体是蚌埠大学城内的大学生。现在高端智能手机的消费热潮持久不衰,可以说,学生有一定的消费能力和意愿。大学生购买高端智能手机的渠道有限,一般都是去智能手机的门店或者官网选购。这种货比三家的消费模式比较单一而且费时费力。"手机 SPA"针对这种现象,在建立了其门店后开始尝试针对大学城这一特定区域做一个电子商务平台。顾客可以通过其域名进入官网,也可以直接去门店咨询。在收到订单后,会联系供货商,在保证正品的前提下以最低的价格最好的服务出售。相对于传统销售渠道,区域电商的价值在于取消了中间经销商的环节,可以让消费者以更低的价格购买同等的产品或者服务。

(4) 价值网络:是一种新的业务模式,连接着顾客需求和追求高效率、低成本的制造商,采用信息平台,将相关合作商关联在一起,将运价提升到战略水平,以适应不断发展的变化。"手机 SPA"的竞争优势是厂商直接供货。为了降低库存成本，整合供应链资源，"手机 SPA"采用了供应商管理库存（VMI）的方法。在零售行业中，"长鞭效应"严重影响着产品到货的及时性和库存的不确定性。实施供应商管理库存战略能很好地解决这些问题。

（三）"手机 SPA"的商业模式问题分析

"手机 SPA"的主要运营模式是区域电子商务模式，但在其创新发展过程中也存在一些突出问题。

首先，信用管理问题较为突出。顾客在网上不能确认商品的质量及售后服务情况，目前大部分消费者都与创业者有一些社会关系，这样的顾客群可以作为创业项目的起步基础，但显然不能支撑"手机 SPA"的正常运营。从未来发展的需要来看，"手机 SPA"项目一方面应不断在已有顾客群中巩固诚信度，建立高忠诚度的核心顾客群；另一方面则要加大信用平台的建设，在合适的条件下引入第三方信用监管体系。

其次，产品销售和服务内容不丰富。"手机 SPA"项目仅以大学城内的学生手机购买服务为支撑，导致运营内容过于单一，在小规模的目标区域、目标顾客层面上服务广度和深度都不够。这不仅会淡化或削弱其盈利能力，降低竞争门槛，也会影响其后继的可持续发展。因此，项目在未来的发展方向上要着眼于产品线的丰富和服务功能的挖掘，同时积极建立区域内的商家联盟，增加盈利点。

最后，技术和人才问题。当前移动互联网的支付功能不断健全，而"手机 SPA"没有自己的支付系统，其支付手段是传统的线下以货易货模式，改变这种支付手段需要技术作为支撑，这将是一种新的挑战。另外，"手机 SPA"的创业者及其合作伙伴均是在校大学生，其市场开拓、运营和风险承受能力远远不够，专业化的电子商务管理人才急缺，这也是该项目发展中的一个关键短板。

四、研究结论与启示

"手机 SPA"成立至今，商业模式尚未成熟，但其区域电商模式在创新创业实践中有一定的代表意义。通过理论分析与案例研究，"手机 SPA"的商业模式创新给服务行业商业模式带来成功的经验：第一，现在企业之间的竞争已经转变为商业模式的竞争。"手机 SPA"的区域电商模式可以有效地避开行业巨头，

O2O模式致力于线上线下的融合，推进电商服务本地化和传统企业电商化。好的商业模式能够转变企业经济增长方式，提升企业形象和竞争优势。第二，商业模式从出现到形成再到成熟是一个动态的过程，在企业成长过程中不断改进蜕变。"手机SPA"成立之初尚未有明确的商业模式，在业务范围不断扩大的过程中慢慢形成了具有特色的商业模式。第三，创新是企业生存之根本，尤其是对于服务行业来说。商场格局瞬息万变，"手机SPA"立足于创新但不局限于创新。其营销模式、顾客忠诚、服务理念也在与时俱进。创新是经济繁荣之根本，商业模式也同样需要创新，这样才能创造价值。

参考文献：

［1］方志远.我国商业模式构成要素探析［J］.中山大学学报（社会科学版），2012（3）：207-214.

［2］方孜，王刊良.电子商务模式分析与方法创新［J］.西安交通大学学报（社会科学版），2002（2）：65-69.

［3］纪慧生.基于价值的互联网企业商业模式创新［J］.北京邮电大学学报（社会科学版），2013（5）：65-72.

［4］李振勇.商道逻辑——成功商业模式设计指南［M］.北京：中国水利水电出版社，2009.

［5］罗珉，李亮宇.互联网时代的商业模式创新：价值创造视角［J］.中国工业经济，2015（1）：95-107.

［6］罗珉.商业模式的理论框架述评［J］.当代经济管理，2009（11）：1-8.

［7］王伟毅，李乾文.创业视角下的商业模式研究［J］.外国经济与管理，2005（11）：32-40.

［8］王鑫鑫，王宗军.国外商业模式研究综述［J］.外国经济与管理，2009（12）：33-38.

［9］魏炜，朱武祥.发现商业模式［M］.北京：机械工业出版社，2010.

［10］张越，赵树宽.基于要素视角的商业模式创新机理及路径［J］.财贸经济，2014（6）：90-99.

［11］Chesbrough H., Rosenbloom R.S.. The Role of the Business Model in Capturing Value from Innovation: Evidence from Xerox Corporation's Technology

Spin-off Companies [J]. Industrial and Corporate Change, 2002, 11 (3): 529-555.

[12] Dubosson M., Osterwalder A., Pigneur Y.E.. Business Model Design, Classification and Measurement [J]. Thunderbird International Business Review, 2002, 44 (1): 5-23.

[13] Lind M., Goldkuhl G.. How to Develop a Multi-Grounded Theory: The Evolution of a Business Process Theory [J]. Australian Journal of Information Systems, 2007, 13 (2): 69-85.

[14] Linder J.C., Cantrell S.. Five Business-Model Myths that Hold Companies Back [J]. IEEE Engineering Managemant Review, 2002, 29 (3): 26.

[15] Magretta J.. Why Business Models Matter [J]. Harvard Business Review, 2002, 80 (5): 86-92.

[16] Morris M., Schindehutte M., Allen J.. The Entrepreneur's Business Model: Toward a Unified Perspective [J]. Journal of Business Research, 2005, 58 (1): 726-735.

[17] Osterwalder A.. The Business Model Ontology: A Proposition in a Design Science Approach [D]. Switzerland: Universite de Lausanne, 2004.

[18] Petrovic O., Kittl C., Teksten R.D.. Developing Business Models for E-business [R]. International Conference on Electronic Commerce, 2001.

[19] Timmers P.. Business Models for Electronic Markets [J]. Electronic Markets, 1998, 8 (2): 3-8.

(作者系安徽财经大学2014级技术经济与管理研究生)

【导师点评】

缝隙创新：大学生创业者的务实选择

在当下电子商务的竞争丛林中，不论是B2C、C2C还是O2O，每个领域都是巨头林立。对于新进创业者来说，这些近似寡头格局下的大型交易平台无疑是横在前进道路上的巨大路障，是望而叹息？还是寻求颠覆式跨越？抑或避其锋芒，进行缝隙式创新？

本案例中的安徽财经大学"手机SPA"创业团队选择了后者。该项目采用的商业模式从主体类别而言，是一种典型的O2O模式，其核心优势在于将线下的商务机会和互联网上的海量客流完美结合。但在残酷的电商市场格局下，如果无差异地进行线上推广和顾客争夺，显然困难重重，尤其对在资本、品牌和运用能力等方面都先天不足的大学生创业团队来说更是如此。而值得赞赏的是，该团队理性地选择了特定区域市场，针对性地开发了直接面向当地客户的O2O平台，以小规模、精细化的区域深耕方式，成功占据了相应的市场份额。当然，应该指出的是，该项目的商业模式还远未成熟，核心竞争优势也不够显著，尚需不断调整和完善。简而言之，这种基于区域电子商务为支撑的商业模式，其可持续发展的关键还是在于能否有效整合线上线下资源，真正为顾客实现差异化的服务增值。

本案例的研究者正是从上述现实观察视角出发，以案例项目的运营发展为基础，通过商业模式理论层面的要素构成和问题诊断分析，得出了具有一定实践指导意义的结论。但研究者在案例研究方法的具体运用上尚不够成熟，对案例信息发掘不够充分，所尝试构建的理论分析框架也缺乏清晰阐释，这在一定程度上影响了该研究的严谨性和规范性，还需要继续完善和优化。总而言之，中国本土区域电子商业模式的发展是一个充满活力与创新力的领域，具有广阔的理论探究空间，值得更多的学人来进一步关注和思考。

（指导教师：梁中博士、副教授）

乐活家居创业创意不确定性分析及其克服

文 艺

随着我国高等教育的逐年扩招，高等教育已进入大众化阶段，随之而来的是大学毕业生就业压力的不断增加。就业困难使得大学生加入到全民创业的行列，即我国各所高校均开设了创业管理课程，大学生在校创业成为一种时尚，创业成为当今社会发展的流行趋势。创意，属于人脑的主观想象，本身就具有不确定性风险，这增加了大学生在校创业时的风险。同时，创意只有成功转化为消费者喜爱的消费品，才被认为是成功的，而这本身又具有巨大的不确定性，这也相应增加了大学生在创业管理上的难度。新企业的生成是一个动态复杂的过程，从创意到新产品的开发又是新创企业创新性和未来环境变化的不可预测的未知变数的复合，结合大学生创业时所处环境呈现的变化范围广、速度快、方向不确定等动态复杂系统的特点，以体现创新、风险为环境不确定的创业环境又是我国大学生创业中必不可少的一种制约因素，也是创意发展、创业成功的关键。因而如何提高大学生创业的创意创新意识，深刻理解大学生在校创业的不确定性影响因素，已成为当前国内外研究的主题。

本文正是立足于创意创新这一论题，通过对大学生创业实践项目案例研究，指出创意在大学生创业中的重要性，并构建出从创意到产品的理论模型，在创意到产品的这一条连续的脉络上，结合案例进行深入分析，得出环境不确定性理论在大学生创业时从创意到产品的具体影响过程。本研究将对如何培养大学生从创意创新到产品化发展，提出发展思路。

一、文献回顾和理论模型

(一) 创意内涵界定与特征

创意,通常可以理解为创新性整合的集合体,是个人通过复杂的技术手段,配合自身的思维而体现出的文化、技术和经济交融体。针对创意产品的思考,必须要先从行业结构上把握创意产业的由来,再由此推出创意产品的理论定位。创意产业来源于个人价值的创造力张扬,是一种新兴文化下的推崇创新与创造的理念和思维,而针对创意产业的理论理解最早可以追溯到德国政治经济学家熊彼得 (2008) 提出的关于经济发展的根本动力来源于创新,而不是资本和劳动力。创意产业之父 Howkins (2001) 通过对创意经济内涵的界定得出创意就是承载了文化创意价值的产品市场化过程,并认为创意产业就是创意产品之间的交易。把创意产业作为一种正式的国家产业政策和战略被提出的,是英国的创意产业特别工作小组发表的关于创意产业的界定 (Citf, 1998)。Richard Florida (2002) 提出的创意经济时代,明确将创意力作为一种经济发展的主推力进行论述。目前,在国际上经常把文化产业与创意产业的概念同时使用,在本质上已趋近相同,而以文化产业为基础建立起来的创意产业,更是继承了许多文化创新元素。在宽泛的研究中针对创意产品的理论阐述,则由于各个国家的文化背景与经济发展的不同,而导致理解的不同。

国内外学者从价值和市场两个角度对创意产品进行了内涵界定,主要是根据创意与文化的关系进行论述。认为创意产品就是强调人的创造力和科技创新力,由有形的产品与无形的服务组合而成的文化集合体。Frey (2002) 认为创意产品就是由文化产品衍生出来的具有经济价值的文化资产。Thorsby (2001) 指出创意产品是兼具文化和经济价值的一种知识产权产品,是从创意的产生到生产都能体现出某种象征意义的形式体集合。Scott (2000) 和 Banks (2000) 则强调创意是为了满足消费者的需要而产出的,是来自文化美学的价值增值。Caves (2000) 跟着认为创意产品就是集文化、艺术、娱乐于一体的产品和服务。Howkins (2001) 把创意归结于有经济价值且包含知识产权的产品和服务。吉姆·麦克盖根 (2001) 在强调创意产品来源于文化产品的同时,又总结了文化产品是由来源于个人和集体的情感所构成的。李东华（2006）从文化产品出发，认为创意离不开文化性和艺术性载体和服务，强调文化产业的重要性。厉无畏（2006）把创意产品从市场的角度划分为功能和观念两部分。李碧珍（2007）从创意产品的来源性出发，将个人的知识和技能运用到社会实践的要求中，结合知识产权保护等问题，认为创意产品就是一种具有特定文化内涵的产品和服务。

以上对创意产品的内涵界定从创意产业的本质和价值出发，通过对创意产业是由文化产业发展而来的论述，表明创意产品具有不同的价值特性和市场特性，并且国内外学者一致认为创意和文化是不可分离的，创意产品是产生于文化的，主要由人的精神和情感所构成的创新性和外显性，而蕴含文化是创意产品区别于一般产品的特质。因而认为创意产品是经由创意而产生的，具备文化意义和经济价值的，满足人们一定需求的，体现知识产权的产品和服务。

（二）创意运作不确定性分析

创意产业本身就属于高风险投资产业，创意产业的动态性、创新性、多维性，确定了创意本身就具有不确定性的风险，Knight（1921）在《风险、不确定性和利润》一书中对不确定性的概念做了完整定义："个人在一瞬间能够创造的可能被意识到的形态数量。"Caves（2000）在《创意产业经济学——艺术的商业之道》中强调消费者偏好是影响创意商品销售的重要因素。因而由于消费者偏好性的不同，创意产品的消费者群体会随着客观环境的改变而改变，从以往成功的创意产品中不能够判断这一创意是否会获得消费者的满意和销售的增加。从创意产业中把握创意的不确定性是十分重要的，因而创意产业企业的不确定性贯穿于企业发展的始终，以及遍布创意产品产业化、形态化的全过程。除此之外，根据Michael Porter提出的波特五力模型，可以从行业中存在着决定竞争规模和竞争压力的五种力量（进入壁垒、替代品威胁、买方议价能力、卖方议价能力以及现存竞争者之间的竞争）对上面所述的不确定性进行动态分析，而对于创意创业化的发展而言，五种力量的影响会从外部市场角度影响创意的演化。

针对大学生创业，不仅面对的市场是不确定的，在投入行业方面也具有很大的不确定性，更为重要的是面对消费群、创意产品形成过程、发展环境持久性等都具有很大的不确定性。因而在面对如此不确定的环境时，一个"创意"要想成功地转换成为可交换的产品，所面临的动态复杂的环境竞争是很大的。不确定性是大学生创业中面临的首要问题，从创意到产品是一个漫长的过程，正确地对待创意不仅要从创意的产生、发展再到产成品进行充分合理的市场评估，更要对创意的投资有细心的考量，如何避免市场失灵、拓宽融资渠道、解决市场信息不对称问题，是解决大学生创业的关键问题。

创意从生成到转变为可交换的产品要经过一系列复杂的动态环境和不确定性，排除政治因素对于大学生创业及创意生成的影响，对创意的思考要从内部考虑创意的产生到产品形成以及产品顺利投放市场，再由外部创意产业面临的发展问题来理解创意的不确定性全局观概念，如图1所示。

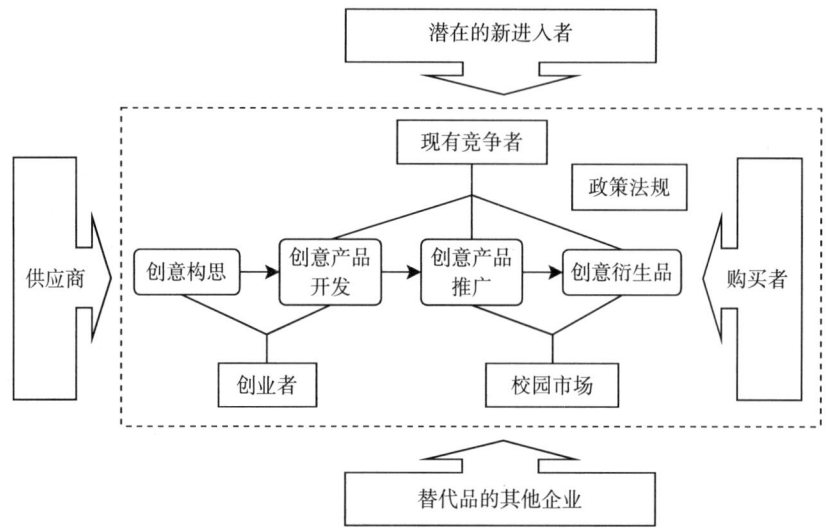

图 1　大学生校园创业创意不确定性影响模型

从模型中可以看出，不确定性的分析要从创意的发展脉络出发，针对创意影响的外部因素，主要受制于供应商、替代品的其他企业以及潜在的新进入者。从波特五力模型的角度出发，现有竞争者和购买者由于对大学生创业者这一群体的影响相对比较广泛，而且由于校园市场的特殊性，在针对大学生创业时的保护性比较大，所以列为创意的内部影响因素，内部因素的影响主要是从创意的发展脉络考量，即从创意的产生到创意成为产品或衍生品的发展，受制约的主要因素有创业者自身、现有竞争者、校园市场和购买者（消费者群体）。模型中虚线内是针对大学生在校创业时创意影响的关键，是与校园市场最紧密相关的因素。创意构思由于只受到创业前期的影响，在成品阶段的影响已相对较小，而且其他外部因素对于创意也构成一定影响。

综上所述,从创意到产品的生成是一个复杂的动态过程,所受到的内外部制约也非常繁复,而不确定性贯穿了创意发展的始终。本文的理论模型从波特五力模型出发,结合创意的生成到产品的过程中所涉及的一系列内部因素,从而最终确定大学生在校创业不确定性影响分析,以及在过去研究的基础上,通过对波特五力模型的把握,把创意的生成机制应用到创业产业中,针对创意的发展从宏观上做有整体的把握。从创意的生成角度,结合企业个人创意诱因,构建出本文的大学生校园创业不确定性对于创意创新的影响运用模型框架。

二、大学生创业创意不确定性案例

(一) 案例简介

乐活创意家居坐落于安徽财经大学东校区大学生创业孵化基地,于2013年10月15日正式成立并入驻。乐活创意家居意在以大学城为核心区域,推广销售创意类型的精品家居用品,内容包括创意绿植,如悬挂式玻璃盆栽、无根水培盆栽等新奇且富有创意的实用家居用品,使在校大学生把单纯的居住宿舍变成个性多彩、创意十足的家。目前,乐活创意家居还在创业初期,团队成员均为在校学生,项目组成员共有五位,分别由来自不同专业的大学生组成:经济学、新闻学、保险学、会计学、投资学,专业知识广泛且符合创业管理战略,并且在职责划分上也切合了"创业核心竞争力"的具体运营:项目总体运营、推广宣传、采购仓存、后勤服务、创意制作等职责。

店长主要负责店内内部管理和各部门之间的协调分工,每日流水账目的清点,对上一月的营收状况总结,以及对未来的发展规划。推广宣传组主要负责线上传媒(如微信、贴吧及蚌埠论坛)及线下活动的宣传及推广。采购组主要负责创意产品的收集整理与只做原材料的采购。服务组主要负责商品的售后、使用反馈及创意用品的安装调试。制作组主要负责创意家居用品的设计及制作、创意盆栽的制作等。

项目成立初期共投入所需资金8000元作为创业项目资本,营运期由于学生客户的不断增加以及为满足不同的服务需求而又投入5000元,投入运营一年,月平均营业额为 4000 元。同时，由于本项目是校园创业产业，享受税收减免、优惠房租水电等各项优惠政策，近期月营业额突破 6000 元，而且随着市场的不断扩大，项目组也为了持久营运规模、增加客户服务质量，近期准备于外校开设分店，采取加盟合伙的方式扩大宣传。

（二）案例项目运营

1. 第一阶段：项目创意构思与发展

此阶段，是乐活创意家居创业项目产生的起始期，同时也是创业团队形成并开始初步分析市场、洞察市场基础信息的观察期。乐活创意家居创业团队的产生正是由于团队成员在项目发起人的带领下，率先察觉到这一市场的巨大商机能够带来丰厚的利润回馈，同时还能够获得学习上的实践，进而产生了这一新颖创意。

（1）市场调查分析。随着国民经济收入的逐步提高，消费者对于日常的生活品味也逐步上升，尤其对于家庭装饰以及生活品位的开销更是逐步加大，而"乐活"这种生活态度也越来越被人们所津津乐道。新兴市场中最具潜力的消费者集中在 18~35 岁的青中年人群，因为年轻人易接受新兴的产品观念并且有着强烈的消费需求欲望。大学城区内聚集人群大部分为 18~26 岁的青年群体，他们乐意享受生活，并且乐意为此去投入消费。根据 2012 年艾瑞市场调查的数据显示：75%以上的在校大学生都有宿舍家居装饰方面的投入；71%的在校大学生觉得居室装饰要体现个人风格、品位；68%的在校大学生表示希望通过小物品的摆放和点缀营造宿舍家居的独具一格。故此，在年轻人聚集的大学城区内，建立一家以创意类型的精品家居生活体验馆的设想在脑海中应运而生。现阶段的年轻群体对个性、对美有了更高的要求，不再满足于那些大众化、普通的家居生活用品，而需要更具有个性、更有特点的商品。在忙碌的学习生活节奏中，大学生也都渴望得到舒缓，让自己的生活更轻松愉悦。所以创意家居用品会成为大学生未来发展的趋势及消费主流。

（2）创业团队组建。乐活创业团队是由不同专业且与创业中志同道合的大学生共同组成，拥有高技能的应用团队，在人才梯队上具有互补的优势，团队拥有技术、经济、管理等多方面的专业人才，专业知识稳固扎实，为企业的可持续发展奠定了基础。其中研究团队将负责后续工艺的完善和新技术的开发；管理团队将负责创业项目的日常管理和发展战略的制定；财务团队负责公司的财务运转和项目预估。同时，乐活创意团队是一个开放性的团队，在企业发展的过程中，任何与其志同道合且具有相关才能的人才，均可加入。

（3）乐活创意精神。"乐活"一词最早源于西方传来的新兴生活态度，由音译 LOHAS 而来，为"Lifestyles of Health and Sustainability"的缩写，意为以健康及自给自足的形态过生活，强调健康、可持续的生活方式。"乐活"本身就是一种具有创新意义的词语，乐活创意团队发现了其中符合当代大学生时尚、潮流的现象，加之团队本身就是一群具有前卫思想和进取精神的"90后"一代，在乐活精神的感召下不同专业的大学生走到了一起，树立起具有创新意义的大学生生活，创办了独具乐活精神的创意精神。

2. 第二阶段：项目初期运营

（1）运营模式。项目目前还在初期经营中，运营模式采用传统实体店铺经营模式，以市场信息为导向，以消费者需求为主体，通过调查反馈了解用户群消费主要产品区间范围，围绕范围及区间进行创意产品的发掘及引进，进而针对不同群体进行有针对性的产品定价宣传，最终把产品推向消费者。在推广使用的同时，也会积极地跟进收集客户群的使用反馈，进而更好地去调整改进商品，最终设计并寻找出最适合消费者的产品。

采用此运营模式的初衷有两点，在创业初期，资金量实在有限，大面积铺货会面临大量的资金滞留周转的问题，之所以采用定向反馈采购，一来能够减少非刚性需求品的货物滞留，减少资金压力，二来采购更符合以往向定制制作的方向发展，节省了精力，可以更好地把时间放在用户对产品的反馈上去（见图2）。

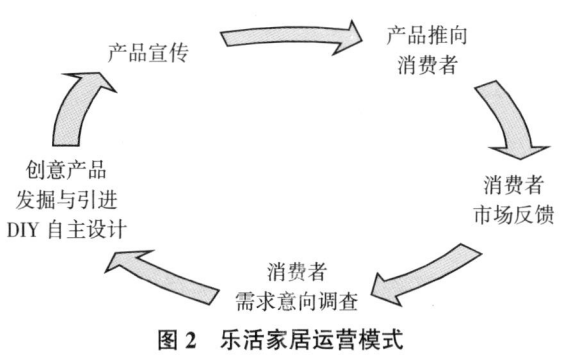

图 2　乐活家居运营模式

（2）人员管理模式。项目在人员管理上采取合伙人制，由项目组内四名成员共同出资经营，各自分工合作，原则上并不相互干预所负责区域，各自负责模块的经营。日常常规经营事项由项目负责人决定，对于季节性或大型合作活动，决策时采用均等表决制。在除合伙人制的基础上，在管理奖励机制上，除正常出资的占有份额定期分红外，还会拿出总营收的10%作为奖励机制，以鼓励突出贡献者，增加团队积极性。

（3）初期经营策略。在初期经营策略方面，由于团队成员本身就是在校大学生，又属于青年群体，很方便了解到属于青年这个时期的在校大学生需要什么样的产品。所以前期的目标产品采购市场定位还是比较准确的，但是因为初期经营，拿货量不大，价格优势并不明显，所以在创业早期，经营利润率并不是很高，并且由于前期项目团队太激进地追求于"乐活"的生活理念体验。曾经一度导致一个阶段，盲目追求与"高大上"的创意产品，对于消费者可以接受的产品价格区间缺乏控制度，导致积压了一大部分高价位的创意理念型产品，致使资金链一度告急。后经过总结，很多好的创意产品是非常优秀的。但却非常缺乏性价比，带给生活的便利与享受便利所付出的价格是不太成正比的。另外，在创业初期所采购的部分产品在普通市场上是比较少的，缺乏消费者的认知度，需要一定的使用认知周期。

所以在初期试营业阶段过后，团队在进货方式上有所改变，从单纯备货转向以消费者需求调查及辅以前期售出产品消费者使用反馈来进行针对性的产品采购。这使得备货压力减轻很多，也减少了货品的过度积压，对消费者对产品的需求方向及产品自身的设计缺陷有了更深入的了解。同时，还进一步调整优化了宣传推广方式。

（4）创意销售模式。团队每周只针对性地主推1~2件商品，并且进行有针对性的宣传及推广，比如微信群、朋友圈等小范围的口碑式的试用体验宣传。得到的效果很明显，从产品采购、销售、推广宣传的杂乱无章，再到系统流程化的管理运营模式，针对性是变革的重点，从大而广回到了小而精，市场销量和利润率反倒更上了一个台阶，有针对性的精致远远要优于盲目的广泛。

3. 第三阶段：创意衍生品扩张

在项目经营的过程中，产品范围也在不断变革中，也在尝试着自主创造。创意绿植、创意盆栽等就是乐活创意团队新主推的项目。绿植盆栽符合绿色、健康的乐活理念，并且绿植成本低廉且种植设计不易被复制。创意绿植严格意义上来说属于装饰产品，但又不同于单一的装饰用品，更有绿色环保、舒缓身心、防辐射护眼等功效，很是受当代年轻群体的喜爱。种植的花盆，团队也多选用对废弃物的再利用与改造，植物本身的成本也比较低廉，相对来说，创意盆栽的利润率很高，需求度也很广。随着团队的合作加深，团队成员的不断扩增，已形成初步的分工种植制作方案。有专门的人员负责分工种植，有后期人员负责个性创意制作改造盆栽。目前的产量和供给相对平稳，随着各个季节的变化，不同品种也可以保持交替上架。流水线式制作，大大加快了产品上架效率。创意绿植的自主制作也使得倡导的"乐活"理念更进了一步。

总体来说，目前各板块的经营都在有条不紊地保持逐步上升趋势，目前大学城目标市场远未达到饱和，但团队也在积极扩展大学城区外的目标市场，并且除了创意绿植外，项目制作组的团队成员也在积极定制设计出自主开发的家居用品，乐活创意团队在未来会有更好的发展。

三、案例分析

通过上述案例分析，我们发现一个好的创意要想有长远的发展，必须要具备准确的市场信息，只有掌握大量的市场信息才能够了解市场中消费者的偏好，进而分析创意的产生是否会有进一步发展的意义，即对于创意的分析应从外部环境的考虑出发，再结合内部自身具备的优势，把一个好的创意发展成为新创企业的主打产品，进而对于大学生创业战略来说是非常重要的前瞻性布局，只有如此才能够把一个创意从初生到成熟完整地链接下去，实现创业的成功。

供应商、潜在进入者以及替代品企业直接面对新创企业前期的创意构思和创意发展的整个脉络，即新创企业掌握了大量创意素材后，受这些因素的影响会使得大学生创业呈现出不确定性。首先，潜在的供应商从源头上直接影响到新创企业整个发展脉络的稳定性，对于大学生创业所需的必备原料和稀有资源产生直接影响，供应商的忠诚度会促进大学生在校创业时的稳定。在案例研究过程中发现，倘若供应商的原材料价格出现上涨，或者原材料的运输成本提高，那么，它将会制约新创企业的发展，甚至导致一个良好的创意发展到中途时，因缺乏必要的原材料而丧失研发后劲，或者失去由创意向产品转化的机会。其次，潜在的进入者在看到新进创意富有市场价值时，会采取跟进市场的战略，若新进入者为实力雄厚的大企业或在校园市场中已有一定市场产品份额的企业则会造成新创企业进入市场困难或创意产品占有量小。同时，新进入者是在新创企业创意的基础上，对原有创意产品的缺陷进行了修补的，因而潜在的新进入者对于市场的竞争则会更加激烈，这会造成创意的不确定性大大增加。最后，由于大学生创业的市场是从校园开始向外辐射，即便新的创意很具有创新性，也会对原有的产品造成一定冲击，这势必会影响到原有替代品带来的市场地位。不论是从开始还是创意产品投入市场，这都会对原有的替代品市场产生影响，也可能因为附加值的不同，而造成新创意产品缺乏竞争价值而流产。

从上述分析中可以看到，以上三种因素对于创意的影响仅仅局限于对于新创企业的假设考量。因为，大学生的产品创意受所学知识和经济的制约，只有极个别的情况才会涉及稀缺性资源的争夺，对于具有普适性的大学生创业资源，目前从社会中的供求中不存在这种特例的假设。在对待潜在进入者和替代品时，由于受市场范围和校园市场保护的影响，潜在新进入者和替代品的进入是必然的，但大学生因学生这一特殊的市场主体具有独特性，产品的销售具有地域性和情感性，这就导致新进入者和替代品生产商能否利用价格优势和附加值优势进入，这也是存在巨大不确定性的问题。

从创意发展内部角度来看，创意的发展受到创业者、现有竞争者、购买者、校园市场以及政策法规的影响，以及创意发展的整体脉络制约。创意本身可以认为是创业者的个人产物，因而创业者自身因素是制约创业成功和创意产生的最关键因素。创意受创业者的知识、经验、情感等影响会表现出不同的外显性，面对创业时的竞争环境，创业者个人素质是能够保证创意是否具有市场价值的直接因素。现有竞争者对创业者的影响是通过对创意产品的继承性而来的，创意产品的发展会造成市场原有产品结构发生改变，正如前述所说，替代品会影响产品结构份额，不同的是替代品的影响是间接的，而现有竞争者对于创意产品的竞争是直接的，会造成市场中竞争的激励化和创意发展过程中的不确定性。购买者因为直接面对创业者，对于购买者消费信息的分析是创意构思和创意产品销售的决定性因素。购买者直接决定了创意品是否能够维持新创企业的发展，也是创业者新产品开发的创意来源，对购买者需求偏好的分析与跟踪，能够提高创意产品研发的成功率，但同时由于购买者即消费者偏好具有不可预测性，造成创意与产品的创造过程会晚于消费者偏好改变的时间，这种滞后性会带来巨大的不确定性，严重影响创意本身的价值。校园市场由于地域性的存在，加之大学生创业者本身的情感因素，会影响到市场竞争。同时，由于校园市场的不完全性，会对外来商品具有抵御作用，间接保护了大学生创业者初创时期的生存，但随着大学生新创企业的不断增大，进入外部市场则会有不同因素制约，能否在外部市场中生存，也是不确定性的表现。此外，国家政策对于大学生创业的影响也是显而易见的，比如资金支持和税收的减免都对大学生创业带来不可预见的不确定性。

对于以上因素的分析都是根据创意发展的脉络展开论述的，因而对于创意的产生和发展起到了直接的影响。大学生新创企业创意的发展是受到不同的内外因素制约的，不确定性的影响是创业成功与否和创意发展成败的关键，因而通过对不确定性的分析，可以增加大学生创业的成功率，为大学生创业创新具有指导作用。

四、结论

本文通过大学生创业案例中关于创意从概念到产品的发展为论述脉络，归纳了大学生在校创业时关于创意不确定性是如何作用于新企业的创建，并以此构建了以波特五力模型为基础的大学生创业创意不确定性影响模型。这一研究结论丰富了大学生在校创业的创意不确定性影响因素，为推动大学生创业成功有启发作用。此外，本文主要研究的创意不确定性对于大学生创业实践具有重要的教育指导意义。本文的研究结论显示，一个好的创意是大学生创业成功的前提，创意发展的不确定性分析具有保障作用。创意的不确定性分析能够降低创业的风险性，增加成功概率。因此，在实践中，大学生需要对自己的创业团队有较强的学习能力，激发自身的创新性，形成获取新产品创意的有效途径，利用多种渠道获取创意开发的灵感，进而开发出适合消费市场需求的产品，为自身的创业成功做好战略前瞻。

参考文献：

［1］［英］吉姆·麦克盖根.文化民粹主义［M］.桂万先译.南京：南京大学出版社，2001.

［2］李碧珍.创意商品的价值构成与价值实现［J］.当代经济研究，2007（9）：27-30.

［3］李东华.文化产品价值分析［J］.科技广场，2006（6）：125-126.

[4][美]理查德·E.凯夫斯.创意产业经济学:艺术的商业之道[M].孙绯译.北京:新华出版社,2004.

[5]厉无畏.创意产业导论[M].上海:学林出版社,2006.

[6][美]熊彼得·J.A.经济发展理论[M].孔伟艳,朱攀峰,娄季芳译.北京:北京出版社,2008.

[7] Beck Andrew E.D.. Understanding the Cultural Industries [M]. London: Rout ledge, 2003.

[8] Bruno S.F.. Arts and Economics: Analysis and Cultural Policy [M]. New York: Springer, 2000.

[9] Banks, Lovatt, Connor, and Raffo. Risk and Trust in the Cultural Industries [J]. Geoforum, 2000 (31): 453–464.

[10] Bruno S. Frey. Arts and Economics: Analysis and Cultural Policy [M]. New York: Springer, 2000: 12–31.

[11] Caves R.E.. Creative Industries [M]. Cambridge: Harvard University Press, 2000.

[12] CITF. Creative Industries Mapping Document [R]. UK Department for Culture, Media and Sport, 1998.

[13] Dcms B.. Creative Industries Mapping Document [R]. UK Department for Culture, Media and Sport, 1998.

[14] Florida R.. The Rise of the Creative Class [M]. New York: Basic Books, 2002.

[15] Howkins J.. The Creative Economy—How People Make Money from Ideas [M]. London: Penguin Group, 2001.

[16] Knight F.H.. Risk, Uncertainty and Profit [M]. Chicago: University of Chicago Press, 1921.

[17] Throsby D.. Culture and Economics [M]. New York: Cambridge University Press, 2001.

[18] Scott. The Cultural Economy of Cities [M]. London: Sage, 2000.

(作者系安徽财经大学2014级企业管理研究生)

【导师点评】

创意：创业的前奏

创意，是新创企业成长的永恒动力，同时也是我国经济发展新增长点的重要源泉。据最新资料显示，全世界创意产业每天创造220亿美元以上，并以5%的速度递增。为此，党中央、国务院多次发文，强调坚持以创新为引领，大力发展文化创意产业。诸如广告、建筑艺术、艺术、手工艺品等之类的创意产品，越来越受到消费者的关注和追捧，人们渴望得到高质量的生活水平，创意行业的发展也正好与当前供给侧结构性改革政策相吻合。从个人层面来说，有创意的人喜欢新奇，他们的创意不光使个人生活丰富多彩，同时也可以把他们的梦想、想象力、理想变成艺术品，从而可实现人生价值的最大化。

然而，创意的产生并不是一蹴而就的，它与众多因素有关。首先，良好创意的产生需要一个好的社会氛围和环境，美国硅谷和北京中关村的强大创新能力以及众多创新产品的涌现，无不再次印证了区域政策以及文化环境对创意产生的影响。一个具有包容性、多样性文化和容许创业失败的创新环境是创意产生的基础。然而这样的创新文化和氛围有赖于高等教育水平的提高和创业团队成员之间的相互包容和尊重。其次，创意的产生也需要一定的专业技术知识，创意是以专业技术为基础并高于技术的一种创新。大学生创业创意的产生更多需要结合自身专业所长，结合新信息、新市场开发出有创意的产品或服务。仅仅拥有专业技术是不够的，创意不是技术的简单应用，而是在满足人类更高需求或创造需求的条件下，利用现有技术，产生一些新的想法。最后，从创意产生到新产品的推出，是一个不断试错的过程。最初提出的1000个想法，可能会形成100个好的创意，而这些创意真正能转化为新产品并被市场接受的不到10个。因此，创意转化为研发项目，并最终转化为经济效益的过程比较复杂，创意能否在技术上实现？若技术上实现了、产品做出来了，能否有效控制研发和生产成本？这也是值得考虑的地方。总而言之，对大学生创业创意产生的相关影响机制进行案例与实证分析,具有重要的理论和现实意义,有待进一步深入研究。

(指导教师:刘福成教授;
肖仁桥博士、副教授)

天利运动创业者机会发现与市场创新

李佩莹

中国中小企业协会会长李子彬表示：截至 2014 年底，中国在工商部门注册的中小企业已达 1023 万户，此外还有数量更多的个体工商户。目前，中小企业占中国企业总数的 99%以上，对 GDP 的贡献超过 60%，对税收的贡献超过 50%，提供了近 70%的进出口贸易额，创造了 80%左右的城镇就业岗位，而这当中的绝大部分是新创企业。在世界其他国家和地区，创业活动也都处在蓬勃发展中。国外有学者将这种新创企业繁荣发展的原因归结为全球化浪潮的推动。在全球竞争日益激烈的今天，产品生命周期不断缩短，企业生存乃至成功的关键越来越多地依赖于快速回应市场以及持续创新。许多大公司受到其体制的限制，已无法像以前一样控制市场。而那些具有高度灵活性的新创企业，则由于其能够快速适应市场需求变化而迅速崛起。但由于中小企业资金筹集渠道狭窄、规模较小、收集分析市场信息的能力弱等，其寿命周期都比较短，每年都有大量中小企业倒闭，同时又有大量中小企业创立，新旧中小企业的更新速度较快。因此什么样的新创企业可以抓住市场机会，将最初的创业机会发展为成熟的盈利体系，成为了学者研究的重要问题。

在校大学生创业企业作为新创企业中虽规模有限但实力不可小觑的典型代表已经占据了一部分市场，尤其是以大学生作为主要消费市场的学校区域。本文拟基于创业机会研究的理论对天利运动文化馆发展进程构筑进行研究分析，以探究在大学生这一特殊的市场消费主体中，天利运动文化馆是如何抓住创业机会，利用文化产品和文化消费进行一系列的关键活动发展壮大并持续盈利的。并希望天利企业的演变历程、成功经验和不足之处对我国的创业企业尤其是在校大学生创业企业建设和发展方面能有借鉴之处。

一、文献回顾与理论概述

成功创业经验和失败创业经验不仅给创业者带来了情感和财富的差异,还会影响创业者在下一次创业中的行为过程。不同行业的工作,面对的环境和需要的技能不同,进而培养出不同的经验。同时,并非所有的创业机会都相同,即机会具有异质性。创业机会之所以存在异质性,本质上是源于各个创业机会实现其潜在价值的手段和目的存在显著区别(龙丹等,2013)。Reynolds 和 Miller(1992)基于企业生命周期理论,较早地界定了新企业生成,认为新企业的创业过程由概念、孕育、生存和成长四个递进式阶段组成。新企业的概念阶段指新生创业者(已产生创业想法并在努力准备创业、创业尚未成功的个体)产生创业想法并识别到创业机会;在孕育阶段,新生创业者开展创业活动,如组建团队购买原材料,进而推动新企业创立;处于生存阶段的新企业的首要任务在于赢得市场竞争并使企业平稳运营;新企业在成长阶段将迅速成长为成熟企业。概念和孕育两个阶段共同组成了新企业生成过程(Reynolds & Miller, 1992)。

Katz 和 Garter(1988)提出企业生成过程分为四个阶段:①有意识地收集组织建立的信息;②努力建立组织边界使创业企业凸显出来,如建立管理条例、形成法人组织、购置基础设施和办公场所等;③获取组织运作的资金;④与供应商、顾客进行交换,建立最初的商品或劳务供给(Katz & Gartner, 1988)。结合以上研究,本研究认为新企业由识别机会到盈利成为成熟企业的过程需要有六个关键活动:产业机会选择、市场机会发现、供应渠道选择、营销方式创新、消费群体延伸和产品拓展。

对于产业机会选择问题,刘洪昌(2011)认为战略性新兴产业必须要真正掌握关键核心技术,要具有广阔的市场需求前景和资源能耗低、带动系数大、就业机会多、综合效益好的特征。选择战略性新兴产业的科学依据最重要有三点:一是产品要有稳定并有发展前景的市场需求;二是要有良好的经济技术效益;三是要能带动一批产业的兴起。陈凯等(2004)在国内外专家学者研究成果的基础上,加以综合分析,认为中小企业由于其较强的创新能力和经营的灵活性往往适合在以下特点的产业发展:①不存在规模经济的产业;②进入和退出壁垒低的行业;③地区性的产品市场;④高度的产品差异化;⑤可分割的制造过程;⑥新兴产业。

市场机会发现主要是建立在对消费者和潜在消费者进行有效的分析的基础上的。消费者分析主要包括消费者的组成、消费者市场、消费者行为等分析（肖海明和陈立，2006）。消费者的组成分析即对现有消费者和潜在消费者的分析，其目的是通过现有消费者和潜在消费者、自然属性和社会属性的研究，包括对消费者的年龄构成、性别构成、职业特征、收入状况和文化程度等。消费者市场主要分析：通过对市场分析，使企业能明确产品的准确定位，为中小企业的营销等决策提供依据；消费者行为分析，归纳起来主要包括消费者行为特征和消费者购买决策特征分析；消费者心理特征分析，广义来讲主要包括消费者的购买动机、认识、学习、信念和态度（肖海明和陈立，2006）。通过消费者分析，对消费者进行归类，可以提升消费者价值，是企业从现行的客户关系管理向顾客体验管理转型的必要手段。消费者分析离不开市场细分，正确的市场细分，可使产品更好地满足消费者需求，同时通过对消费者需求的了解和对需求变化进行预测，也可为企业的研发与产品生产提供参照依据。目前，我国许多中小企业主要以产品的性能为导向来进行市场细分，而忽视对消费者的研究，致使企业效益难以充分发挥，影响了企业核心竞争力的提升（周叶和周国宏，2008）。

徐俊（2007）认为中小企业与大企业相比，在营销战略的选择方面要扬长避短，不仅要从战略的高度把握营销，而且要制定出切实可行的营销战略。扬长避短，避实就虚，千方百计寻找未被开拓的市场或者是未被充分开拓的市场。周叶和周国宏（2008）认为我国中小企业市场营销观念不强，许多企业不重视市场营销工作，以致企业没有营销策划的组织。由此导致企业营销战略仍停留在推销产品、获取眼前利益阶段，企业为顾客服务意识不强和企业品牌意识淡薄等一系列问题，这使企业很难在激烈的市场竞争中取得一席之地（周叶和周国宏，2008）。宁昌会（2002）认为中小企业营销战略应走专业化、细分化、差异化和集中化的道路。灵活的专业化、独特有效的差异化、市场细分化和资源集中化是中小企业营销战略的核心。中小企业应成为一个小的细分市场的"主宰"，敢于对某些市场机会说"不"，否则，就可能步入"多数谬误"陷阱。中小企业要通过差异化谋求战略优势，必须选择核心业务，缺乏正确的市场界定和专业化的集中选择将会稀释企业资源，无法建立自己的市场力量。

消费群体延伸是一个企业步入成熟期以后需要考虑的重要过程，通过消费群体延伸可以直接扩大企业规模、占领市场份额，进而提高企业的市场竞争力。目标延伸战略的选择依赖于市场本身的特征、各个市场的联系、市场竞争状况以及企业所具备的实力等条件。因此在选择延伸战略时应该做深入细致全面的分析。"滚雪球"战略是中小企业最常用的一种策略，即企业在现有市场的同一地理区域内，采取区域内拓展的方式，在穷尽了一个地区后再向另一个新的区域进军（杨龙志，2002）。

对于供应商选择问题的研究，包括对评价指标的研究、供应商选择方法的研究和选择过程的研究。供应商选择方法有线性加权法、成本法、数学规划法和组合法，其中在20世纪70年代初，美国运筹学家Saaty教授提出的层次分析法（AHP）较有代表性（陈启杰和齐菲，2009）。供应商选择过程研究较有代表性的是Davidrajuh（2003），他在总结供应商选择过程研究既有成果的基础上，提出了三种不同的过程模型，即国际采购的六阶段模型、伙伴选择的多潜在代理商模型和机械设备采购多属性模型，并且试图构建一个通用的关于供应商选择过程的理想模型。Michael和Thomas（1998）总结了有关工业品采购的八个步骤和三种情境。这八个步骤分别为识别问题或需要、确定所需物品的特性和数量、描述所需物品的特性和数量、搜集潜在供应商的资料、分析备选方案、评估备选方案并选择供应商、选择常规供应商和考评业绩；三种情境为新任务、经修正的重新采购和直接重新采购（Michael & Thomas，1998）。

二、研究方法与案例选取

本研究采用的是单案例研究方法，此方法可以针对一个既存的现象提供厚实的描述，进而引发读者对于某个研究问题的兴趣、激发对于现有理论的反思或是将一些现象更清楚地予以揭露呈现。虽然在案例研究中，很多学者认为多案例研究要比单案例研究更为适用，但实际上单一的案例研究也可以是非常具有说服力的，特别是对于独特的案例，因为一个适当的例证就足以反映出现有理论的缺失或是新的研究方向。

鉴于研究案例的典型性、案例资料的可获取性以及研究的便利性，本文以天利运动文化馆作为案例研究的样本。天利运动文化馆是创业孵化基地较早入驻、趋于成熟的一家体育用品类商店，从创业之初天利运动文化馆一直致力于为在校师生提供更加专业有效的运动装备与一个交互式的运动交流平台，以及一个了解学校体育文化环境与简要发展历程的环境，同时帮助大家更好地领略体育精神、体味体育文化、宣传竞技体育精神及运动文化。

天利经营至今已有三个年头，取得的经营成果还是很令人满意的，已基本熬过创业的初级阶段，即将进入平稳、快速发展的阶段，并在校内校外已有较多好评。天利顾客主要以班级和社团的大订单为主，以学生和教职工个人订单为辅，现在的盈利状况每月 6000 元左右，并且有季节差别，在每年 9 月新生报到的时间销售状况会更好。天利运动文化馆很好地利用了体育文化作为开拓市场的机会，以文化产品在大学生群体中的特殊性为依托，很好地开辟了蚌埠大学城的市场，并使企业得到了良好的发展。因此，天利作为一个成功的新创企业的典型代表，在其发展过程中将创业机会转变为盈利机会的关键活动是值得学者们深入研究的。

三、案例分析

（一）产业机会选择

1999 年朱镕基同志在九届全国人大政府工作报告中首次提出"积极引导居民参加文化、娱乐、体育健身和旅游消费，拓宽服务性消费领域"，把体育娱乐休闲产业作为国民经济中重要的组成部分（任慧和金生，2009）。自此之后，借奥运东风，该产业迅猛发展，体育消费逐渐成为生活消费的一个重要方面。文化体育消费是个人在满足基本的生存消费之后，以追求发展和享受等需要的个人消费行为。大学校园是文明与素质的集中体现地，大多数学生乐于自费参加体育活动，这说明大学生对于花钱买健康的观念已有较大程度的理解和接受。因此天利运动文化馆就抓住了全民运动的大好机会进行了体育用品的销售创业。但是单纯的体育用品销售存在着很大的局限性，对日后的发展会产生误导或者被带入一个安于现状的怪圈。单纯的商品销售始终无法成为有着巨大影响力的体育用品店，而运动文化往往容易被忽略。在人类文明的进程中，出于人类的共同需要，对人类自身生存、发展、享受的追求和关注一刻也没有停止过，正是这种大众体育文化在教育全球化的浪潮中的推动力最大，影响最为广泛，也最为深刻。这是因为大众体育文化给人类带来快感和美感，并给社会带来健康和活力。无论中国的大众体育,还是西方的大众体育,都是以全面发展和和谐发展为根基。大到一个国家,小到一座城市乃至一所大学,体育运动文化都是不可缺少的重要部分,软文化已成为综合国力竞争的一个重要因素。对于蚌埠市大学城来说,创业者已经意识到如果体育用品的销售能与大学城的体育事业发展有机结合,一定有着巨大的市场潜力。以体育文化来带动体育用品的销售,并在商业发展的同时推动体育文化在蚌埠大学城逐渐发展,使之逐渐发展壮大并在广大师生中并得到认同,二者相辅相成,共同发展。

(二)市场机会发现

在创业之前,天利的创业者对蚌埠市大学城区及周边中学市场进行了调研以及市场分析,样本结构如图 1 所示,调研结果认为:大学城青年人口密集,对运动产品的需求量大;年轻人追求品牌,对运动产品的品牌有较强依赖;大学生现如今消费观念得到转变,更加注重身体健康,消费更加青睐能够强身健体的运动产品;人民收入水平的提升使得大学生的消费能力得到进一步的提升;近些年来

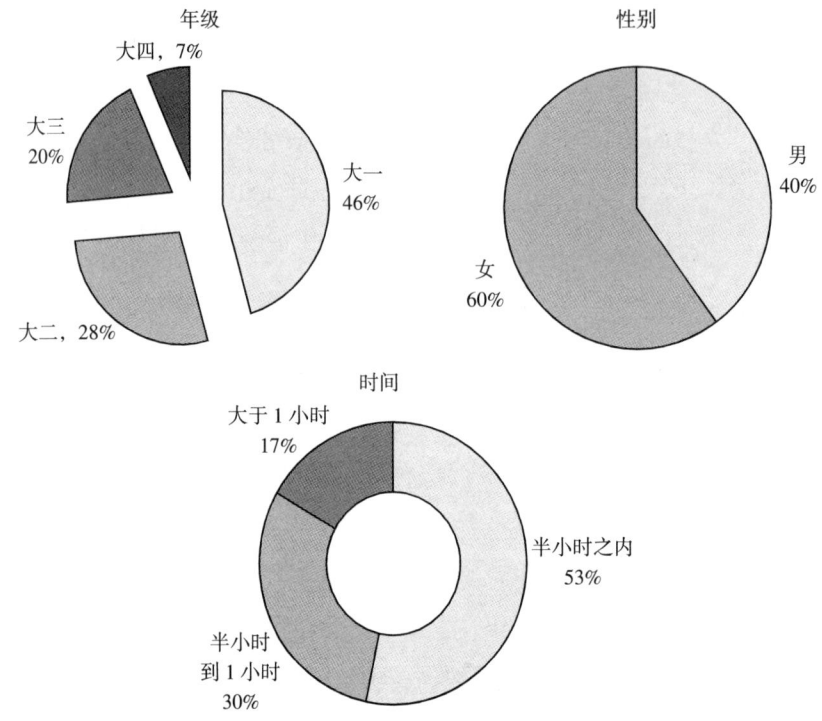

图 1 样本结构分布(基于就读年级、性别和运动时间的视角)

女性运动得到显著提升,甚至在运动群体中占据更大的比重;大学生在进行体育课程时需要购买相应器材,对体育产品的需求很大;周边无类似商家,市场近乎空白;各高校有着各种体育类社团组织,能够拥有大量固定用户。

与此同时,受调查者普遍认为在大学城创办一家体育用品商店十分有必要。根据调查结果,对原因可以概括如下:①贴近大学生生活,为他们购物提供便利,销售对象范围广,产品来源宽,销售方式灵活;②近距离提供产品更容易刺激大学生消费,利润大,发展前景好;③体育用品在一定程度上呼吁品牌,迎合了年轻一代追求品位、个性的愿望,市场潜力大;④虽然大学城周围店铺不少,但专卖体育用品的却没有,面对市场上的空白,开一家专营店有很大的市场优势;⑤产品价格合理,对经济能力有限的年轻人来说有很强的吸引力;⑥为大学生运动提供优良的器材,带动运动氛围;⑦加大大学生对"三走"运动的了解,增强大学生体质。

(三)供货渠道选择

做一家体育用品专营店最主要的就是产品本身,产品的质量直接决定了创业的成败,由此看来进货渠道就显得尤其重要,它不仅关乎营业利润的多少,更加重要的是它直接决定了天利的用户体验和口碑,可以说进货渠道就是企业生存的生命线。蚌埠水陆交通便利,距离江浙一带的工厂较近。此外经过创业者对周边厂家的了解,发现蚌埠市周边城镇就存在着一批产品可靠、价格较低的厂商。因此可供天利选择的进货渠道多种多样,在可选的货源渠道有:江浙厂家发货、通过经销商的渠道进货、通过网络批发的方式进货、同城其他运动用品超市调剂式进货等方式。

经过创业者的细心调查,首先厂家进货的方式虽然进价低,但需要大批货物,无论是在资金周转还是囤货滞销等方面都会有较大风险;通过经销商取货的话价格稍高就导致利润下降,但是方便省事,资金流转周期短。此外蚌埠便捷的水陆送货渠道使得网络供货成为一大优势,不仅时间短而且价格低,但是网络进货产品质量得不到保证,这对企业来说本身就是一个致命的风险。可以说商品渠道问题成为了当时困扰创业团队的最大问题,这之后天利的创业者通过长达一个月的实地调查,与经销商以及同城其他产品经营店、网络批发商等进行交流后决定采取一种综合式的购货渠道,即综合江浙厂家发货、通过经销商的渠道进货、通过网络批发的方式进货、同城其他运动用品超市调剂式进货等几种进货方式，以达到资金周转期短、质量安全可靠、利润相对可观的预期。

蚌埠市周边城镇的厂商更为便捷，就以篮球为例，如果店内销售的某款球断货了，天利可以直接联系厂家，最快半天就可以完成从厂商到客户的一整个销售过程，从进货到销售压缩了交易时间，这就解决了资金流转的问题。同时借用本地经销商成熟的体制和完善的渠道完成一些较复杂的交易事项。比如篮球服、足球服的定制，由于该团队经济能力有限，不可能有完整的定制能力，所以就借用本地经销商的渠道完成，最多3天就可以完成班级服装的定制，既节约了自身成本，又最大限度地缩短了从生产到销售的过程。在网上定制服装，加上下单、制作、物流等过程一般都在3~7天，天利时间短而且又是实体经营，有信誉保障，无论是在产品质量上还是在售后方面都比网上有着巨大的优势。另外与同城其他体育用品超市达成一致，部分商品可相互补货，方便调剂，最大限度地压缩交易时间，好让资金能够更快更高效地流转，从而带来更大利益。

（四）营销方式创新

天利采用的是传统营销和电子网络营销相结合的方式。在营业之初由于名气尚未打响，知名度不高，前期主要做的就是宣传与推广，通过粘贴广告、发小传单、口碑营销等方式。安徽财经大学创业孵化基地有着自己的官方网站，可通过学校网站直接登录，这也方便了创业者在学校层面的宣传，另外安徽财经大学的微信平台"安财精灵"有着巨大的影响力，曾在过去的一年里在安徽省高校新媒体平台中排名第一，在全国高校排名前三，背靠这样一个有着巨大影响力的新媒体平台，天利运动文化馆很快就被广大在校生了解。天利团队根据自己的特色印制了不同时节的各类宣传册，根据最新的校园风气制定各类优惠活动、促销，获得了较大反响。

创业者除了要有优质及时的货源，更要有良好的信誉，店内商品本着"敢与淘宝比价，敢与其他运动用品超市比质量，敢与专卖店比售后"这一原则。因为天利的市场立足于校园，针对学生消费能力和消费习惯，更大程度地维护了学生利益，实现薄利多销。特别是在当下以淘宝为主的各类电商对实体经营造成了不小的冲击，不少人在选择体育用品时也依靠网络力量，这就更加要求我们在保证产品质量的同时压低价格，提供更好的售后服务。因此凡是在天利运动文化馆购买的产品，该文化馆都有着"一个月内非人为的质量问题损坏包退换"的保证，"所售产品日后维护一律免费"的承诺，给予消费者最大程度的售后服务，始终把顾客的体验放在第一位，让消费者更加放心大胆地消费。

（五）消费群体延伸

学生创业有着最大的一个问题就是资金问题。在校大学生创业在资金方面相对薄弱，对于一个企业而言资金链又是最重要的。所以天利在选择进货渠道的时候就充分考虑到这一因素，选择了能够最快回笼资金的进货渠道，同时在经营过程中一直贯彻这一理念。

店内经营主要是零售和大批订单相结合的方式。订单主要是以班级、社团组织、篮球队、排球队为主的大批量订购，订单形式的销售已成为最大份额的销售方式，相对零售也有着更大的利润。全力发展"大客户"的同时兼营零售已成为天利发展的一个重要方针。为此天利团队专门分工：有专门负责联系、发展各类组织班级的人员；有专门负责店内零售的人员；有专门为应对各类销售联系上一级供货的人员。各司其职"相互配合"力求最高效地完成销售，加速资金回流，让企业保持着无限的生命力。

（六）产品拓展

单一的体育用品销售已经不足以吸引足够的消费者。店内除了设有运动用品展示区，还设置了运动文化交流区，以便众多体育爱好者交流、分享运动的魅力。设有投影仪滚动播放安徽财经大学近年来体育发展的优良成绩，让广大师生感受到学校积极健康的运动氛围。而且在固定的时间免费转播全球各类体育赛事，经典赛事回放等以此宣扬竞技体育精神。本年度准备进一步加深运动文化的交流与传播，准备与学校有关部门商议复刻学校重大体育奖项的奖杯奖状等放在店里供大家参观。这些运动文化的宣扬能够为企业聚集一大群体育运动爱好者，从而带动更多的人参与到运动中来，这样也会在无形之中扩大了运动用品的市场，真真正正达到了文化与经济的"双荣"。

此外，学校中充斥着各种形形色色的社团组织，其中关于体育运动的社团就有八个之多，天利不满足学校已有的运动文化，还参与扩建运动社团等，让更多的运动爱好者参与进来，让更多本不爱好运动的人变得热爱运动。比如，学校有着各种各样的体育爱好者,但有组织的体育爱好者社团却很有限,例如瑜伽、台球、健身、棒球、电子竞技等社团均未成立。于是在天利运动文化馆创业者努力争取和校团委的大力支持下,安徽财经大学台球协会终于成立,并已连续两年在校内举办"台球大奖赛",为广大台球爱好者提供了一个交流的平台。

四、结果讨论与结论启示

天利运动文化馆作为一家起步较为成功的在校大学生创业企业,它的生存与成长为我们提供了研究在校大学生创业机会发现、利用和市场培育所需要的真实材料,并为研究提供了经验支撑。围绕这一主题,我们探讨了研究结果,并提出研究局限和未来研究方向。

(一) 研究结果

(1) 随着人们生活水平的提高,人们对精神消费已经越来越重视,单一的产品消费已经不能占据更多的市场,只有更好地利用文化产品提高文化消费才能更好地使企业成长。从文化产品的生产开发市场,其焦点在于通过对资源的有机开发、综合利用和集成创新来丰富种类和宣传品牌。文化产品的生产要引领人民群众的文化需求,作为依靠大学城的大学生市场,体育文化产品无疑受到了诸多关注,大学城内不管是老师还是学生,都对健康的身体越来越重视,天利正是利用了这一心理和市场,在大学城成功创办了一家体育运动文化商店,在销售体育用品的同时传播体育文化。

(2) 大学生是一个特殊的市场群体,随着大学生创业热潮不断高涨,充分利用大学生市场已经被越来越多的创业者关注。由于大学生年纪较轻,群体较特别,他们有着不同于社会其他消费群体的消费心理和行为。一方面,他们有着旺盛的消费需求;另一方面,他们尚未获得经济上的独立,消费受到很大的制约。消费观念的超前和消费实力的滞后,都对他们的消费产生很大影响。这一细分市场不仅蕴藏着巨大消费能力,更重要的是大学生用户将成为社会未来消费群体的重要组成部分。天利充分抓住了这一特殊群体的需求,以低廉的成本、便捷的服务和优质的产品开发了蚌埠大学城的体育用品的市场空白,不仅在大学生中掀起了热爱运动的潮流,同时也获得了盈利。

(二) 研究局限和未来研究方向

作为单案例研究，本研究的局限是很难建立在校大学生创业企业者机会发现、利用和最终市场培育的一般性理论，但通过分析天利运动文化馆的发展进程，我们了解了在校大学生创业企业在不同的发展阶段可能面临的不同的问题及采取的相应策略，从而建立大学生市场营销机制，利用文化产品在人们生活中的重要性最终获得企业成长。本研究对认识在校大学生创业企业的生存与成长有重要意义，同时也对未来研究有一定的启示。

（1）本研究中天利运动文化馆虽然入驻了安徽财经大学大学生创业孵化基地，为其成长带来了很多机会，但是本研究注重于研究将创业机会转变为盈利机会的关键活动，但是这些关键活动对其他企业并不全部都具有有效性，以后的运用过程中需要视具体企业的情况具体分析。

（2）本研究中天利运动文化馆将运动文化融入企业发展中，一边提高企业效益一边进行运动文化传播，以文化产品带动文化消费，这种模式在一定程度上类似于近期很多学者对于文化创业的研究。所谓文化创业就是一种新知识的创造，就是在一定的市场、社会、政府空间中进行艺术传播，从而产生经济利润的活动。因此未来研究可以从文化创业的方面研究文化对于企业发展的作用。

（3）本案例中的创业企业目前只在蚌埠市大学城开拓了市场，并没有将眼光放长远。如果可以将市场拓展到全国所有的大学校园，让全国大学生都可以不出校门就可以享受到价廉物美的运动产品、优质的服务和体育运动精神的伟大，企业将会成为更成功的典范。因此未来研究可以注重于如何扩大新创企业的市场和规模，使之逐渐成为又大又强的企业，如连锁经营方式等。

参考文献：

[1] 陈凯，周庆行，杨淑鹏.试论我国中小企业产业再选择[J].科技进步与对策，2004（2）：76-78.

[2] 陈启杰，齐菲.供应商选择研究述评[J].外国经济与管理，2009（5）：30-37.

[3] 龙丹，张玉利，李姚矿.经验与机会创新性交互作用下的新企业生成研究[J].管理科学，2013（5）：1-10.

[4] 刘洪昌. 中国战略性新兴产业的选择原则及培育政策取向研究[J]. 科学学与科学技术管理, 2011 (3): 87-92.

[5] 宁昌会. 论中小企业的营销战略[J]. 中南财经政法大学学报, 2002 (4): 116-121.

[6] 任慧, 和金生. 我国休闲体育产业集群的壁龛性及其市场拓展的衍生路径探究[J]. 天津体育学院学报, 2009 (5): 407-409.

[7] 肖海明, 陈立. 中小企业差异化战略研究[J]. 商场现代化, 2006 (32): 56-57.

[8] 徐俊. 中小企业营销的优劣势分析及其营销战略的选择[J]. 生产力研究, 2007 (8): 131-132.

[9] 杨龙志. 市场开拓的五大战略[J]. 中外管理, 2002 (1): 40-41.

[10] 周叶, 周国宏. 我国中小企业核心竞争力提升研究[J]. 企业经济, 2008 (12): 14-16.

[11] Davidrajuh R.. Modeling and Implementation of Supplier Selection Procedures for Ecommerce Initiatives [J]. Industrial Management & Data Systems, 2003, 103 (1): 28-38.

[12] Katz J., Gartner W. B.. Properties of Emerging Organizations [J]. Academy of Management Review, 1988, 13 (3): 429-441.

[13] Michael D. H., Thomas W. S.. Business Marketing Management: A Strategies View of Industrialand Organizational Markets [M]. Florida: The Dryden Press, 1998.

[14] Reynolds P., Miller B.. New Firm Gestation: Conception, Birth, an Implications for Future Research [J]. Journal of Business Venturing, 1992, 7 (5): 405-417.

(作者系安徽财经大学 2014 级技术经济与管理研究生)

【导师点评】

创业过程：激情与恒心的融合

任何一个创业过程，都是与市场有着爱和恨的过程。创业者在创业之初，有着各种期望和冲动，一旦起步，爱和恨缠绵，一直让创业者难以释怀。

天利运动文化馆何尝不是如此。

本案例从天利运动文化馆的经营过程入手，结合相关理论分析了创业机会是如何发现以及创业者在创业过程中的经营变化。案例围绕产业机会选择、市场机会发现、供货渠道选择、营销方式创新、消费群体延伸和产品拓展六个方面开展分析，总结归纳了创业机会转换成成熟的盈利体系需要的关键活动。

案例分析要有魂，从案例本身说是想揭示的主题；从旁观者看，就是我们期望所看到的灵与肉，能够激发我们继续看下去而且能够满足自己那点窥探欲的东西。本案例已经帮助我们揭示一个主题，但是读完以后深感不足。其实我们更想通过本篇案例知道创业者创业激情在此后创业实践中的变化及创业者自身的成熟，那么从整篇案例来看将会更加生动，更有血有肉；从窥探者角度来说，也满足了自己那份好奇心，也许能够引起共鸣。

过去很多案例都期望向社会展示案例本身的"魂"，以及这个"魂"在多大程度触及内心的关键所在，这也是我们今天不自觉地拿着这个尺度度量一篇案例水平高低，衡量一篇案例的价值关键。本篇案例在撰写中，也有其他需要改进的地方，我想这些都不是关键，关键在于编写者在编写这个案例的过程中，也深深地受到创业精神的熏陶。内容是否深刻、文体是否严谨等，每个人心中自有把尺，是饕餮大餐还是午后甜点，在于读者自己发现了。

我已经认识到一篇案例的编写过程中，通过研究者和创业者相互探讨相互启发，创业者对自己创业历程也有所感悟，我们的研究生也感叹理论到实践道路的艰辛。我想，对创业者"敬佩"和对创业本身的"敬畏"应该成为"恒心"。

(指导教师：胡登峰博士、教授)

大学生创业能力的内涵与结构分析
——以璐芳美美妆创业为例

徐如群

创业在促进科技创新,并使新技术转化为现实生产力方面做出了巨大的贡献。在中国,创业不仅带来了经济效益和社会财富,还有效地缓解了社会就业压力,增加就业机会,因此,无论是学者还是企业家,都越来越重视创业现象。国家、社会、高校各界都热切关注创业者创业,大学校园掀起了创业大赛、创业培训的热潮。全国高校中约有80%的在校大学生有创业意愿,但真正坚持进行创业活动的大学生比例并不高,再加上创业活动受到资金、场地、市场、人脉等诸多因素的影响,创业成功率仅为2.4%(李剑平,2015)。大学生是最具有创业潜力的群体之一,本文通过文献回顾构建大学生创业能力模型,在以璐芳美为例的基础上,研究大学生在创业过程所需具备的创业能力。

一、文献回顾

(一)创业能力内涵

所谓的创业能力,Chandler 和 Hanks(1993)将其定义为"识别、预见并利用机会的能力",并被认为其是创业过程中的核心能力。关于创业能力内涵,不同的学者基于不同的研究目的,从不同的视角对其进行研究。

创业能力与管理能力具有各自的特定含义,但两者之间又是紧密联系的,国外一些学者认为创业需要创业能力和管理能力,但仍需对这两种能力加以区分。Man 等(2002)认为创业能力是创业者开办某个企业所需要的能力,而管理能力是企业家为使企业获得良好发展所需的能力。Shane 和 Venkataraman(2000)认为创业主要关注创业机会，是一种如何发现或创造新事物的机会，因此创业能力主要是与机会相关的能力。Davidsson 和 Wikland（2001）认为在创业管理阶段主要为发现机会和识别利用机会的过程，创业能力是发现机会和利用机会的能力。Zhou 和 Li（2010）和马鸿佳等（2014）也认为创业能力是捕捉市场机会能力，以及当外界环境变化时利用机会的能力。

创新学派则认为，创业与创新关系紧密，创业是实现创新的过程，而创新是创业的本质和手段（王立军，2004）。德鲁克（2003）认为，管理和创业是企业生存与发展的两个部分，二者缺一不可，创业者在创业过程中要懂得管理，管理者在经营企业时要进行创新，只有创新才能使企业得到更好的发展。吴道友（2003）提出，创业就是做新的事情，或者使用某种新的方法做事，简而言之就是一种创新。张慧杰（2006）基于对初创企业的研究，认为创业者应具备创新、决策、学习和人际沟通等各方面的能力，才有可能创业成功。马林（2009）将创业能力划分为创新意识与创造力、机会识别与利用、风险认识与决策及组织领导四个维度。鲁宁（2014）认为创业过程始于机会，识别机会是创业成功关键因素。这些观点都是将创业能力与管理能力区别认识的，认为创业能力主要包含机会识别与利用能力和创新能力。

从广义上而言，创业能力是一种综合性的能力，包括管理能力。Man 等（2000）认为创业能力是机会能力、关系能力、概念性能力、组织能力、战略能力和承诺能力的综合。沈建华（2006）、唐靖和姜彦福（2008）在 Man 等的基础上将创业能力分为机会识别与开发能力和运营管理能力的两种能力，其中将这两种能力划分为其他六个维度的能力。张玉利和王晓文（2011）将创业能力分为两类，一类是机会相关能力，包含机会能力、关系能力和承诺能力；另一类是管理相关能力，包含组织能力、概念能力和战略能力。这些观点未将创业能力与管理能力进行明确区分，认为管理能力是创业能力的一部分，创业能力主要是包含机会相关能力和管理相关能力。

（二）大学生创业能力内涵

目前学者们没有清晰地定义大学生创业能力，都是从大学生创业能力的构成要素对其进行解析，因此仍处在一个模糊的阶段。然而多数学者认为大学生创业能力是创业能力在大学生群体中的延伸，是一种诸多能力构成的综合能力，以大学生创业过程的实际需要为主线，存在于大学生创业和企业发展的全过程中。目前不同的研究者从不同的视角，通过将大学生创业能力内涵分为若干维度，然后对其进行分析。

沈建华（2006）在对学生创业能力进行研究时，提出创业能力应包括专业技术能力、经营管理能力、社交沟通能力、分析和解决问题的能力、危机处理能力、把握机会以及创造机会等能力。贾少华（2008）认为，大学生创业能力是指大学生将创业设想变为创业现实所具备的各种能力的总和。陈晨（2011）根据各种因素对大学生创业所产生的影响力程度，将大学生创业能力归结为两个层次的创业能力，即核心创业能力和基础创业能力，其中核心能力包含创新能力、市场判断能力和管理能力。纪玉超和林海涛（2011）认为大学生创业能力是由创新能力、领导能力、社交能力、分析能力和做事能力构成的。陈潇原和张凯（2013）认为创业能力是大学生创业成功的关键，主要包含专业与学习能力、组织管理能力及沟通与营销能力。杨伦超（2012）认为大学生能力要素结构是由专业技术能力、控制市场能力、经营管理能力和综合性能力所组成的。邹建芬（2011）认为大学生创业能力是指创办企业过程中所具备的能够经营管理企业的能力，应该包括创新能力、利用知识的能力以及综合性能力。余长春等（2012）认为大学生创业能力主要包括经营管理能力、社交能力、专业技术能力和开拓创新能力。这些学者都是从理论上分析大学生在创业时需要具备的能力，并认为管理能力是创业能力的一个维度。

（三）大学生创业能力结构模型构建

大学生在创业过程中面对两大任务：发现和捕捉商机、运营管理企业。创业能力是大学生顺利完成创业活动的能力，是一项综合性的能力，基于以上学者对创业能力和大学生创业能力的研究，我们将大学生创业能力概括为四个维度的能力，即专业技术能力、机会能力、组织与管理能力和学习与创新能力。在此基础上，构建大学生创业能力模型（见图1）。

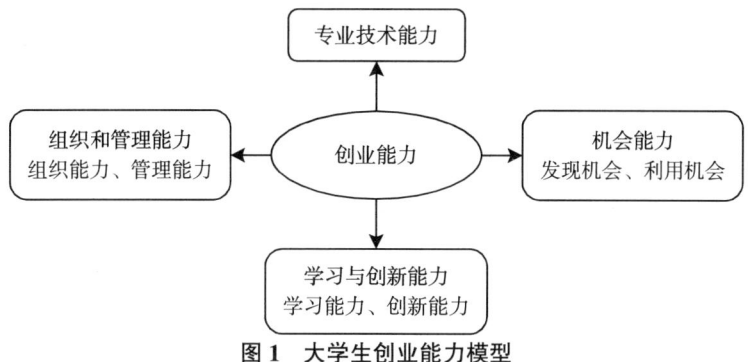

图 1　大学生创业能力模型

二、研究设计

（一）研究方法

本文采取的是单案例研究方法，此外还包括深度访谈。选取的是由本校举行的大学生创业比赛案例，项目名称为"璐芳美美容化妆养生会所"（以下简称"璐芳美"），此次项目已经成功地在创业基地有了一席之地。选取此案例的原因有两个方面：第一，作为大学生创业实践，璐芳美经营发展相当成功；第二，美妆行业如此盛行，了解璐芳美未来的发展趋势。

本文资料分为一手资料和二手资料两个部分，本文是由研究生与创业者共同完成的，创业者本人参与案例的写作。研究生通过与璐芳美的创始人多次交谈，保证一手资料的可靠性。与此同时，收集阅读相关文献获得较为丰富的二手资料。

（二）案例简介

璐芳美是一家以美妆为经营主体，集美容、化妆、美甲、养生为一体的项目。项目以"魅力自信，美丽校园"为经营理念，以"青春，让美丽与梦想同在"为创业号召，展开创业宏图。2013年5月，璐芳美经共青团安徽财经大学委员会批准，成功入驻安徽财经大学大学生创业孵化基地，并于同年的8月取得企业法人营业执照。目前，璐芳美旗下经营耳熟能详的品牌，比如兰蔻、香奈儿、韩束、丹姿、百雀羚、曼秀雷敦等深受在校大学生喜爱的品牌，其中种类繁多，包括护肤、彩妆、香水、养生茶等。璐芳美立志为在校大学生及社会人士提供最好、最便利的服务，通过聘请专业化妆师、美甲师以及养生顾问，确保服务质量及多元化发展。为扩大客户群和更好的宣传项目，通过校园淘宝代购、天猫代收货服务、护肤品类网店在内的综合经营，实现了网店和实体店相结合的综合经营方式。

璐芳美的创始人李小卫，是安徽财经大学2011级信息管理与信息系统专业的学生，在初中时受到上大学的姐姐的启发，喜欢上了美容化妆。经过几年的学习锻炼，李小卫于2011年9月成功取得"国家级中级美容师资格证"。李小卫一直认为"青春，本来就是一段美好的记忆，在最美好的时光里，选择做美丽的事业，所以，作为在校大学生，在学习的同时，走上了自己的美丽创业之路"，于是就于2011年11月踏上一个人的创业之路。在创业过程中不断地招兵买马，创业团队逐步壮大，目前已有20人左右。

为了使璐芳美发展壮大，团队成员积极参加各种销售培训和管理培训，学习培养创业应具备的各种能力。2012年5月，参加2012年第二届国际美容师节；2014年5月，团队参加俞敏洪主讲的"中国梦·创业行·安徽青年在行动"之"创业大讲堂"报告会。璐芳美在经过创业团队的努力及学校老师的帮助下，在不断进步的前提下，争取达到线上和线下双赢的战果。

三、案例分析

（一）专业技术能力

专业技术能力是根据掌握的专业知识技术对自己的产品提供服务的能力，此能力可以直接影响创业的成败，因此在进行创业的时候，必须有一个专业技术掌握的过程。在本文中，专业技术能力主要体现在掌握以下三个方面：一是化妆品知识，化妆品方面的知识看似简单，实则烦琐。很多顾客在选择化妆品时并不熟悉产品质量、使用方法及功能有效性，只是从化妆品的说明书了解其表明的信息，最终无法达到预期的效果，这样不仅损害化妆品产品的声誉，还损失顾客的信任感。熟知此方面的知识不仅能解决上述问题，还能够帮助顾客辨别产品质量，进而增加顾客对产品和企业信任感。二是化妆、美甲等技能，这两种技能并非先天具备的，而是经过后天习得，对于一些女生来说，化妆技术必须具有，因为女生深信通过化妆能够使自己很自信地出现在众人面前。"不化妆、不出门"，"没有丑女人，只有懒女人"等思想扎根于女生大脑里，璐芳美不仅经营美妆产品，也帮助顾客或者是想学习化妆的女生学习化妆技能。与此同时，化妆技能为璐芳美增加新顾客和留住老顾客。三是多功能测肤仪操作技能，多功能测肤仪帮助销售者和顾客了解肤质类型、肤质年龄、是否缺水等，从而根据测出指标选择合适的护肤品和化妆品，不同的人具有不同的肤质，需要不同的产品，合适的产品才能产生效果。这些专业技术能力，也是璐芳美具备的优势之处，是取得顾客信任和依赖的基础。

（二）机会能力

机会能力分为两个过程，即发现机会和利用机会，并且这两个过程是有先后顺序的，机会的发现是机会利用的前提，机会利用是机会发现的后续活动。

由在校大学生创办的璐芳美的成功不是一蹴而就的，而是经历了从一个人创业到现在规模达20人的艰难蜕变过程。创业者在具备美妆方面的专业技能和创业热情的前提下，通过对项目进行可行性分析，发现创业机会。璐芳美之所以选择美妆行业，是因为：①客户资源多，"爱美之心，人皆有之"，尤其是女生，安徽财经大学及周边学校女生偏多；②投资门槛相对较低，回报相对较快，利润空间大，且近几年以来，化妆品市场呈现出良好的形势；③竞争者少，学校社团活动较多，附近没有针对学校而设立的美妆机构；④货源充足，与产品省代理合作，在保证产品质量的同时，又降低成本。代理的品牌是香奈儿和兰蔻，这两种品牌知名度较高，深受客户的喜爱。重要的是与一般的品牌相比，具有较高的质量保证和性价比，能够满足客户的需求。

经过可行性分析后，创业者走上了创业道路，在得知学校及政府大力支持大学生创业，并将为大学生创业提供免费的创业孵化基地和无息贷款后，创业者积极申请入驻创业孵化基地，参加美妆专业的进修课程和销售、管理培训，寻找创业伙伴，壮大创业团队。

（三）学习与创新能力

对于大多数创业者而言，学习是获得创业知识的基本途径，是企业获得生存的关键能力。进入孵化基地后，璐芳美面临一些外界环境和自身的挑战。由于孵化基地刚刚成立，知名度不高，再加上竞争对手的增多，拓展客户方面比较困难。为了积攒更多的销售经验和管理经验，只要社会企业家开展创业培训活动，我们就及时去参加学习，比如参加俞敏洪创业培训等。为了生存，新创企业不得不学习效仿已成功企业的商业模式，璐芳美也不例外，学习现有的营销渠道和服务系统。网络营销不断冲击实体店，璐芳美实行网店与实体店的结合，营销渠道多元化、产品多元化、服务系统完善化。随着微信营销与微博营销和支付宝支付方式的兴起，璐芳美紧跟其后。

与周边化妆店相比，璐芳美又有其优势之处，主要是体现在营销渠道和服务创新上。在大数据时代，互联网快速发展，各种电商蜂拥而起，实体店受到了很大的冲击，营销渠道不再单一，应该多元化。璐芳美在采用传统销售渠道的基础上，拓宽营销渠道，采用多元化的营销途径：①引进快递业务，与快递公司合作，提高璐芳美的知名度；②校园淘宝代购、天猫代收货服务，与实体店相结合；③进行微信营销和微博营销，扩大朋友圈；④与校妆网及学校社团等合作。在服务方面，璐芳美坚持服务第一原则，争取新客户的同时，又留住老客户：①产品多元化，满足客户的不同需求；②产品体验，吸引新客户；③增设多功能测肤仪，帮助客户了解皮肤状况；④采取会员机制，为会员提供免费的化妆课程、化淡妆服务和美甲服务；⑤提供免费婚纱礼服租赁。目前，企业的核心竞争力不再是低廉的价格，而是完善的服务系统。

（四）组织与管理能力

一般来说，在任何阶段，管理不会单独出现，而是与其他能力并存，这不是说管理不重要，而是这样更能突出管理的重要性。爱迪思描述企业在生命过程中会有一个明显地由"做什么"和"为什么做"到"怎样做"的转变，即由"更多即更好"到"更好才更多"的变换，实际上是从关注外部环境到关注内部因素的变换，企业应当优先考虑自己的需求。创业者已经清晰地了解璐芳美到底要"做什么"和"为什么做"的问题，现在企业更关心的是怎么将璐芳美做大做强。从销售额来看，到目前为止，月平均销售额 1 万多元，虽然这不是很大的数字，但对大学生创业者而言，璐芳美的发展也算成功。此外，美妆、美甲及养生这三个方面是最佳拍档，璐芳美已经成功地将这三个方面联结起来，并取得客户的信赖，因此销售方面不会有问题。

在企业发展期，管理方面会出现危机，比如团队建设和产品管理，此时加强管理，有利于企业长期稳定的发展。从企业初期到企业发展期，团队成员与产品种类和数量发生了很大的变化。团队成员从1人增加到20人，产品类型从护肤品延伸到美妆、美甲及养生方面。

在团队建设方面。2011年，团队成员只有1人，创业成功的主要因素之一是组建一支优秀的创业团队，在这两年中，团队成员也在慢慢地壮大。进入孵化基地后，团队成员增加到20人，这些志同道合的创业者聚集在一起，为创业活动贡献一份力量。团队壮大，人员的增多，大大增加了销售额，但不仅人工成本增加，也带来员工管理方面的难题。由于管理经验不足，经常会出现工作没有人做或工作分配不当造成工作不能及时完成的现象。针对这一现象，设立了职能部门（见图2），每个部门有一个主要负责人，这样就能实现"人尽其才、物尽其用"，"人人有事做、事事有人做"。财务部主要负责资金管理、调度、销售统计、复核工作；人力资源部主要负责招聘培训员工、薪酬发放和员工离职；宣传部主要是对经营的产品进行宣传，通过制作产品海报、在安财精灵定期公布产品信息和开设免费彩妆课程；营销策划部主要负责产品推广、制定销售策略等活动；销售部主要负责产品销售；售后服务部主要负责定期回访老客户、免费提供化妆服务、指甲保养等。

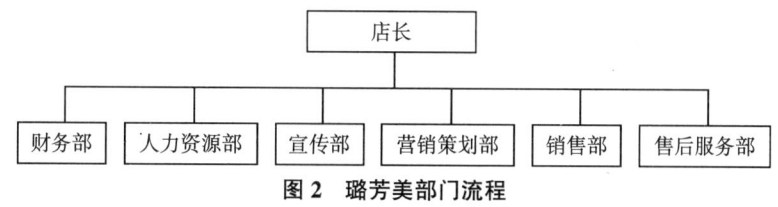

图2 璐芳美部门流程

在产品管理方面。在企业萌芽期，产品比较单一，主要是护肤品，并且品牌较少，如兰蔻和香奈儿；在企业发展期，增加彩妆、养生及美甲等，品牌也随之增加，包括丹姿、韩束等，实现产品从单一化到多元化的扩张。在经营过程中，根据产品的销售情况，在满足客户需求的基础上，更换一些品牌。

四、结果讨论

璐芳美美妆作为在校大学生创办的新生企业，仍处于企业的初期，在经营管理各方面还不成熟。但是以目前发展来看，作为创业孵化基地的第一批创业者，璐芳美展现了企业发展的强劲生命力。大学生创业与社会创业之间存在差异，在进行创业时，受到各方面的限制，具备的创业能力在转化创业实践过程中会有所保留，即创业能力并不能被完全激发出来。通过对大学生创业能力文献回顾、案例研究以及对创始人深度访谈，可以发现：第一，大学生在创业时，实践与经验方面不足，以至于在创业过程中出现管理方面等问题；第二，创业者在发现机会和利用机会之后，创建了璐芳美美妆养生会所，在经营管理过程中，一直效仿成功企业的商业模式，无论是在营销渠道，还是服务系统方面，创新之处还有很多不足；第三，作为即将毕业的大学生创业者们，离开校园以后，该如何将创业进行下去。

在研究过程中，笔者也发现一些值得深思的三个问题：

第一，对于大学生创业者而言，是否一定要具备创新能力？在对创业能力内涵以及大学生创业能力内涵文献回顾时，学者们几乎都认为创新能力是创业者必备的能力，并且认为创新是企业获得成功的关键因素。一些学者通过实证研究表明创业者的创新能力能够影响企业的成长发展，新创企业生存发展需要创新，从而突出创新能力的重要性。但是在对大学生创业者而言，是否需要具备创新能力，在创业过程中是否需要创新？

第二，传统的创业能力的架构是否适用于大学生创业者？换句话说，大学生创业者需具备的创业能力是否区别于传统的创业能力？在阅读与大学生创业能力相关的文献中，一些学者对大学生创业能力的概念解释为核心能力和基础能力，还有一些学者将大学生创业能力定义为更简单的构念，是一种综合性的能力。创业者所具备的能力都与传统创业能力相似。大学生创业者需哪些能力，以及哪些能力更为重要，需要笔者更深入地研究。

第三，大学生是否需要具备执行能力？爱迪思在《企业生命周期》一书中提到，对于新创企业而言，执行能力是将思想转化为行动、把理想变成现实、把计划变为成果的能力，是尤其重要的能力。大学生创业不同于一般的创业，创业条件不足是创业者面临的一大考验,大学生自身缺少创业实践经验,若不能很好地执行所要完成的目标,企业很快就会死亡,创业必定不会成功。璐芳美能够在创业孵化基地占有一席之地,离不开其主创人员行动和艰苦奋斗的精神,包括融资、到外地参加多种销售培训和管理培训、宣传和销售工作、成立店铺等一系列工作,其中还有一些不为我们所知的工作。以上这些足以体现出执行能力的重要性。

五、结论与局限

(一) 研究结论

作为在校大学生创业成功的一个范例,璐芳美在创业过程中体现的创业能力能够为大学生创业提供借鉴。本文从创业能力的视角分析璐芳美创业活动,得出以下两个结论:第一,璐芳美的成功在于能够把握创业能力在创业活动中的重要性,在创业过程中,创业者具备机会能力,能够识别和利用发展机会,对市场变化较为敏感,进行战略转型,产品多元化,同时组建管理团队。璐芳美秉承"美"的思想,服务客户,走在美丽的前端。第二,大学生创业能力的运用的贡献在于为创业者在创业活动时提供一种借鉴,创业者熟悉机会识别能力、学习与创新能力和组织与管理能力,并在创业活动灵活地利用这些能力,是创业成功的关键。

(二) 研究局限

本文采用的是单案例研究,虽然单案例具有独特的优势,但本文针对的是美妆行业,于其他行业而言,不具代表性。以上所述,都是笔者在阅读大量文献和对创业相关人员深度访谈的基础总结出来的,具有一定的主观性。在后续的研究中,笔者将会采用定性与定量方法相结合的方式,继续研究大学生创业能力,以期能为大学生在创业道路上提供有益的帮助。

参考文献:

[1]陈晨.大学生创业能力的内涵及其影响因素探析[J].理论观察,2011

(5): 145-146.

[2] 陈潇源, 张凯. 大学生创业能力构成及培养路径探索[J]. 企业科技与发展, 2013 (4): 63-65.

[3] 贾少华. 大学生创业能力的获得——对浙江义乌创业者创业实践调查的启示和思考[J]. 中国高教研究, 2008 (7): 74-76.

[4] 纪玉超, 林海涛. 大学生创业能力的内涵解析及多维培养方式[J]. 教育与职业, 2011 (30): 83-84.

[5] 李剑平. 大学生创业将破除成功率"魔咒"[N]. 中国青年报, 2015-05-15 (3).

[6] 鲁宁. 高校毕业生创业管理流程研究[D]. 辽宁: 吉林大学硕士学位论文, 2014.

[7] 马鸿佳, 董保宝, 葛宝山. 创业能力、动态能力与企业竞争优势的关系研究[J]. 科学学研究, 2014 (3): 431-440.

[8] 马林. 上海体育学院大学生创业能力现状与培养研究[D]. 上海: 华东师范大学硕士学位论文, 2009.

[9] [美] 彼得·德鲁克. 组织的管理[M]. 王伯言, 沈国华译. 上海: 上海财经大学出版社, 2003.

[10] 沈建华. 浅谈高职学生的创业能力及其培养[J]. 铜陵职业技术学院学报, 2006 (4): 76-78.

[11] 唐靖, 姜彦福. 创业能力概念的理论构建及实证检验[J]. 科学学与科学技术管理, 2008 (8): 52-57.

[12] 吴道友. 中小企业内创业能力及其与绩效的关系研究[D]. 杭州: 浙江大学硕士学位论文, 2003.

[13] 王立军. 民营科技企业的创业与创新[M]. 北京: 中国经济出版社, 2004.

[14] 余长春, 黄蕾, 钟梅. 大学生创业能力的培育路径: 理论及实证分析[J]. 南昌航空大学学报 (社会科学版), 2012 (1): 90-95.

[15] 杨伦超. 大学生创业能力要素结构及其对创业动力形成的影响[J]. 企业研究, 2012 (6): 171-175.

[16] 张慧杰. 基于企业生命周期的企业家能力研究[J]. 哈尔滨商业大学学报

（社会科学版），2006（2）：76-79.

[17] 邹建芬. 大学生创业能力开发与培养的路径探析 [J]. 高校教育管理，2011（11）：91-95.

[18] 张玉利，王晓文. 先前经验、学习风格与创业能力的实证研究 [J]. 管理科学，2011（3）：1-12.

[19] Chandler G.N., Hanks S.H.. Measuring the Performance of Emerging Businesses: A Validation Study [J]. Journal of Business Venturing, 1993, 8（5）: 391-408.

[20] Davidsson P., Wiklund J.. Levels of Analysis in Entrepreneurship Research: Current Research Practice and Suggestions for the Future [J]. Entrepreneurship Theory and Practice, 2001, 25（4）: 81-99.

[21] Man T.W.Y., Lau T., Chan K.F.. The Competitiveness of Small and Medium Enterprises: A Conceptualization with Focus on Entrepreneurial Competencies [J]. Journal of Business Venturing, 2002, 17（2）: 123-142.

[22] Shane S., Venkataraman S.. The Promise of Entrepreneurship as a Field of Research [J]. Academy of Management Review, 2000, 25（1）: 217-226.

[23] Zhou K., Li B.. How Strategic Orientations Influence the Building of Dynamic Capability in Emerging Economies [J]. Journal of Business Research, 2010, 63（3）: 224-231.

（作者系安徽财经大学2014级企业管理研究生）

【导师点评】

大学生创意能力教育的挑战性

　　创业能力是一种决定创业能否成功的关键因素，主要表现在能否在创业过程中恰到好处地运用所拥有的知识解决具体问题的能力。创业能力是个人综合能力的一种体现，在创业过程中发挥着不可代替的作用，在一定程度上决定着事业的持续扩大与发展。对于大学生这一群体来说，基于资源的稀缺性与创业过程的不确定性，创业能力的高低对于创业总体水平与创业绩效起着至关重要的作用。几年来，国家对大学生创业教育和引导方面加大了力度，但研究资料表明，有创业冲动的大学生很多，但成功者寥寥，85%的大学生自主创业以失败告终。

　　本文向我们提出了一个紧迫而又现实的话题，并伴随着自己的思考提出了一些值得深思的方向。其实创业能力、胜任力等研究在理论界一直备受关注，但由于人的能力是一连串复杂要素的集合，是经验、知识、技能经过类化后形成的，具有较强实践性、综合性的特征。因此，对于力图概括出能力结构与能力模型的尝试，不同研究者得出的结论存在差异，且具有高度情境化。对于"大学生创业者"这一特殊类别的群体，他们的能力素质要求显然不同于一般的创业者或企业家。比如在大学生身上，"敢想敢做"与"边干边学"对于创业的持续推动乃至创业成功起着至关重要的作用。以大学生群体为例，属于技能层次的能力可能仅表现出一种初级性的特征，如许多文献中强调的机会识别与开发能力，在大学生身上可能仅仅是一种随机性的搜寻和评估，或一时的市场冲动。一些文献所强调的一些较高层次的创业能力，如战略规划能力等在大学生身上表现可能并不明显。因此，对于大学生创业者来说，意识层面的创业能力，如创新意识和冒险精神显得尤为重要。这就要求高等学校要把创新创业型人才培养与研究型、应用型人才培养放在同等重要的地位，把培养大学生的创新创业能力作为高校教育管理的重要责任之一。这对于我们创业教育的开展，乃至高等教育人才的培养都提出了挑战，是一个值得长期关注的话题。

　　当然，基于大学生创业者群体的特殊性，如果能分层次、分梯队构建大学生创业能力的综合模型,如能力的冰山模型,则会对这一主题描述更为具体、全面。

(指导教师:王晶晶教授;

杜晶晶博士、副教授)

第三篇

高校创新创业教育

注重顶层设计　全面推进创新创业教育

张庆亮

中共十八大提出"经济发展方式转变依赖于创新创业活动"、"鼓励创业"、"促进创业带动就业"以及"支持青年创业"。特别是随着2010年5月教育部《关于大力推进高等学校创新创业教育和大学生自主创业工作的意见》（教办[2010]3号）的出台，高校的创新创业教育和大学生自主创业蓬勃发展起来。在长期办学实践中，安徽财经大学注重顶层设计，坚持创新引领创业、创业带动就业，以推进素质教育为主题，以提高人才培养质量为核心，以创新人才培养机制为重点，完善"知识探究、能力提升、素质培养、人格养成"四位一体育人体系，注重培养学生的创新创业精神和创业实践能力，推动大众创业、万众创新。

一、注重加强顶层设计

安徽财经大学（下称"我校"）的大学生创新创业教育始于20世纪80年代中后期，主要是由在全国具有重要地位和影响的商业经济学科带动的。当时学校根据商业经济学、物价学、商品学等专业的特点，在校园内开设了实验商场，实验商场由相关学科专业以及教师出资，由部分年轻教师负责，带领所在专业学生进行经营。此后有一批老师和学生走向了自主创业的道路。这些早期的实践为后来学校支持创新创业教育打下了基础。一直以来，我校对学生在校内开设咖啡厅，在校园周边开设饭店、商店等创业活动采取支持态度，有力地回击了学生创业会影响学业等极端认识。近年来，根据高等教育改革和创新的趋势，结合国家和安徽省的相关文件精神，学校在总结以往创新创业教育经验的基础上，注重加强对推进创新创业教育的顶层设计。

我校始终把加强学生创新创业教育，强化学生创业意识，开发学生创业潜能，激发学生创业热情，增强学生就业竞争力和自主创业能力作为学校教育教学和人才培养的重点工作。我们一贯坚持并倡导：作为财经类高校所有教职工在教书育人的过程中必须将创新创业思想和理念贯彻其中，将创新创业教育融入人才培养体系，以课程体系优化与课堂教学改革为着力点，确保每一门课程的理论教学和实习实践都渗透到学生创新创业意识培养中。2012年学校出台了《安徽财经大学关于推进创新创业教育工作的意见》，明确提出：创新创业教育要面向全体学生，融入人才培养全过程，实现"四个结合"。一是创新创业教育要与专业教育相结合，将创新创业教育融入专业教学全过程，渗透到学生成长成才各环节。二是创新创业教育与学生个性化发展相结合。遵循教育规律和人才成长规律，尊重差异，强化特色，深化内涵，注重分类指导。三是创新创业教育与创业实践相结合。通过课堂教学和创业实践锻炼，培养潜在创业者，培育成功创业项目，以创业项目带动创新创业教育。四是创新创业教育与职业规划相结合。积极围绕职业规划开展创新创业教育，引导学生以创业思维和创新精神来规划未来职业发展，促进学生转变传统就业观念。具体措施有：加强创新创业教育课程体系建设、加强创新创业师资队伍建设、完善和落实学生自主创业扶持政策、加强大学生创业孵化基地建设、广泛开展创新创业实践活动。《关于深化高等学校创新创业教育改革的实施意见》（国办发〔2015〕36号）发布后，学校主要负责人高度重视，迅速在全校开展学习贯彻活动，进一步推动加强了顶层设计，形成了创新创业（代指创新创业创意创造）教学、竞赛、培训、实践、研究和保障"六位一体"创新创业教育体系。

二、创新构建培养机制

我校积极探索构建创新创业教育培养机制，将创新创业教育模块纳入本科人才培养方案。特别是创新创业类课程的开设进一步推进了学校创新创业教育工作。2007年学校尝试开设《创业学原理》课程，在总结经验的基础上，将大学生创新创业教育纳入人才培养方案，创新创业精神和能力培养成为衡量各专业人才培养质量的重要标准。2009年版本科人才培养方案将《创业学原理》确定为必修课，进一步提升了创新创业教育的重要性。同时开设了职业发展与创业教育模块，开设16门选修课供学生选修。2013年版本科人才培养方案面向全体学生开设创新平台课程群和创业平台课程群，将创新创业教育提高到与专业教育同等重要的地位。创新创业平台已成为人才培养方案七大课程平台中的一个专门平台，今后还准备增加创意平台课程群。

根据创新创业教育发展的需要，2014年我校成立了创业学院，作为一个虚体机构，其主要职能是统筹全校的创新创业教育，在整合校内外资源的基础上，主要承担全校创新创业教育课程开设、组织创新创业类的校内外各级各类竞赛、指导大学生创业孵化基地建设、开展大学生创新创业训练计划、开展创新创业培训等工作。同时，学校制定和完善了《安徽财经大学普通本科学生课外教学学分制实施方案》，将学生的创新创业培训、自主创业、发表论文等折算认定为学分，进一步激发了学生参加创新创业教育的积极性和主动性。制定了《大学生创业孵化基地管理办法》、《大学生创新创业训练计划项目管理办法》、《大学生创新创业竞赛管理办法》等，对学生的创业实践进行支持和引导，对教师的指导工作给予激励。

三、积极打造活动载体

为激发学生投入创新创业教育的热情，我校注重积极打造品牌活动载体，引导学生参与其中。一是常态化SYB创业培训。学校与地方人力资源和社会保障部门合作举办SYB（全称是Start Your Business，意为"创办你的企业"）培训项目，最近两年学生结业达到900多人。二是举办创业论坛。邀请有创业经历和经验的校友和社会人士与学生面对面交流，并聘请其作为学生的创业导师指导学生的创新创业活动。三是成立大学生创业协会和KAB俱乐部。依托社团在校内外举办创业知识讲座、创业计划大赛、产品展示会、创业实践观摩等活动，营造创新创业的浓厚氛围，培养大学生创新创业意识。四是组织虚拟创业实验班。创业学院面向全校每年遴选31名学生组成虚拟创业实验班，联系学界和业界创业导师指导大学生创新创业。实验班结业的同学优先进驻学校大学生创业孵化基地进行创业活动。

学生参加各级各类大赛成为创新创业教育的主要活动载体。国家级、省级、校级"挑战杯"、"创青春"全国大学生系列科技学术竞赛、大学生电子商务"创新、创意、创业"挑战赛、大学生创新创业训练计划项目等吸引了众多学生参与其中。2014年，我校获得"创青春"全国大学生创业大赛省级金奖一项，第九届"挑战杯"大学生创业计划竞赛铜奖一项，国家级大学生创新创业训练计划项目239项，在全国地方高校中名列第一。全年获得各类创新创业竞赛省级以上奖项达653人次。在2015年的第五届全国大学生电子商务"创新、创意、创业"挑战赛中我校获得安徽省总决赛冠军、一等奖1项、二等奖3项。学校获批的省级大学生创新创业训练计划项目数连年在省内高校中名列前茅。在首届安徽省"互联网+"大学生创新创业大赛中，我校获得1项金奖、3项银奖、3项铜奖和4项优秀奖，在安徽省教育厅开展的"双创之星"评选中，我校有19名同学获得表彰。另外，在"褒禅山杯"第三届安徽青年创业大赛决赛中，我校的项目成功晋级全省八强，并成为唯一来自高校学生的创业项目。参加创新创业大赛获奖的项目优先落户学校大学生创业孵化基地项目。

四、高度支持创新创业实践

大学生是最具创新、创业潜力的群体之一。高校开展大学生创新创业教育是时代发展的现实需要，也是推动大众创新、万众创业的必然要求。众所周知，创新创业教育是一门实践性非常强的学科，开展创新创业实践活动是必然选择。在2013年5月16日校庆54周年纪念日，学校大学生创业孵化基地正式挂牌运营。孵化基地第一期建设面积1400平方米，第一批入驻的具有工商注册的大学生创业实体20家，其中5项优秀创业项目加入安徽省大学生创新创业促进会。2015年学校启动孵化基地第二期建设，建设面积达2800平方米，入驻创业实体共47家。学校对创新创业实践的支持体现在：一是免费提供办公场所，包括部分设施设备；二是免费提供水费，只做成本核算不收费用；三是提供资金扶持，通过项目年度评审，给予奖励、补助补贴；四是协助办理营业执照，请相关职能部门现场办公；五是聘请创业指导教师，编写创业案例，定期开展诊断活动。2014年，我校的大学生创业孵化基地获得安徽省A级大学生创业孵化基地称号。

在校大学生创业的孵化与培育，不仅需要学校为大学生创业提供空间、配套设施和创业资金扶持等，要想使得这些孵化企业能够真正发展起来，还需要社会和政府的关注和支持。2015年，我校与中国移动共建"中国移动互联网青年创新创业孵化基地"，同时，学校已与一些创业成功的校友、知名企业达成协议，搭建全国性的创新创业教育信息共享服务平台，这将进一步鼓励和引导更多的学生参与创新创业实践活动，让更多学生从以往单纯的创业理论和模拟运营转向现实的创业实践中去。

五、着力深化理论与实践融合

为了进一步探寻大学生创业规律，致力于将高校创业教育、创业实践、创业研究与创业辅导工作实现深度结合，我校还开展了专题大学生创业案例研究，结合大学生创业孵化基地的实践创业项目，通过研究生理论知识的总结分析，结合指导老师的意见，对现有的创业项目做到切合实际的诊断，2015年，举办了"首届大学生创业案例暨创新创业教育研讨会"，邀请全国创新创业教育领域的专家进行交流，从而将大学生创新创业教育引向深入。

今后，学校将积极贯彻《国务院办公厅关于深化高等学校创新创业教育改革的实施意见》（国办发［2015］36号）精神，牢固树立正确的创新创业教育理念，进一步加强顶层设计，统筹规划、系统推进创新创业教育，努力实现国务院提出的建立健全课堂教学、自主学习、结合实践、指导帮扶、文化引领融为一体的高校创新创业教育体系，为建设创新型国家和人力资源强国提供人才智力支撑。

（作者系安徽财经大学党委副书记、教授）

大力培养应用型创新创业人才

郭 亮

安徽科技学院紧紧围绕地方应用型高水平大学建设目标,坚持将创新创业工作与办学定位、办学特色和服务地方经济社会发展结合起来,着力将创新创业教育融入专业教育和产学研用结合、贯穿于人才培养全过程,创新创业工作取得了显著成效。其典型做法和特色经验,得到了社会的广泛关注,学校享有"创新创业型人才摇篮"称誉,创业典型还受到了党和国家领导人的接见。

一、创新创业工作彰显办学特色

按照"培养地方需要的生产、建设、管理、服务一线的应用型创新创业人才"的目标定位,学校通过深化教育改革、加强内涵建设,着力打造办学特色,确立了以创新创业工作彰显办学特色的指导思想,厘定了"基础知识厚、实践能力强、创新意识强、创业能力强、敬业精神强"的人才规格。围绕目标定位、办学思想和人才规格,学校从2001年起选派高年级学生挂职村科技副主任和企业经理助理,正式启动创新创业工作,2006年面向全体学生开展创新创业实践活动,2009年面向全体学生开设创新创业教育课程。2015年,学校贯彻落实《国务院办公厅关于深化高等学校创新创业教育改革的实施意见》,独立设置创新创业教育学院,进一步健全体制机制,深化创新创业教育改革,强力推进创新创业工作,初步形成"上手快、后劲足、好就业、善创业"的创新创业人才培养特色,并彰显"立足地方性、突出应用性、注重技术性、强化实践性、体现创新性"的办学特色。

二、创新创业教育贯穿人才培养全过程

学校将创新创业教育纳入人才培养体系,修订教学和学籍管理制度,挖掘资源开设创新创业教育课程,不断强化学生创新精神、创业意识和创新创业能力的培养。2006年制定《关于大学生创新创业学分认定的暂行规定》,2009年明确将创新创业教育纳入人才培养方案,2010年出台《安徽科技学院应用型创新创业人才培养方案》,开设创新创业教育必修公共课,搭建通识教育课程平台和专业教育课程平台,设立专业方向课程模块、创新创业教育课程模块和个性化拓展课程模块,构建了"平台+模块"课程体系,并设置八个创新创业学分;实施"六个一"文化工程(一个论坛、一个研讨会、一个大赛、一个网站、一个刊物和一个展览),着力营造适宜学生成长成才的创新创业氛围;围绕地方产业结构转型升级需要,搭建校外各类实践平台,安排学生结合专业面向地方对接行业、产业和企业,形成了全体学生参加、全校教师参与、四年全程指导并贯穿于地方应用型人才培养全过程的创新创业教育工作格局。

三、创新创业教育融入专业教育

学校以专业学生综合素质测评为观察点,改革学生学业评价机制,增加创新创业素质内容;以巩固专业思想为出发点,改革创新创业激励机制,建立新的学生创新创业考核、评估和激励机制;以专业实习实训为切入点,改革创新创业教育机制,构建专业实习实训、创新创业实践体验和毕业实习相贯通的长效机制,从体制机制层面确保创新创业教育融入专业教育。采取"请进来、走出去"措施,推进优质创新创业师资资源与社会资源共享,抓实创新创业教师队伍建设,着力为创新创业教育融入专业教育提供师资保障,先后选派72名有创业教育潜质的教师进企业、进基地、进培训班学习,先后聘任24名创新创业名师、企业界人士和创业成功校友担任兼职教师;结合专业常年开展"双百比赛、三创大赛、学科竞赛、创业实践实训、创业孵化模拟"等各类创业实践活动,从实践层面带动创新创业教育融入专业教育。近三年年均开展各类创业实践活动50场次以上,共为有创业意愿的3224名在校学生免费开展专业创业模拟实训,校内大

学生创业园 18 个在孵项目，全部结合学生所学专业来实施，在保证学生顺利完成学业的同时，还确保让学生能够就好业、善创业。

四、创新创业工作借力产学研用结合

学校坚定不移地走创新创业工作依托产学研用结合的路子，依托产学研用结合整合校内资源，依托产学研用结合吸纳社会资源，合力推进校内、校地、校企、校所和校府协同开展创新创业工作，促进创新创业教育与生产实践、专业实践、科研实践和社会实践有机衔接。先后拿出 5000 多万元创建校外 152 个产学研用实践基地，与临泉县政府、滁州市人力资源与社会保障局和蚌埠玻璃设计研究院等地方政府或院所联合创建七个产学研用实践基地，安排有创业意愿的在校学生在产学研用基地从事生产劳动，锻炼创业本领。推进校企合作，与相关企业联合举办"隆平班"、"德力班"等特色冠名班，突出培养学生的创新精神和动手能力；投入 1000 多万元，单建占地总面积 300 平方米的校内大学生创业园 1 个，单创占地总面积 1500 平方米的校内专项示范实习实训基地 4 个，专供在校大学生开展创新创业实践活动；鼓励和支持教师面向地方政府和企业联合开展各级各类横向课题研究，并以此为平台，安排学生在教师指导下联合开展科研实践活动，连续 13 年实施以专业结合为重点的大学生创新创业基金课题计划，近三年 3000 余名学生参加 635 项创新课题研究；安排专业老师带队指导各类产学研用实践活动和寒暑假社会实践活动，近三年共吸引了 60 支团队、2.5 万余人（次）学生参加。创新创业工作依托产学研用结合，是学校长期坚持的做法，凭借产学研用结合这一高地，一批学生练就了过硬的创新创业真本领，涌现出 100 多名"村官"、"鸡倌"、"猪倌"和"菜馆"。

五、创新创业研究支撑创新创业工作

围绕创新创业工作存在的体制机制等突出问题，学校开展了大量的基础性、推广性和示范性研究。近五年，学校大学生创业教育研究中心（安徽省唯一的相关人文社科重点研究基地）立足基础性研究和推广性研究，面向全省高校公开招标立项省级课题 24 项，先后主持厅级以上相关教研科研课题 62 项，获批 2 个省级创新实验区项目。近三年，公开发表文章126篇，连续在《光明日报》发表相关研究文章6篇，在国内产生较大反响。参加全国各级各类学术研讨会162人（次），出版创业教育专著或教材4部；近三年，在校大学生共参加352项创新创业课题研究，发表研究论文622篇；创办《创业教育研究》刊物，获批安徽省内部资料准印证号，以开放办刊为切入点，积极为安徽高校搭建交流学习平台，推进示范性研究；2010年，学校举办安徽省首届大学生创业论坛，省内70多所高校、有关地方政府和媒体记者近300人参加了论坛。创新创业研究助推学校创新创业教育教学水平和创业实践指导能力双提升，有力地支撑着学校创新创业工作的全面开展。

六、创新创业工作扩大办学影响

一是得到党和政府的关心。习近平总书记先后两次接见"全国十佳大学生村官"杨俊森；胡锦涛同志充分肯定凤阳小岗村创业的我校大学生，称赞安徽科技学院出人才；时任国家副主席曾庆红和时任安徽省委书记郭金龙分别作过批示；安徽省委省政府多位领导专程视察学校或学校创业基地并看望创业学生；省教育厅领导多次在相关会议上表扬、推介了我校创新创业工作的做法。二是受到社会高度评价。中央电视台、新华社、《人民日报》、《光明日报》、《中国教育报》和《安徽日报》等国内主要媒体先后150余次报道学校的创新创业工作。三是创新创业典型较多。有带领村民创业致富的杨俊森，"全国自主创业典型"的苗娟，安徽省"五四青年奖章"获得者大学生村官卢志龙，受阿里巴巴集团董事长马云颁奖、获评"杭州十佳网商"的李晓军，团中央授予"中国大学生自强之星"的尹纯尧，获"全国创新创业基层人物"提名推荐、承包抛荒土地创办新生态特种养殖专业合作社的潘显兵等大批创业典型。社会的关注和领导的关怀，既是对我校多年来坚持走应用型创新创业人才培养道路的高度赞许和充分肯定，也为我校未来应用型创新创业人才培养工作指明了新方向。

（作者系安徽科技学院副校长、教授）

干中学　学中思
——高校创新创业教育的关键性课题

陈忠卫

首届大学生创业案例暨创新创业教育研讨会在大家的悉心协力下，圆满地完成了各项预定的议程。首先，作为会议的倡导者和发起者，我要向大家致以深深的谢意！在研讨会闭幕之际，我想再占用大家一点时间，就本次会议的背景、个人对创业创新的思考，以及未来打算与大家做一个分享。

一、会议背景

一个困惑了我很长时间的问题是，既然大家都承认创业风险大，失败率高，但是，我们为什么还要鼓励在校大学生去创业呢？难道这不是在把孩子们往火坑里推吗？如果我们大家能够平心静气地接受大学生应当成为未来经济发展和创业繁荣的生力军，那么，它对高校传统教育理念、教学模式又会产生怎样的影响呢？

这次会议原本并没打算如此大规模地举办。最初的时候，考虑到安徽财经大学设立了学科特区，总得要为社会做点有意义的事情，想法很简单。按照学校对学科特区的定位，其主要任务是以团队方式开展科学研究，以导师组形式培养人才。我们创业创新与企业成长研究所试图把这两者加以结合，然后，就想到了做这样的一次尝试。

2014年6月，安徽财经大学创业创新与企业成长研究中心、创业学院、校团委联合发文，面向全校大学生征集创业案例。2014年11月，经专家委员会评审，筛选出优秀案例，并给予本科生创业优秀案例奖（一等奖1项、二等奖2项、三等奖3项、优秀奖9项）。2015年上半年，分两次召开创业本科生、特区老师指导的研究生以及特区的研究成员的对接会，对案例研究报告的格式规范做出了统一的要求。2015 年 3 月，特区成员及研究生逐一交流案例报告的修改事宜。2015 年 9 月，我们对所有的论文通过匿名的方式外审，经由专家评定，给予研究生撰写的案例论文一定的奖励，并同时着手筹备此次会议。2015 年 10 月，我们得到了省团委和安徽科技学院的大力支持，最后我们举办此次会议。

令我们始料未及的是，从 2014 年开始谋划的这个活动，最后会发展成（现在）这样，可能最大的动力来源于国家层面对高校创新创业教育所给予的前所未有的高规格支持。或者说，这中间国务院的文件对我们的活动"加了油"。国务院办公厅印发的《关于深化高等学校创业创新教育改革的实施意见》出台以后，引起了全国高校的广泛认可。其实，按照文件精神，高校创新创业教育的目标十分高远，提出"2015 年起全面深化高校创新创业教育改革，2017 年取得重要进展，形成科学先进、广泛认同、具有中国特色的创新创业教育理念，形成一批可复制可推广的制度成果，普及创新创业教育，实现新一轮大学生创业引领计划预期目标"。

在这里，我们不妨去认真品味一下什么才是科学先进、广泛认同、具有中国特色的创新创业教育理念，可复制可推广的一批制度成果如何在短时间内形成并加以传播呢？这些质性的创新创业目标，是不是值得我们沉下心来做些思考？做点实践呢？平心而论，我在研讨会之前脑海里充满着"一片浆糊"，大有一种找不到北的感觉。带着对这些问题的思考和高校教师的责任，我们组织开展了这次活动。一天的研讨会下来，专家们提供的压缩饼干式"精神食粮"、本科生付诸创业实践的创业激情，让我对中国特色创新创业的概念渐渐变得清晰了起来，相信大家也会有同样的感受。其实，通过我们大家的齐心协力，实现到 2020 年建立健全课堂教学、自主学习、结合实践、指导帮扶、文化引领融为一体的高校创新创业教育体系是完全符合国情的。

二、新时期创新创业的两大挑战

从专业教育角度看，为什么开展这个活动呢？可能与摆在我们面前的两大挑战有关。

第一个挑战，不确定性决定了我们到底能教什么？在座的同行们，我一直在思考这个问题。上午很多专家，特别是下午高闯教授循循善诱的故事讲解，围绕着不确定性风险做了一个很好的解读。我也在思考，这种不确定性环境下，我们有什么样的能力教这些学生去创业。

首先，在我们的老师中，究竟能够有多少跟踪过今天的技术变迁呢？3D打印技术、"互联网+"的本质，我们了解吗？又了解多少呢？

其次，老师们可能对传统的抽样统计理论十分熟悉，但是，大数据分析能力具备吗？日常生活中，人们喜欢用"一缸水"与"一碗水"的关系，来形象地比喻教师与学生在知识拥有量上的"多"与"少"。其实，工商管理学科的教师们对大数据的获取、分析和商业应用策略还是知之甚少的。

最后，在创业课程上，对于以新颖性、不可复制性为特质的商业模式，到底能够教什么呢？我们太习惯于在创业成功后去总结企业的商业模式，过去的课堂上，教师们喜欢引用的是海尔案例，近期的课堂上则流行起阿里巴巴、小米模式等。

这里面的关键在于：我们并不是预言家，无法在小米诞生之前，就提出小米该怎么选择商业模式，该如何去创业创新。公正地说，我们在更多的时候教创业类课程，也只不过比学生多几本书，比学生早一点关注到小米商业模式而已，或者说，我们顶多是"事后诸葛亮"。所以，作为一名普通的高校教师，我深感惭愧，对不起在场的研究生和一些未参加会议的本科生们，我的确还不太能够完全胜任这种教学方式。

第二个挑战，"新新人类"决定大学生到底该学什么？当前，被工商管理学科教师们普遍低估的是受教育者的潜能，社会上戏称"90后"的一代大学生是"新新人类"。因为这是离开了手机就将失去生活真实感的一代，他们更愿意把手机这一互联网的终端设备，作为自身肢体的重要组成部分。他们不同于以前那些"80后"仅仅懂得电脑的孩子。可是，在工商管理教学过程中，我们真的向"新新人类"灌输、培养或传播着他们该学的东西了吗？

以已建企业（established company）为研究对象的管理学知识体系，适合"新新人类"去从事创业创新活动吗？其指导意义究竟有多大呢？比如，在这次讨论会中，大家谈论的一些观点，学生们撰写的案例研究报告，我们会不自觉地用传统管理学知识去评价其优劣。其实，许多的创业往往是非理性行为，简单地套用管理学的理性知识，或者用理性思维去评判断管理成败，很多的时候并不太合适。进一步说，那些以职能管理为导向的课程，包括生产管理、运作管理、营销管理、财务管理、人力资源管理以及战略管理等，几乎清一色地假定企业已经建立起来了。然而，新新人类去从事创业创新活动，更需要从教师那里学到解决以下问题的能力，如："先知先觉"地发现商业机会，稀缺资源怎么去"为我所用"地整合，如何才能白手起家，靠什么才能形成并巩固团队创业精神等。"从1到n"可能更多的是一个需要传统管理的过程，但是，新新人类的创业更加愿意选择的是"从0到1"的行为，它同样也是我们这次会议所探讨的内容。

三、出路：干中学　学中思

上午一些专家在演讲过程中多次提到，创业是一种思考、推理和行动的方法。它不仅要求创业者关注机会，还要求创业者有完整缜密的实施方法和讲求高度平衡技巧的领导艺术。我始终在想，我们高校创业教育恐怕也只能教这些东西，我们教给学生的是一种固定的思维方式。为什么越是理性的人越难以实现创业主动？为什么文化程度低的创业者的创业成功率会高于文化层次高的创业者？在这种背景之下，又如何去面对我们的研究生，深化我们高校的创业教育？这的确是我们面临的重要的挑战。

安徽财经大学试图在走一条"干中学，学中思"的创新创业教育模式。关于"干中学"，是指本科生们在"干"创业之类的行为，同时，他们又坚持"干"中在"学"创业；关于"学中思"，是指研究生在"学"创业，同时，他们又在"学"中"思"创业规律。今天最大的受益者，可能是我们的研究生，我们的本科生，他们有可能是未来的创业者，或者是创业理论的研究者。通过此次研讨会，我们可以初步总结出"干中学，学中思"创新创业教育的四个基本要素，包括校园创业孵化基地的建设、地方政府支持的创客空间、及时更新的知识体系，以及本土化的创业理论研究。只有把这四个要素结合在一起，我们才能胜任或者完成造就一支大众创业、万众创新生力军的重任。

四、下一步打算

最后一个问题，我想和大家简单地谈谈这次会议过后我们的一些打算：第一，我们将继续实践并总结"1+1+1"式创业教学过程。第一个"1"是指从事创业实践的本科生，第二个"1"是指从事创业理论研究的研究生，第三个"1"是指学科特区的指导老师。第二，我们将扩大大学生创业案例的征集范围。人民网的记者朋友曾经问，这样的会议以后还会举办下去吗？我说肯定会继续开展的，具体怎么开展，我们会在会后作进一步总结，但是，我们已经决定把下一届会议案例论文的征集范围至少面向参与此次会议的所有学校，动员所有学校研究生都来写创业案例，或者在更大范围内进行评选。第三，我们将发布专门的学术网站，与此次会议同步进行，并将此次会议的从领导致辞、专家点评、学生成果以及到颁奖仪式以网络媒体形式永久地保存下来。第四，我们将与正式出版社联系，把此次会议成果，包括专家报告、案例论文以及每位专家的点评意见整理后公开出版，以期产生更大的社会影响力。

期待明年的创业创新教育研讨会再相会！谢谢大家！

（作者系安徽财经大学副校长、教授）

后 记

本书得以完成，首先要感谢入驻安徽财经大学创业孵化基地从事创业实践的大学生们，正是他们原汁原味的创业素材，为本书提供了原料。感谢安徽财经大学创新创业与企业成长研究中心的研究生们，正是他们的实地观察与访谈研究，才创造了本书的丰富内容。感谢参与论文指导的老师们，正是他们的辛勤指导与无悔付出，才奠定了本书的学术价值。

首届大学生创业案例暨创新创业教育研讨会得到了蚌埠市人民政府吴中尧副市长、蚌埠市人力资源与社会保障局孟祥光局长的关心和指导。得到了安徽科技学院蒋德勤书记的鼎力支持，他不但大力支持研讨会的主办，还十分关心此书的出版发行。共青团安徽省委员会的领导及其安徽省大学生创新创业促进会一直关心并支持此次研讨会的召开，还专门安排共青团安徽省委员会学校工作部副部长徐波到会发表致辞。本书是在对提交研讨会的部分优秀论文进行必要的修改和整理而成，得到首都经济贸易大学高闯教授、中国科技大学方世建教授、南京理工大学周小虎教授、山东财经大学陈寒松教授、中南财经政法大学熊胜绪教授、南开大学薛红志副教授、山东大学谢永珍教授、南京审计大学李乾文教授以及安徽工业大学李致平教授、安徽大学杜鹏程教授、安徽科技学院杨仕勇副教授等省内外多所高校专家的指导与帮助，在此我要再次对研讨会的召开和成果出版给予支持的社会各界和专家学者们深表谢意。

案例研究法特别适用于研究"怎么样（how）"和"为什么（why）"的问题。基于创业的情境依赖性特征，研究大学生创业创新比较适合于案例研究法。近些年来，我一直从事着研究生"管理研究方法论"的课程教学，本次提交研讨会的所有论文撰写者在课程学习过程中，充分展现出他们强烈的求知欲望，以及把研究方法与案例研究主题高度结合的浓厚兴趣。此外，成果出版还得到了安徽省高等教育振兴计划重大教学改革研究项目《学术生态危机对工商管理学科硕士研究生学术创新能力的影响研究：以省属本科院校为例》（项目编号 2014ZDJY052）的支持。安徽财经大学 2015 级硕士研究生曹迎迎、张月琪、马玉凤、张熠、朱念婷、常姚姚、朱春花七位同学对书稿进行了仔细的校对和润色。在此，一并表示感谢！

我们试图尽量向读者展示大学生创业实践，挖掘大学生创业机理，但限于篇幅、时间与学识水平，本书关于大学生创业研究以及内在机理挖掘仅仅是探索性和尝试性的，其中一定有不少错误和不妥之处，恳请各位专家、读者见谅并予以批评指正。

陈忠卫
2016 年 9 月